能源高质量发展研究

省域趋势与变革

国网福建省电力有限公司经济技术研究院　编著

中国经济出版社
CHINA ECONOMIC PUBLISHING HOUSE
·北 京·

图书在版编目（CIP）数据

能源高质量发展研究：省域趋势与变革 / 国网福建省电力有限公司经济技术研究院编著 . -- 北京：中国经济出版社，2024. 6. -- ISBN 978-7-5136-7809-4

I. F426. 2

中国国家版本馆 CIP 数据核字第 2024EK1860 号

责任编辑　冀　意
责任印制　马小宾
封面设计　任燕飞装帧设计工作室

出版发行　中国经济出版社
印 刷 者　北京艾普海德印刷有限公司
经 销 者　各地新华书店
开　　本　710mm × 1000mm　1/16
印　　张　19
字　　数　289 千字
版　　次　2024 年 6 月第 1 版
印　　次　2024 年 6 月第 1 次
定　　价　128.00 元
广告经营许可证　京西工商广字第 8179 号

中国经济出版社　**网址** http://epc.sinopec.com/epc/　**社址** 北京市东城区安定门外大街 58 号　**邮编** 100011
本版图书如存在印装质量问题，请与本社销售中心联系调换（联系电话：010-57512564）

《能源高质量发展研究——省域趋势与变革》

编 委 会

序　一

能源是人类生存和发展的重要物质基础，为人类社会的一切活动提供动力。在我国，能源保障和能源安全事关国计民生，是须臾不可忽视的“国之大者”，其既是社会发展的经济命脉，也是国民经济的支柱行业。能源高质量发展对我国经济的繁荣发展、人民生活水平的改善以及社会的长治久安具有极其重要的作用。

党的十八大以来，习近平总书记从国家发展和安全的战略高度，提出了“四个革命、一个合作”能源安全新战略，并在党的二十大报告中进一步提出加快规划建设新型能源体系。习近平总书记关于能源发展的一系列重要论述，科学回答了关于我国能源转型和高质量发展的重大问题，开辟了中国特色能源发展新道路。

随着百年未有之大变局的加速演进，全球气候变暖、国际政治版图变化、科技革命加速等矛盾与现象盘互交错，进一步加强了能源高质量发展的必要性。作为国家电网公司在福建设立的省级能源电力行业研究机构和首批福建省重点智库单位，国网福建省电力有限公司经济技术研究院（以下简称国网福建经研院）深入贯彻落实习近平总书记关于能源发展的重要讲话和重要指示批示精神，创新性地以“趋势与变革”为视角，立足我国典型省域，对能源高质量发展进行了深入的研究与思考，相关成果凝练成为《能源高质量发展研究——省域趋势与变革》一书。该书深入剖析了当前能源发展的总体形势，着重研究了能源消费、能源供应、能源技术、能源产业、能源政策等方面的发展趋势与重点问题，并从绿色低碳转型、构建区域枢纽、创新装备产业、健全机制体制等方面，对能源高质量发展作出展望。

该书凝聚了国网福建经研院对“能源高质量发展研究”这一重大命题的理解与思考，研究视野广阔，分析鞭辟入里，既可供能源行业借鉴，有利于推动产学研深入交流，又能凝聚社会各界共识，对推进能源高质量发展意义重大。相信该书的出版能够引起能源领域从业人员的共鸣，为推动我国能源绿色低碳转型、加快构建新型能源体系提供有价值的技术参考和实践借鉴。

2024 年 4 月

序　二

习近平总书记指出，能源安全事关经济社会发展全局。一方面，能源发展涉及消费、供给、技术、体制等多个领域，需以全局观念统筹各方发展。另一方面，我国幅员辽阔，东、西部经济发展、能源供需差异较大，决定了能源的高质量发展需因地制宜，不能一蹴而就。近十年，我国能源发展持续推进，能源革命大步向前，从“四个革命、一个合作”能源安全新战略，到“3060”碳达峰碳中和承诺，再到“新型电力系统”和“新型能源体系”，党中央在新时代新征程不断为我国能源高质量发展指明方向。本书认为，能源高质量发展研究是一个系统而复杂的课题，其内涵就是要以满足人民追求美好生活的用能需要为根本目标，构建安全、高效、绿色的能源体系，打造开放、创新、共享的能源发展格局，增强能源对经济社会发展的系统化保障能力。

本书从省域视角思考能源高质量发展“是什么”，以及“怎么做”。第一章从宏观经济、政策环境、供需形势入手，分析了当前国内能源发展面临的形势，并提出研究能源高质量发展的主要维度。第二至第六章从能源的消费趋势、供应趋势、技术应用、产业业态、政策机制五个方面，对能源高质量发展的关键环节开展具体研究。第七章在前述研究的基础上，围绕能源绿色低碳转型、区域能源枢纽构建、能源装备产业发展、健全能源体制机制等方面，对如何推动能源高质量发展进行了深入思考。希望此书的出版，能够为支撑当今能源企业全方位高质量发展、引领能源电力行业高质量发展、服务地方经济社会高质量发展贡献绵薄之力。

在编写书稿的过程中，编者感到，能源研究者要树立“国之大者”的能源观，牢记能源保障和能源安全事关国计民生，以能源报国的赤子之心成就高远格局；要秉承“智者情怀”的价值观，在奉献价值、成就自我上形成“虽千万人吾往矣”的魄力，努力达到“智周万物，道济天下”的境界；更要坚定“执着一事”的事业观，精益求精、殚思极虑，以“十年磨一剑”的韧劲，打造精工之作。

数月艰辛，终成此书。正值新中国成立七十五周年、能源安全新战略提出十周年之际，本书能够顺利成稿，离不开国家发展和改革委员会能源研究所的诸多专家和同人的指导和帮助，在此对他们表示由衷感谢。同时，衷心感谢中国工程院院士、南方电网公司首席技术专家饶宏先生对本书的高度评价。此外，本书引用或参考了许多相关文献，部分图片和文字摘自互联网，在此向相关部门、机构及作者一并表示衷心感谢。

本书编写团队主要来自国网福建省电力有限公司经济技术研究院，其是国家电网公司在福建设立的省级能源电力行业研究机构，也是福建省首批重点智库单位，于 2022 年入选中国智库索引，并长期承担能源转型、电力发展等研究工作。乾坤日月当依旧，昨夜今朝却异同。在我国能源事业发展日新月异的今天，书中涉及的部分名词术语的内涵在不断升华，业界的观点既有共识，也有分歧，加之时间仓促和作者水平有限，书中不妥或疏漏之处在所难免，恳请读者批评指正。

2024 年 4 月于精研阁

目　录

01 第一章

能源发展总体形势 001

第一节　宏观经济形势 002

一、我国经济形势 002

二、省域经济形势 007

第二节　社会发展形势 014

一、碳达峰、碳中和 014

二、能源电力体制改革 017

三、新型能源体系 020

四、新型电力系统 022

第三节　能源供需形势 025

一、我国能源供需形势 025

二、省域能源供需形势 027

第四节　能源高质量发展需求 031

一、高质量发展必要性 031

二、高质量发展研究 033

02 第二章

能源消费趋势研究 039

第一节　能源需求与社会经济发展 040

一、我国能源消费与经济发展 040

二、省域能源消费与经济发展 044

三、能源消费发展思考 049

第二节　传统产业经济与用能 050
一、传统产业布局及发展趋势 050
二、传统产业能源消费特点 052
三、传统产业用能面临的形势与挑战 054
四、典型传统产业绿色用能转型思考 057
第三节　主导产业经济与用能 058
一、主导产业发展现状 059
二、主导产业能源消费特点 061
三、主导产业用能面临的形势与挑战 065
四、主导产业节能降碳思考 067
第四节　气温与非生产用能关系 068
一、降温采暖负荷计算方法 068
二、降温采暖负荷分析 071

03 第三章
能源供应趋势研究 083

第一节　能源生产与供应趋势 084
一、我国能源生产与供应 084
二、省域能源生产与供应 092
第二节　能源供应链与产供储销 099
一、能源供应链意义与现状 099
二、能源供应链主要环节 100
三、我国能源供应链发展趋势与挑战 103
第三节　新能源发电与供应格局 105
一、国外新能源供应格局 106
二、我国新能源供应格局 107
三、省域新能源发展趋势 113

04 第四章
能源新技术应用研究 125

第一节 海上风电技术 126
一、海上风电技术简介 126
二、海上风电技术经济分析 130
三、典型应用案例 133

第二节 核能发电技术 136
一、核能发电技术简介 136
二、核能发电技术经济分析 140
三、典型应用案例 142

第三节 新型储能技术 144
一、新型储能技术简介 144
二、新型储能经济性对比 148
三、典型应用案例 150

第四节 火电减碳技术 152
一、火电减碳技术简介 152
二、火电减碳经济性对比 156
三、典型应用案例 161

第五节 工业降碳技术 164
一、钢铁领域节能降碳 164
二、建材领域节能降碳 167
三、化工领域节能降碳 169

第六节 交通低碳技术 171
一、新能源汽车发展趋势 171
二、新能源汽车关键技术 173
三、交通可再生燃料技术 175

05 第五章
能源新产业新业态研究 181

第一节 能源装备制造产业 182
一、风电装备制造产业 182
二、光伏设备制造产业 186
三、锂电池制造产业 189

第二节 新兴业态模式 193
一、能源新业态新模式主要特征 194
二、能源新业态新模式发展环境 196
三、能源新业态新模式实践 199

第三节 产业电能替代 203
一、产业电能替代重点领域 203
二、产业电能替代省域实践 205
三、产业电能替代展望与思考 208

06 第六章
能源新政策新机制研究 211

第一节 能源政策发展 212
一、能源政策发展趋势 212
二、省域能源政策研究与思考 213

第二节 能源市场与价格机制 223
一、能源市场机制 223
二、能源价格机制 228
三、能源市场及价格机制相关思考 234

第三节 能源服务与惠民利民 236
一、能源普遍服务概念与沿革 236

二、能源惠民利民省级实践 239
三、能源惠民利民相关思考 243

07 第七章
能源高质量发展之思 247

第一节 加快推动绿色低碳转型 248
一、能源绿色低碳转型的意义 248
二、推动能源绿色低碳转型面临的挑战 248
三、加快推进能源绿色低碳转型的思考 251

第二节 推动构建区域能源枢纽 255
一、构建区域能源枢纽的背景和意义 256
二、东南清洁能源枢纽总体构想 257
三、构建东南清洁能源枢纽的思考 258

第三节 创新发展能源装备产业 260
一、发展能源装备产业的背景和意义 261
二、能源装备产业发展面临的形势与挑战 262
三、创新能源装备产业的思考 264

第四节 健全完善能源体制机制 266
一、能源体制机制改革取得的成效 266
二、能源体制机制面临的新形势 267
三、健全能源体制机制的思考 269

省域索引 272

术语索引 274

参考文献 276

第一章

能源发展总体形势

第一节 宏观经济形势

经济发展与能源发展密不可分，能源作为基础要素，为经济发展提供支撑和动力，而经济发展则为能源产业提供了广阔的市场需求和发展空间。经济增长通常由投资、消费、出口“三驾马车”拉动，随着地区工业化及社会城市化进程加速推进，工业和服务业的能源消费需求不断增加。因此，了解并把握宏观经济形势，是分析能源发展的基础。

一、我国经济形势

近年来，世界经济持续低迷，我国经济却彰显出强大韧性，主要经济指标持续增长，发展质量稳步提升。国民经济和社会发展统计公报显示，2022 年我国国内生产总值 121 万亿元，居全球第二，比 2021 年增长 3.0%，如图 1-1 所示。

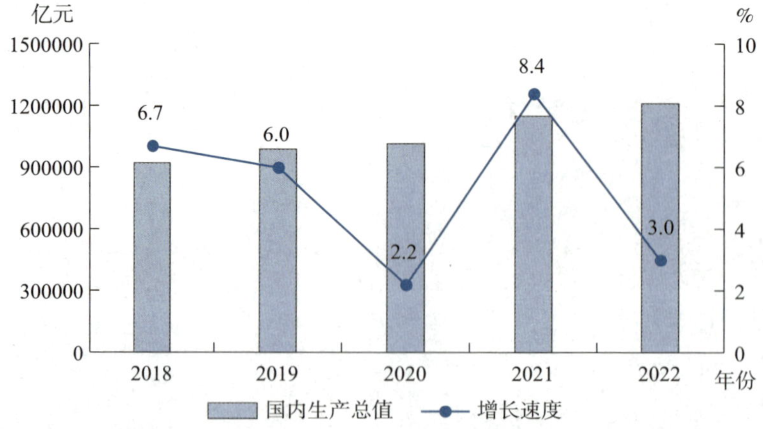

图 1-1 2018—2022 年中国国内生产总值及增速

数据来源：国家统计局。

从各产业增加值占国内生产总值的比重来看，我国产业结构持续优化。改革开放以来，我国三次产业结构在调整中不断优化，总体呈现为由“二一三”向“二三一”，再向“三二一”演变的趋势。近年来，我国第三产业占比超过50%，成为推动国民经济发展的主导产业，第二产业占比约为40%，第一产业占比维持在10%以内，如图1-2所示。其中，2022年，第一产业增加值8.8万亿元，同比增长4.1%，占比7.3%；第二产业增加值48.3万亿元，同比增长3.8%，占比39.9%；第三产业增加值63.9万亿元，同比增长2.3%，占比52.8%。

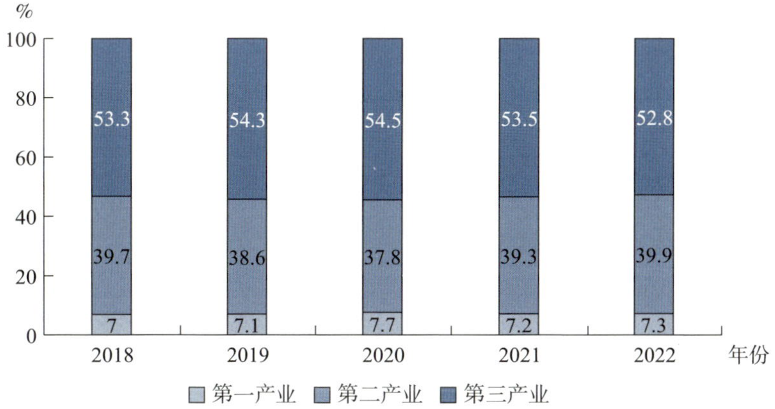

图1-2　2018—2022年中国三次产业增加值占国内生产总值比重

数据来源：国家统计局。

在经济学领域，消费、投资和出口被认为是拉动经济增长的关键因素。不少机构将经济的最终需求近似为投资、消费、净出口之和，因此常常将这三个因素比喻为拉动经济增长的“三驾马车”。下面具体分析我国投资、消费、进出口情况。

（一）投资情况

投资是社会总需求的重要组成部分，对需求的总量和结构会产生直接的影响，也是增加社会总供给的重要途径，通过增加投资能够扩大社会生产能力。2022年全国固定资产投资（不含农户）57.2万亿元，比2021年增长5.1%。

分产业来看，第三产业投资占比超六成，第二产业投资增速达两位数。其中，第一产业投资 1.4 万亿元，占比 2.5%，比上年增长 0.2%；第二产业投资 18.4 万亿元，占比 32.2%，比上年增长 10.3%；第三产业投资 37.4 万亿元，占比 65.3%，比上年增长 3.0%，如图 1-3 所示。

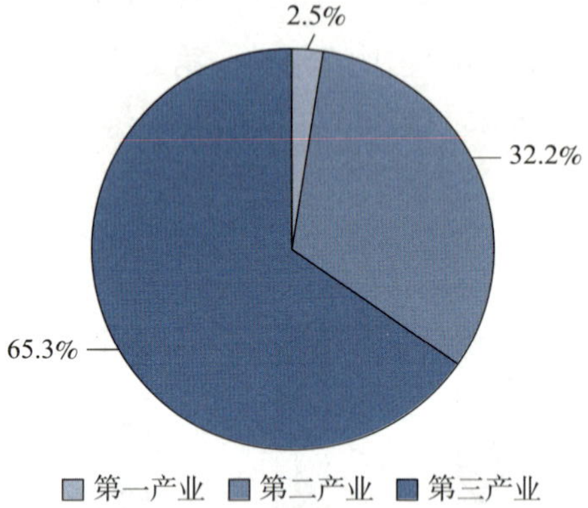

图 1-3　2022 年中国三次产业投资占固定资产投资（不含农户）的比重

数据来源：国家统计局。

分地区来看，中部地区投资增长较快。2022 年，东部地区投资比上年增长 3.6%，中部地区投资比上年增长 8.9%，西部地区投资比上年增长 4.7%，东北地区投资比上年增长 1.2%。

分重点领域来看，基础设施投资快速增长。2022 年基础设施投资同比增长 9.4%。其中，水利管理业投资同比增长 13.6%，公共设施管理业投资同比增长 10.1%，道路运输业投资同比增长 3.7%，铁路运输业投资同比增长 1.8%。

分行业来看，制造业投资较快增长。2022 年制造业投资同比增长 9.1%，增速快于全国固定资产投资 4 个百分点。其中，增长前三位的是电气机械和器材制造业（42.6%），计算机、通信和其他电子设备制造业（18.8%），化学原料和化学制品制造业（18.8%）。此外，高技术产业投资快速增长。高技术产业投资同比增长 18.9%，快于全国固定资产投资 13.8 个百分点。其中，高技术制造业、高技术服务业投资分别同比增长 22.2%、12.1%。

（二）消费情况

消费是真正的需求，是推动经济稳定增长的根本动力。2022 年，受疫情散发多发、极端高温天气等因素影响，我国消费市场受到较大冲击。全年社会消费品零售总额 44 万亿元，比上年下降 0.2%，如图 1-4 所示。

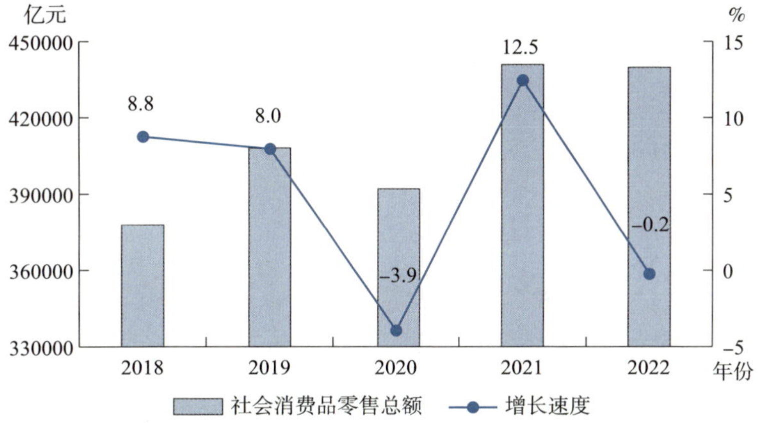

图 1-4　2018—2022 年中国社会消费品零售总额及增速

数据来源：国家统计局。

按城乡区域划分，城镇消费小幅下降。其中，城镇消费品零售额 38 万亿元，比上年下降 0.3%；乡村消费品零售额 5.9 万亿元，与上年基本持平。

按消费类型划分，零售消费小幅增长，餐饮消费下降明显。其中，商品零售额 39.6 万亿元，比上年增长 0.5%；餐饮收入额 4.4 万亿元，比上年下降 6.3%。

按零售业态划分，线上消费快速增长。2022 年，限额以上零售业单位中的超市、便利店、专业店、专卖店零售额比上年分别增长 3.0%、3.7%、3.5%、0.2%，百货店零售额比上年下降 9.3%。全年实物商品网上零售额 12 万亿元，按可比口径计算，比上年增长 6.2%，占社会消费品零售总额的比重为 27.2%。

（三）进出口情况

外需对内需也有着巨大的拉动作用，进出口是经济发展中非常重要的一个方面。2022 年，面对复杂严峻的国内外形势，外贸进出口顶住多重超预期因素的冲击，规模再上新台阶，质量稳步提升。据海关统计，2022 年我国货物进出口总额为 42.1 万亿元，同比增长 7.7%，首次突破 40 万亿元关口，连续 6 年保持世界第一货物贸易国地位。其中，货物出口总额为 24 万亿元，同比增长 10.5%；货物进口总额为 18.1 万亿元，同比增长 4.3%，见表 1-1。

表 1-1　2022 年中国货物进出口总额及其增长速度

指标	金额（万亿元）	同比增长（%）
货物进出口总额	42.1	7.7
货物出口总额	24	10.5
其中：一般贸易	15.2	15.4
加工贸易	5.4	1.1
其中：机电产品	13.7	7.0
高新技术产品	6.3	0.3
货物进口总额	18.1	4.3
其中：一般贸易	11.6	6.7
加工贸易	3.1	−3.2
其中：机电产品	7.0	−5.4
高新技术产品	5.1	−6.0

数据来源：国家统计局。

货物出口方面，我国具有较强竞争优势。从市场看，2022 年对东盟、欧盟等主要贸易伙伴的出口都保持较快增长；新兴市场加速开拓，对共建“一带一路”国家的出口拉动整体出口增长 6.1 个百分点，对非洲、拉丁美洲的出口分别增长 14.8%、14.1%。从产品看，2022 年工业制品出口增长 9.9%，拉动整体出口增长 9.4 个百分点。劳动密集型产品出口保持较快增长，太阳能电池、锂电池、电动载人汽车等绿色低碳产品出口增速均超过 60%，出口新动能快速成长。

货物进口方面，国内需求潜力大。2022 年，我国经济稳健发展，全国规模以上工业增加值、固定资产投资等主要经济指标保持增长，为进口增长提供有力支撑。中间产品进口增长 7.5%，拉动整体进口增长 5.9 个百分点。

二、省域经济形势

全国各省经济发展各具特色，研究省域经济形势，对研究地区能源发展具有重要意义。从经济总量上看，广东连续 34 年居全国首位，对全国经济增长发挥了重要的作用。从经济结构上看，北京作为首都，持续推动产业结构高端化发展，第三产业占比保持在 80% 以上；山东是工业大省，行业门类齐全，是我国唯一一个拥有联合国分类全部 41 个工业大类的省份；福建是“海上丝绸之路”的起点省份，是全国最大的侨乡之一，民营经济特点突出。

下面以北京、广东、山东、福建为代表，介绍省域经济形势及发展特点。

（一）北京

1. 北京的经济形势

总部经济是北京经济的重要特征，目前北京有超过 4000 家总部企业。2022 年北京地区生产总值为 4.16 万亿元，按可比价格计算，比上年增长 0.7%，如图 1-5 所示。北京明确提出要持续推动高精尖产业发展，培育形成

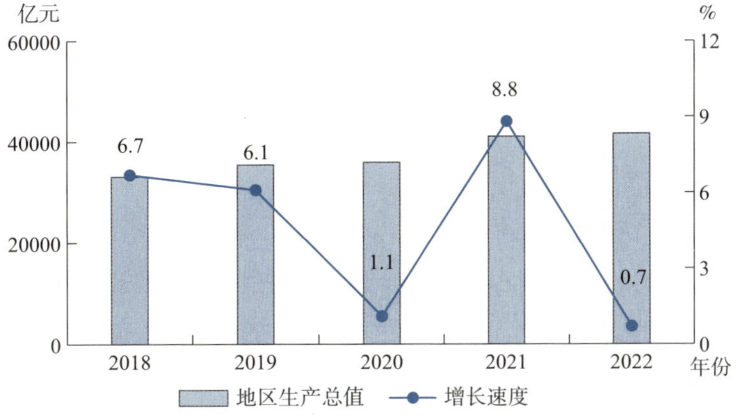

图 1-5　2018—2022 年北京地区生产总值及增速

数据来源：北京市统计局。

新一代信息技术（含软件和信息服务业）、科技服务业两个万亿级产业集群以及智能装备、医药健康、节能环保、人工智能四个千亿级产业集群。

2. 北京的经济发展特点

一是产业结构以第三产业为主导，占比常年超过 80%，如图 1-6 所示。其中，2022 年北京服务业增加值 3.5 万亿元，同比增长 3.4%，高于全市生产总值增速 2.7 个百分点，拉动全市经济增长 2.8 个百分点。金融业，信息传输、软件及信息技术服务业和科学研究和技术服务业是北京的重要优势产业，三个行业增加值合计占 GDP 比重超过 46%。金融业是北京第一大支柱产业，也是对北京经济增长拉动最大、财政增收贡献最多的产业，2022 年金融业增加值占 GDP 比重近 20%。

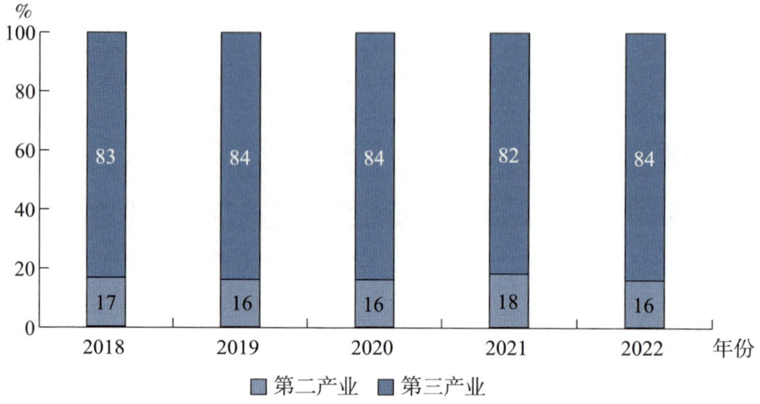

图 1-6　2018—2022 年北京第二产业、第三产业增加值占地区生产总值比重

数据来源：北京市统计局。

二是固定资产投资稳步增长，高技术产业投资保持快速增长。2022 年，北京市固定资产投资同比增长 3.6%。分产业看，第一产业投资同比增长 11.6%；第二产业投资同比增长 20.5%，其中制造业投资同比增长 18.4%；第三产业投资同比增长 1.7%，其中科学研究和技术服务业投资同比增长 60.7%，金融业投资同比增长 41.3%，信息传输、软件和信息技术服务业投资同比增长 36.0%，租赁和商务服务业投资同比增长 31.0%。高技术产业投资保持较快增长，高技术制造业投资同比增长 28.3%，高技术服务业投资同比增长 41.3%。

三是进出口贸易贡献突出，主要以进口为主。2022 年，北京进出口总值 3.689 万亿元，同比增长 19.7%，对全国进出口增长贡献率为 19.9%，居全国第一位。其中，进口 3.1 万亿元，出口 5890 亿元。北京对外开放水平持续提升，特别是对共建“一带一路”国家进出口规模不断扩大。2022 年，北京对共建“一带一路”国家进出口 1.6 万亿元，同比增长 28.2%，占地区进出口总值的 43.7%。

（二）广东

1. 广东的经济形势

广东 GDP 常年居全国首位，2022 年 GDP 达到 12.9 万亿元，比上年增长 1.9%，如图 1-7 所示。人均地区生产总值 10.2 万元。在粤港澳大湾区和深圳先行示范区两个国家战略背景下，广东大力推进战略性产业集群发展，积极打造新一代电子信息、绿色石化、智能家电、汽车产业、先进材料、现代轻工纺织等十大战略性支柱产业集群和半导体与集成电路、高端装备制造、智能机器人、区块链与量子信息等十大战略性新兴产业集群。

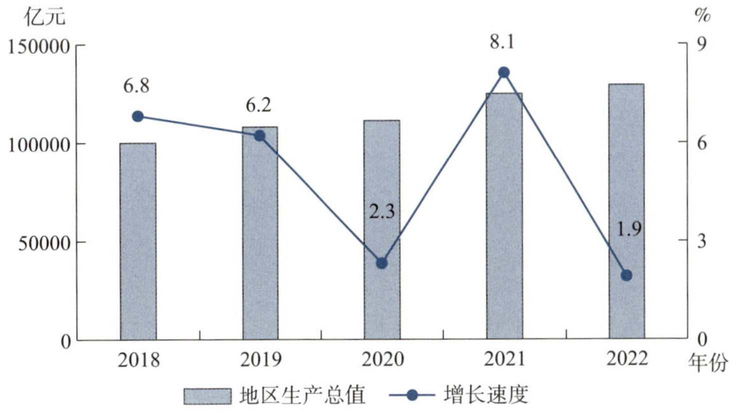

图 1-7　2018—2022 年广东地区生产总值及增速

数据来源：广东省统计局。

2. 广东的经济发展特点

一是先进制造业优势持续巩固。2022 年，广东先进制造业增加值同比增长 2.5%，占规模以上工业增加值的比重为 55.1%。其中，高端电子信息制造业增加值同比增长 1.6%，生物医药及高性能医疗器械业增加值同比增长 12.5%，先进装备制造业增加值同比增长 9.6%。

二是消费市场富有活力。2022 年，广东社会消费品零售总额达到了 4.5 万亿元，位列全国第一。分经营地看，城镇消费品零售额 3.9 万亿元，占主导地位，占比 87.5%；乡村消费品零售额 5596.24 亿元，同比增长 6.3%，消费环境和水平不断提升。以新能源汽车为代表的新消费品成为消费热点，2022 年，广东限额以上单位汽车类商品零售额增长 4.9%，其中，新能源汽车增长 124.4%。

三是外贸规模持续扩大。2022 年，广东外贸进出口总值再创新高，达 8.3 万亿元，其中，出口 5.3 万亿元，进口 3 万亿元。广东出口产品中，新能源产品出口增速高，电动载人汽车、太阳能电池、锂离子蓄电池同比分别增长 4.7 倍、45.3%、42.6%。2022 年，广东前五大贸易伙伴分别为东盟、中国香港、美国、欧盟和中国台湾，除对中国香港进出口同比下降 9.7% 外，其余同比分别增长 9.1%、5.4%、4.6% 和 1.6%。此外，对共建“一带一路”国家出口同比增长 10.3%，对拉丁美洲出口同比增长 9.5%，对其他金砖四国出口同比增长 9.3%。

（三）山东

1. 山东的经济形势

山东是工业大省、制造强省，是全国唯一一个拥有联合国分类全部 41 个工业大类的省份。2022 年，山东全省生产总值达 8.7 万亿元，稳居全国第三位，增速 3.9%，超过全国平均水平，如图 1-8 所示。人均地区生产总值 8.6 万元。健全的工业体系和坚实的产业基础对山东经济发展发挥了重要作用。山东长期以来以化工、有色金属、建材、纺织、轻工等传统行业作为支柱产业，并持续推动新旧动能转换，积极发展培育新一代信息技术、新能源新材料、高端装备产业等战略性新兴产业。

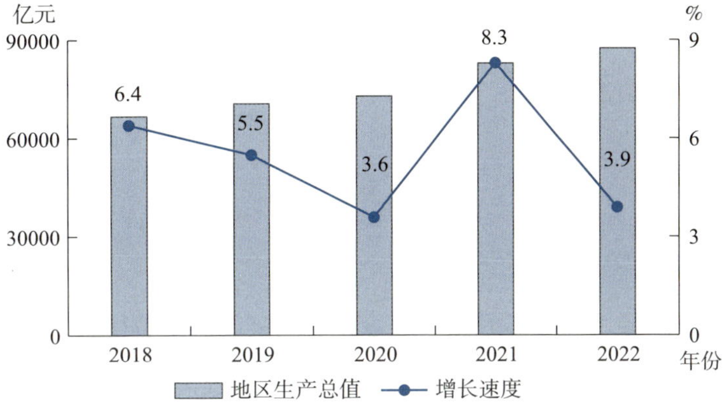

图 1-8　2018—2022 年山东地区生产总值及增速

数据来源：山东省统计局。

2. 山东的经济发展特点

一是工业发展稳步推进，制造业高端化升级有效增强。2022 年，规模以上工业增加值同比增长 5.1%，41 个大类行业中，近七成行业保持增长。特别是高技术制造业增加值同比增长 14.4%，高于规模以上工业 9.3 个百分点。其中，锂离子电池制造、集成电路制造、电子专用材料制造等新能源新材料相关行业增长较快，增加值增速分别为 86.9%、38.6% 和 60.7%，分别高于规模以上工业 81.8 个、33.5 个和 55.6 个百分点。

二是固定资产投资稳中有增，有效投资持续扩大。2022 年三次产业投资构成为 1.7 ∶ 34.4 ∶ 63.9。分产业看，第一产业投资同比下降 4.2%，第二产业投资同比增长 12.8%，第三产业投资同比增长 3.1%。重点投资领域中，基础设施投资同比增长 11.7%，占固定资产投资的比重为 20.2%，比上年提高 1.0 个百分点；高新技术产业投资同比增长 19.2%，高于工业投资增速 6.4 个百分点。

三是外贸进出口稳定增长。山东抢抓 RCEP（区域全面经济伙伴关系协定）机遇，有效扩大“一带一路”市场规模，货物贸易规模不断跃升，2022

年外贸进出口总值 3.33 万亿元，同比增长 13.8%。其中，出口 2.03 万亿元，同比增长 16.2%；进口 1.30 万亿元，同比增长 10.3%。出口商品中，以机电产品为主，出口额 8840.3 亿元，同比增长 17.0%，占出口总值的比重为 43.4%。对共建“一带一路”国家进出口同比增长 38.0%，占全省进出口总值的 38.8%，同比提升 6.8 个百分点。

（四）福建

1. 福建的经济形势

福建省数字经济、海洋经济、绿色经济、文旅经济等四大经济不断壮大，是福建实现经济高质量发展的重要动力。2022 年福建省地区生产总值达 5.3 万亿元，首次突破 5 万亿元大关，居全国第八位；按可比价格计算，GDP 增速达 4.7%，与江西并列全国第一，如图 1-9 所示。全年人均地区生产总值 12.7 万元，比上年增长 4.3%，居全国第四位。

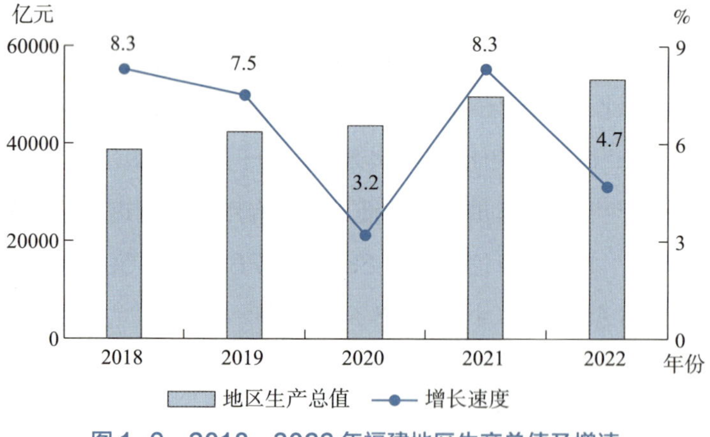

图 1-9　2018—2022 年福建地区生产总值及增速

数据来源：福建省统计局。

2. 福建的经济发展特点

一是工业发展稳中向好，专精特新企业优势突出。2022 年，福建全年全部工业增加值接近 2 万亿元，居全国第六位，比上年增长 4.9%（见图 1-10），高于全国 1.5 个百分点，对经济拉动作用明显。福建产业链高端化水平不断提升，国家级专精特新“小巨人”企业达349家，制造业单项冠军企业达45家。2022年福建制造业增加值占GDP比重超过1/3，工业战略性新兴产业增加值同比增长15.5%，高技术产业增加值同比增长17.1%，对规模以上工业增长贡献率达46.2%。产业集群加速成长，形成21个省级以上战略性新兴产业集群，宁德市动力电池集群被列入国家先进制造业集群，新型功能材料、生物医药等5个产业集群入围首批国家中小企业特色产业集群。

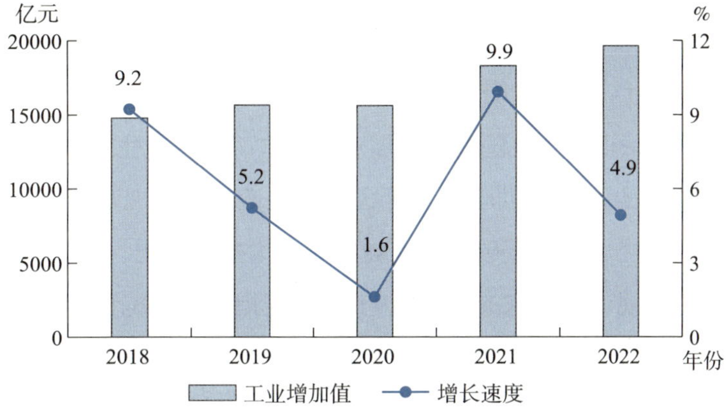

图1-10　2018—2022年福建工业增加值及增速

数据来源：福建省统计局。

二是服务业蓬勃发展，规模进一步扩大。2022年，福建省实现服务业增加值2.5万亿元，同比增长4.0%，增速高于全国平均水平1.7个百分点。6748家规模以上服务业企业实现营业收入同比增长7.3%，比全国高4.6个百分点。现代物流业规模质量稳步发展，国家A级物流企业数居全国第五位，厦门、福州、泉州被列入国家物流枢纽建设名单。服务业与制造业融合发展，国家级服务型制造示范企业33家，居全国第三位。

三是对外贸易持续快速发展，民营企业占主导地位。据福州海关统计，2022年，福建省货物进出口总值接近2万亿元，居全国第七位，比上年增长7.6%，规模创历史新高。其中，出口1.2万亿元，比上年增长12.3%；进口7688亿元，比上年增长0.9%。机电产品出口增速较快，2022年机电产品出口总额4648.63亿元，占出口的38.3%，较上年提高1.5个百分点。其中，锂离子蓄电池出口同比增长 152.6%，汽车出口同比增长 38.7%。民营企业是外贸主力军，2022 年，民营企业进出口 1.1 万亿元，同比增长 12.9%，占同期福建省外贸进出口总值的 55.9%；国有企业进出口 4368.8 亿元，占 22%；外商投资企业进出口 4360.7 亿元，占 22%。

第二节 社会发展形势

社会发展和社会意识的变化，对能源发展影响深远。随着社会形态演变发展和环境保护意识提高，我国能源发展观念发生了显著变化。过去，我国能源发展主要追求能源的充足供应以满足经济的快速增长，现在则兼顾能源的高质量发展和经济社会绿色低碳转型。党的二十大报告指出，“高质量发展是全面建设社会主义现代化国家的首要任务”。首要措施就是构建高水平社会主义市场经济体制，而能源行业也将不断深化市场化改革。掌握当前社会的发展理念，对研判能源未来发展方向具有重大意义。

一、碳达峰、碳中和

（一）碳达峰、碳中和顶层设计

随着全球气温上升，气候变化成为全人类共同的议题，碳排放成为各国关注的焦点。在 2020 年的联合国气候峰会上，我国勇于承担大国责任、坚持可持续发展理念，提出“3060”重大承诺，即中国二氧化碳排放力争在 2030 年前达到峰值，努力争取在 2060 年前实现碳中和。这一目标将中国经济、能源、生态文明建设等各方面的发展战略提升到了新高度。

当前，我国“碳达峰、碳中和”（以下简称“双碳”）工作正有序推进，“双碳”政策顶层设计不断完善，已形成“1+N”政策文件体系。其中《关于完整准确全面贯彻新发展理念做好碳达峰碳中和工作的意见》（以下简称《意见》）是党中央对碳达峰碳中和工作进行的系统谋划和总体部署，覆盖碳达峰、碳中和两个阶段，是管总管长远的顶层设计。《意见》在碳达峰碳中和政策体系中发挥统领作用，是“1+N”中的“1”。《2030年前碳达峰行动方案》（以下简称《方案》）是碳达峰阶段的总体部署，在目标、原则、方向等方面与《意见》保持有机衔接的同时，更加聚焦2030年前碳达峰目标，相关指标和任务更加细化。《方案》是“N”中为首的政策文件，各有关部门和各级单位将根据《方案》部署制定能源、工业、城乡建设、交通运输、农业农村等领域以及具体行业的碳达峰实施方案，各地区也将按照《方案》要求制定本地区碳达峰行动方案。除此之外，“N”还包括科技支撑、碳汇能力、统计核算、督察考核等支撑措施和财政、金融、价格等保障政策。

（二）碳市场相关政策

我国碳市场建设经历了从无到有的过程，采取“先地方试点，再全国市场”的发展思路，地方碳市场试点已运行多年。2011年，国家发展改革委办公厅发布《关于开展碳排放权交易试点工作的通知》（发改办气候〔2011〕2601号），同意北京市、天津市、上海市、重庆市、湖北省、广东省及深圳市等七个省市开展碳排放权交易试点，各试点交易场所、交易品种、交易形式等基本信息见表1-2。

表1-2　碳排放权交易试点比较

试点地区	交易场所	交易品种	交易形式	政策文件
北京市	北京环境交易所	碳排放配额（代码BEA）；经相关主管部门批准的其他交易产品	公开交易；协议转让；经市发展改革委或市金融局批准的其他交易形式	《北京环境交易所碳排放权交易规则（试行）》
天津市	天津排放权交易所	碳配额产品（代码TJEA）；核证自愿减排量（代码CCER）	拍卖交易；协议交易	《天津排放权交易所碳排放权交易规则（暂行）》

续表

试点地区	交易场所	交易品种	交易形式	政策文件
上海市	上海环境能源交易所	上海碳排放配额（代码 SHEA）；经市主管部门批准的其他交易品种	挂牌交易（单向逐笔配对的公开竞价交易方式）；协议转让。另有碳配额远期交易、碳排放配额质押登记	《上海环境能源交易所碳排放交易规则》
重庆市	重庆联合产权交易所集团股份有限公司	碳排放配额；国家核证自愿减排量及其他依法批准的交易产品	协议交易	《重庆市碳排放权交易管理暂行办法》《重庆联合产权交易所碳排放交易细则（试行）》
湖北省	湖北碳排放权交易中心有限公司	湖北省温室气体排放配额（代码 HBEA）；CCER；经主管部门认定的其他交易品种	协商议价转让和定价转让的混合交易方式。另有碳排放权现货远期交易	《湖北碳排放权交易中心碳排放权交易规则（2016 年第一次修订）》《湖北碳排放权交易中心碳排放权现货远期交易规则》
广东省	广州碳排放权交易所	广东省碳排放配额（代码 GDEA）；CCER；经省发展改革委批准的其他交易品种	挂牌点选；协议转让；经省发展改革委批准的其他方式。另有碳排放权远期交易	《广州碳排放权交易中心碳排放配额交易规则（2018 年修订）》《广州碳排放权交易中心国家核证自愿减排量交易规则（2019 年修订）》
深圳市	深圳排放权交易所	碳排放配额；核证自愿减排量；相关主管部门批准的其他碳排放权交易品种	现货交易；电子拍卖；定价点选；大宗交易；协议转让等	《深圳市碳排放权交易管理暂行办法》

资料来源：根据相关政策文件整理。

目前，全国碳市场已由建设阶段转入实践阶段。2020 年，《碳排放权交易管理办法（试行）》明确，由生态环境部按照国家有关规定建设全国碳排放权交易市场，并拟定全国碳市场覆盖的温室气体种类和行业范围，按程序报批后实施，并向社会公开。该办法明确了温室气体重点排放单位名录，提出由生态环境部制定碳排放配额总量确定与分配方案，省级生态环境主管部门分配本行政区域内重点排放单位年度碳排放配额。碳排放配额以免费分配为主，可以根据国家有关要求适时引入有偿分配。该办法还规定了全国碳排放权交易市场的交易产品为碳排放配额，生态环境部可以适时增加其他交易产品；交易主体为重点排放单位以及符合国家有关交易规则的机构和个人；交易平台为全国碳排放权交易系统；价格形成方式包括协议转让、单向竞价或者其他符合规定的方式。2021 年 5 月，生态环境部发布《碳排放权登记管理规则（试行）》《碳排放权交易管理规则（试行）》和《碳排放权结算管理规则（试行）》，碳市场的规则制度进一步完善。2021 年 7 月 16 日，全国碳排放权交易市场上线开放交易，交易中心位于上海，碳配额登记系统设在武汉。企业在湖北注册登记账户，在上海进行交易，两地共同发挥全国碳排放权交易体系的支柱作用。

二、能源电力体制改革

（一）能源体制机制改革

2014 年 6 月，习近平总书记在中央财经领导小组第六次会议上提出“四个革命、一个合作”的能源安全新战略，即推动能源消费革命、能源供给革命、能源技术革命、能源体制革命，全方位加强国际合作，实现开放条件下的能源安全，开启了中国能源革命的新征程。其中，推进能源体制革命要求还原能源商品属性，构建有效竞争的市场结构和市场体系，形成主要由市场决定能源价格的机制，转变政府对能源的监管方式，建立健全能源法治体系。2016 年，国家发展改革委、国家能源局印发《能源生产和消费革命战略（2016—2030）》，是国家层面推动能源体制改革的顶层设计文件，提出了构建有效竞争的能源市场体系、建立主要由市场决定价格的机制、创新能源科学管理模式、建立健全能源法治体系等能源体制革命的具体内容。

近年来，能源体制革命不断深入。一是推动能源体制机制改革，支撑能源绿色低碳转型。2022 年 1 月，国家发展改革委、国家能源局印发《关于完善能源绿色低碳转型体制机制和政策措施的意见》，提出完善国家能源战略和规划实施的协同推进机制、完善引导绿色能源消费的制度和政策体系、建立绿色低碳为导向的能源开发利用新机制等多项举措。作为碳达峰碳中和“1+N”政策体系的重要保障方案之一，该意见进一步推动能源领域市场化改革，充分发挥市场在资源配置中的决定性作用，更好发挥政府作用，增强能源系统运行和资源配置效率。二是深化能源体制机制改革。近年来，能源价格改革深入推进，价格形成机制不断完善。2021 年 5 月，国家发展改革委印发《关于“十四五”时期深化价格机制改革行动方案的通知》，明确提出到 2025 年，竞争性领域和环节价格主要由市场决定，网络型自然垄断环节科学定价机制全面确立，能源资源价格形成机制进一步完善，特别对电力、油气领域价格改革提出具体方向。在此基础上，电力领域出台了一系列电价改革措施，国家发改委先后印发了《关于进一步完善抽水蓄能价格形成机制的意见》《关于进一步完善分时电价机制的通知》《关于进一步深化燃煤发电上网电价市场化改革的通知》等价格政策文件，进一步完善了抽水蓄能、分时、燃煤发电上网等方面的价格机制，为构建新型电力系统提供了重要的体制机制保障。

地方层面结合本地经济社会发展、能源资源禀赋、能源市场建设进展，积极推动能源体制改革。山西是我国首个省域能源革命综合改革试点，2019 年，山西省出台《山西能源革命综合改革试点行动方案》，通过综合改革试点，努力在提高能源供给体系质量效益、构建清洁低碳用能模式、推进能源科技创新、深化能源体制改革、扩大能源对外合作等方面取得突破，争当全国能源革命排头兵。海南以电力和天然气体制改革为重点，积极推进能源综合改革，2020 年 7 月，海南印发《海南能源综合改革方案》，立足海南区位特点及能源资源禀赋，因地制宜实施能源综合改革，着力优化能源供应体系、推进能源消费升级、完善能源市场体系、创新能源管理体制、促进能源技术创新、加强能源国际合作，推动海南率先形成能源革命示范区。

（二）全国统一电力市场建设

2015 年以来，随着《关于进一步深化电力体制改革的若干意见》(中发〔2015〕9 号）和六个配套文件的印发，我国新一轮电力体制改革进入快速推进阶段。2015 年，《关于推进电力市场建设的实施意见》作为新一轮电力体制改革的重要配套文件，对我国电力市场的总体目标、市场构成、市场模式、市场体系进行了整体设计，也明确了主要任务和实施路径。

在电力中长期市场方面，经过多年的发展，我国中长期电力市场不断成熟，各交易机构不断完善创新交易品种，推动中长期电力交易规模不断扩大。对于中长期市场建设而言，有两个重要的指导性文件：一是 2016 年印发《电力中长期交易基本规则（暂行）》，促使全国各省区相继发布省内电力中长期交易实施细则或相关征求意见稿，《南方区域跨区跨省电力中长期交易规则（暂行）》等跨省区中长期交易细则也陆续出台，中长期电力市场规则体系初具雏形。二是 2020 年修订印发《电力中长期交易基本规则》，标志着我国中长期电力市场规则体系进一步完善。

在电力现货市场方面，2017 年 8 月，国家发展改革委、国家能源局印发《关于开展电力现货市场建设试点工作的通知》，选择南方、蒙西、浙江、山西、山东、福建、四川、甘肃等 8 个地区作为第一批试点，其中，南方电力现货市场以广东作为市场范围，其他 7 个试点均以省级电网作为市场范围（其中蒙西试点市场范围为蒙西电网）。因试点地区的电力供需形势、网源结构、市场化程度等基础条件不同，各地区电力现货市场的市场模式、市场主体、交易规则以及建设进度也存在较大差异。2021 年 5 月，国家发改委、国家能源局联合发布《关于进一步做好电力现货市场建设试点工作的通知》，明确电力现货市场试点扩围，拟选择上海、江苏、安徽、辽宁、河南、湖北等 6 省市为第二批电力现货市场试点。对于市场规则的设计，第二批试点在合理确定电力现货市场主体范围的基础上，需要积极探索多项主要任务，包括推动用户侧参与现货市场结算，统筹开展中长期、现货与辅助服务交易，做好本地市场与省间市场的衔接，稳妥有序推动新能源参与电力市场，探索容量成本回收机制，建立合理的费用疏导模式等。

在电力辅助服务市场方面，随着可再生能源大规模并网，电力系统对辅助服务的需求日益增加。2021 年 12 月，国家能源局发布了新修订的《电力并网运行管理规定》和《电力辅助服务管理办法》(以下简称《办法》)，以电力辅助服务市场为抓手推动网源荷储共同发力，切实发挥电力辅助服务市场对能源清洁低碳转型的支撑作用。《办法》进一步扩大电力辅助服务新主体，新增了对新能源、新型储能、负荷侧并网主体等的并网技术指导及管理要求，通过市场机制充分挖掘供需两侧的灵活调节能力，更加适应新型电力系统需求。同时，《办法》丰富了电力辅助服务品种，新增了转动惯量、爬坡、稳定切机、稳定切负荷等辅助服务，进一步促进新能源消纳，提升电力系统可靠性和电能质量，更好地保障能源安全与推动绿色低碳发展。

为实现电力资源在全国更大范围内共享互济和优化配置，2022 年 1 月，国家发展改革委、国家能源局正式印发《关于加快建设全国统一电力市场体系的指导意见》，为建设全国统一电力市场明确了时间路线图和总体目标，明确提出了建设多层次统一电力市场体系的全国统一电力市场架构，国家市场、省（自治区、直辖市）和区域电力市场共同组成了多层次的统一电力市场体系。其中，省（自治区、直辖市）市场的定位为提高省域内电力资源配置效率和保障地方电力平衡。鼓励建设相应的区域电力市场，结合京津冀协同发展、长三角一体化、粤港澳大湾区等国家区域重大战略，在条件成熟时支持省（自治区、直辖市）市场与国家市场融合发展，或多省（自治区、直辖市）市场联合形成区域市场后再与国家市场融合发展。

三、新型能源体系

党的二十大报告提出，“加快规划建设新型能源体系”。新型能源体系是党中央在能源领域提出的新概念，相比于以往更具有系统性、全面性和战略性，既是我国实现“双碳”目标的重要支撑，又是建设我国现代产业体系的重要内容。新型能源体系提出之后，引发社会各行业深度讨论，为加快推动我国能源高质量发展明确了总体方向。

国家能源局综合各方面研究和认识，在《坚持系统观念　加快规划建设新型能源体系》（中国电力报，2023.10.10）一文中提出新型能源体系至少包含五方面突出特征。一是新的能源结构，非化石能源逐步替代化石能源成为主体能源；二是新的系统形态，新型电力系统、氢能“制储输用”体系、化石能源低碳零碳化利用等加快涌现；三是新的产业体系，以高水平科技自立自强加快形成能源领域新质生产力；四是弹性韧性的供应链，有力保障极端天气等各类条件下的用能安全；五是新的治理体系，各种要素资源实现灵活高效配置。

国家电网公司从认识、方法、实践等方面，对新型电力系统与新型能源体系进行了分析研究，在《新型电力系统与新型能源体系》一文中提到，新型能源体系是在传统能源体系基础上的集成和发展，必须将系统观念贯彻建设过程的始终，处理好整体与局部、短期与长远、政府与市场、国内与国际等的相互关系；在新型能源体系的建设中，应秉持统筹为先、安全为基、科技为本、治理为要的理念。书中进一步提出，未来，加快构建新型电力系统将是建设新型能源体系的重中之重，可以从能源配置平台化、能源生产清洁化、能源消费电气化、能源创新融合化、能源业态数字化五个方面入手，以新型电力系统推动建设新型能源体系。

中国南方电网公司在《加快建设新型电力系统和新型能源体系》（学习时报，2023.5.1）一文中提出，建设新型能源体系是保障能源安全、建设能源强国的迫切需要，是推动绿色发展、实现“双碳”目标的必然要求，也是建设现代化产业体系、构筑大国竞争优势的有力支撑。文章进一步指出，电力居于能源转换利用中心位置，新型电力系统是新型能源体系的重要组成和关键环节。建设新型电力系统，助力构建新型能源体系，要着力在新供给、新消费、新技术、新体制这“四新”上下功夫，要构建以清洁能源为主体的能源供给格局，形成以绿色高效为导向的能源消费生态，完善有为政府和有效市场协同的能源治理体系。

中国华能集团在 2023 中国能源产业发展年会上提出，新型能源体系建设涉及技术创新、产业升级和体制改革等重点领域，关系我国能源发展全局，需要行业共同努力，进行制度设计、战略规划、关键技术、市场机制、政策法规等一系列创新，包括加强制度设计、协同推进清洁能源发展、联合攻关关键技术、持续完善市场机制和政策引导等。在建设新型能源体系过程中必须统筹兼顾安全、高效、优化能源电力结构、低碳四个目标；同时，建设新型能源体系涉及多能源品种、多发展模式、多技术领域、多应用场景，必须坚持集中式和分布式并举、陆上海上并举、就地消纳与外送消纳并举、单品种开发与多品种互补并举、单一场景与综合场景并举这“五个并举”，不断优化发展路径。

四、新型电力系统

2021 年 3 月，习近平总书记在中央财经委员会第九次会议上，对碳达峰碳中和工作作出重要部署，强调要构建新型电力系统，明确了我国电力转型发展的方向。2023 年 7 月，习近平总书记在主持召开中央全面深化改革委员会第二次会议时提出，要“深化电力体制改革，加快构建清洁低碳、安全充裕、经济高效、供需协同、灵活智能的新型电力系统，更好推动能源生产和消费革命，保障国家能源安全”。近年来，国家层面在电力生产、运行、消费等方面陆续发布相关政策，逐步探索构建新型电力系统。

（一）电力生产

实现碳达峰碳中和，必须加快新能源开发利用，提升新能源在电力系统中的比例。2022 年 5 月，国务院办公厅转发国家发展改革委、国家能源局《关于促进新时代新能源高质量发展的实施方案》明确，要坚持统筹新能源开发和利用，坚持分布式和集中式并举，突出模式和制度创新，并在四个方面提出了新能源开发利用的举措，推动全民参与和共享发展。一是加快推进以沙漠、戈壁、荒漠地区为重点的大型风电光伏发电基地建设；二是促进新能源开发利用与乡村振兴融合发展；三是推动新能源在工业和建筑领域应用；四是引导全社会消费新能源等绿色电力。其中，推动大型风电光伏基地建设是促进新能源大规模开发利用的重要抓手。2022 年 1 月，习近平总书记在中央政治局第三十六次集体学习中明确提出，要加大力度规划建设以大型风光电基地为基础、以其周边清洁高效先进节能的煤电为支撑、以稳定安全可靠的特高压输变电线路为载体的新能源供给消纳体系。2022 年 2 月，国家发改委、国家能源局发布的《以沙漠、戈壁、荒漠地区为重点的大型风电光伏基地规划布局方案》提出，到 2030 年，我国将规划建设风光基地总装机约 4.55 亿千瓦。当前，以沙漠、戈壁、荒漠地区为重点的大型风电光伏基地建设进展顺利，第一批 9705 万千瓦基地项目已全面开工，部分已建成投产，第二批基地项目部分已陆续开工，第三批基地项目已形成清单。

同时，在当前技术条件和装机结构下，煤电是最经济可行、安全可靠的灵活调节资源，在提升电力保供能力的同时，也能促进可再生能源发展。“双碳”目标下，煤电机组正从主体电源向调节性电源过渡，为进一步提升煤电机组清洁高效灵活供电水平，促进电力行业清洁低碳转型，2021 年 10 月，国家发展改革委、国家能源局会同有关方面制定了《全国煤电机组改造升级实施方案》，明确提出，“十四五”时期，煤电节能降碳改造规模不低于 3.5 亿千瓦，供热改造规模力争达到 5000 万千瓦，灵活性改造完成 2 亿千瓦。2023 年 11 月，国家发展改革委、国家能源局联合印发《关于建立煤电容量电价机制的通知》，决定自 2024 年 1 月 1 日起建立煤电容量电价机制，对煤电实行两部制电价政策。其中，电量电价通过市场化方式形成，容量电价根据煤电转型进度等实际情况逐步调整，充分体现煤电对电力系统的支撑调节价值，更好保障电力系统安全运行，为承载更大规模的新能源发展奠定坚实基础。

（二）电力消费

电力需求侧是新型电力系统的重要组成部分，是指加强全社会用电管理，综合采取合理可行的技术、经济和管理措施，优化配置电力资源，在用电环节实施节约用电、需求响应、绿色用电、电能替代、智能用电、有序用电，推动电力系统安全降碳、提效降耗。深化电力需求侧管理，充分挖掘需求侧资源，对推动源网荷储协同互动，保障电力安全稳定运行，助力新型电力系统和新型能源体系建设具有重要意义。我国 20 世纪 90 年代开始引入电力需求侧管理，在实践中不断完善，分别于2010年、2017年发布了两版电力需求侧管理办法，对推动节能减排和电力经济绿色发展，加快生态文明建设发挥了积极作用。

近年来，在我国碳达峰碳中和重大战略决策指引下，加快构建清洁低碳、安全充裕、经济高效、供需协同、灵活智能的新型电力系统，是深入推进能源革命，加快建设新型能源体系，保障国家能源安全的重要抓手。在此背景下，国家发展改革委等六部委联合修订发布了《电力需求侧管理办法（2023版）》，明确：一是推动各地培育需求侧资源，积极鼓励多元化经营主体参与需求响应，构建需求响应资源库。基于电力市场建设进展与地方实践，引导和推动需求响应与电力市场协同衔接，支撑需求响应规模化发展。二是进一步推动绿色用电与绿电交易、绿证交易衔接，鼓励重点地区、重点企业提高绿电消费比重。聚焦重点领域，科学推动电能替代，完善电能替代项目支持措施，稳步推进终端电气化水平提升。三是划定需求响应与有序用电的边界，优先采取需求响应等措施后，仍无法满足电力电量平衡时，再执行有序用电，着重强调要依法依规实施有序用电。四是结合“云大物移智”等新一代信息技术的快速发展，进一步推进电力消费智能化，实现电力利用效率的提升与电力利用方式的变革。

（三）电力运行

随着新能源快速发展，风电、光伏发电的间歇性、波动性特征对电力系统安全稳定运行带来极大挑战，系统对灵活调节资源需求与日俱增。

电网是源荷的主体，建设坚强主干网架，实现全国省域电网灵活互济，加强配电网建设，满足电力保供和新能源高水平消纳，提升电网数字化和智能化水平是建设新型电力系统的核心环节之一。由国家能源局组织编制的《新型电力系统发展蓝皮书》提出，要加强电力系统智慧化运行体系建设，建设适应新能源发展的新型调度运行体系，提高新能源感知与网络通信能力，统筹全系统调节资源，依托大电网资源配置能力和各地区错峰效应，提升系统平衡能力；推动电网智能升级，创新应用“云大物移智链边”等技术，加快信息采集、感知、处理、应用等环节建设，推动电网智能化升级，强化新型电力系统网络安全保障能力，提升应急能力。

储能是支撑新型电力系统的重要技术和基础装备，对推动能源绿色转型、应对极端事件、保障能源安全、促进能源高质量发展、支撑应对气候变化目标实现具有重要意义。2021 年 7 月，国家发展改革委、国家能源局联合印发了《加快推动新型储能发展的指导意见》，提纲挈领地指明了新型储能发展方向，要求强化规划的引领作用，加快完善政策体系，加速技术创新，推动新型储能高质量发展。为推动新型储能“十四五”高质量规模化发展，2022 年 1 月，国家发展改革委、国家能源局联合印发了《“十四五”新型储能发展实施方案》，进一步明确发展目标和细化重点任务，提升规划落实的可操作性，旨在把握“十四五”新型储能发展的战略窗口期，加快推动新型储能规模化、产业化和市场化发展，保障碳达峰、碳中和工作顺利开展。

第三节　能源供需形势

研判能源供需形势是开展能源工作的重要切入点。当前，世界正经历百年未有之大变局，地缘冲突、科技革命、贸易秩序正在重构世界能源版图，能源的供应侧和消费侧也随之发生变化。随着世界各国能源系统更多向以可再生能源为基础的电气化系统转变，地区能源供需形势或将发生重大改变，例如，传统的化石能源稀缺地区，有可能跃升成为可再生能源丰富地区，实现本地能源供需的基本平衡甚至对外输出。因此，做好能源供需形势分析，是进一步做好能源发展工作的关键。

一、我国能源供需形势

我国既是能源消费大国，也是能源生产大国。从能源平衡的角度来看，我国每年能源生产总量能够满足国内绝大部分能源需求，但部分能源品种依然需要从外部进口。根据《中国能源统计年鉴》公布的数据，我国每年一次能源生产总量约占国内能源消费总需求的八成，另有两成左右的能源需求需要通过进口满足。“十四五”以来，我国每年能源消费超过 50 亿吨标准煤，国内一次能源生产总量约 40 亿吨标准煤，每年进口的能源总量超过 10 亿吨标准煤。在进口的能源品种中，原油需求较大，按标准煤折算，占进口能源总量的约六成。

从能源消费侧来看，受经济、人口、生活水平等因素驱动，我国已成为全球最大的能源消费国，近年来能源消费量约为全球总量的 1/4。我国的能源消费侧具有以下特点：一是能源消费总量持续增长，但增长速度有所放缓。“十三五”时期，全国能源消费量年均增速为 2.8%，较“十二五”下降 1 个百分点。二是能源消费仍然以化石能源为主，煤炭、石油消费量占比约为能源消费总量的 3/4，但比重呈下降趋势。三是能源需求区域分布差异明显，东部地区能源需求量占全国能源需求总量的 60% 以上。四是用能结构仍然以工业为主，工业用能在全国能源消费总量中占比近七成，是用能需求的主力军；其次是居民用能，占比维持在 10% 以上；交通运输业用能总量居第三，在全国能源消费中占比接近 9%。

从能源供给侧来看，经过长期发展，我国已经形成了（煤炭、石油、天然气、电力）全面发展的能源供给体系。能源供给侧增长速度总体上与消费侧保持同步，并呈现两大特点：一是能源生产清洁化水平不断提升。随着我国对可再生能源发展的支持力度不断加大，一次电力及其生产比重不断提高，2022 年底占比达 20% 以上，较 2015 年高出近 6 个百分点。二是煤炭生产总体富裕，煤炭仍是我国能源产出的主力军，原煤产量在能源生产总量中的占比总体维持在 60% 以上，并可满足国内九成以上的煤炭消费需求，但原煤产量占比呈现逐步下降趋势。与原煤、一次电力能源相比，我国油、气产量比重偏低，原油、天然气产量在一次能源总产量中合计占比不足 15%，其中原油产量仅能满足国内三成的消费需求。

从现阶段的能源供需形势来看，我国对化石能源的依赖度依然偏高，在国际格局动荡、一次能源价格波动的情况下，面临供需风险。因此，在未来的发展中，一方面要在能源消费侧加快用能模式变革，提倡节能、绿色的用能方式；另一方面要在能源供给侧继续加大对清洁能源、可再生能源的投资，减少对煤炭、石油消费的依赖。同时，短期内仍要关注国际油价、气价变化，做好充足重要能源资源储备，提高煤炭、天然气等重要保障性能源的生产能力，保障能源供应安全。

二、省域能源供需形势

我国幅员辽阔，东、西部地区在能源消费和资源禀赋上存在显著的差异。东部地区作为经济发达区，能源需求量大，但化石能源资源禀赋相对贫乏，而西部地区虽然一次能源资源丰富，但能源消费相对较低。同时，随着绿色低碳转型进程不断推进，可再生能源加速发展，电能在各省能源生产、消费中的比重逐步提高，地区能源供需形势发生深刻变革。通过对不同典型省域能源供需形势尤其是电力供需形势的分析，可以更深入地理解我国不同地区能源供需形势的复杂性和多样性，从而推动各省因地制宜做好能源发展工作。本部分选取青海、浙江、福建三省为典型省域，分析我国东、西部地区能源供需形势特点和差异性。值得一提的是，以上三省于 2021 年被国家电网有限公司确立为新型电力系统省级示范区，在电力供需形势上有着同样鲜明的特点。

（一）青海

1. 能源供需形势

青海位于我国西部地区，是长江、黄河、澜沧江“三江”之源，清洁能源资源丰富、发展迅猛，在全国能源转型中具有重要地位。从能源平衡的角度来看，青海省每年一次能源生产总量与能源消费总量总体相当，能源自给率较高。

从能源消费侧来看，青海的能源消费结构中，电力消费比重较高，2018 年后比重基本维持在 40% 以上，大幅高于全国水平；煤炭消费比重自“十三五”以来整体呈现下降趋势，2019—2021 年总体维持在 30% 以下，低于全国平均水平；天然气、石油消费比重多年以来分别维持在 15%、10%

左右。

从能源供给侧来看，青海能源生产清洁化优势明显，全省能源生产总量中，一次电力生产占据主导地位，且自“十三五”以来一次电力生产占比总体持续上升；2018 年之后，这一比例更是突破 50%，意味着青海每生产 2 千克标准煤的能源，就有超过 1 千克是清洁能源。

2. 电力供需形势

青海电力供需总体平衡，在外部电力受送方面，既从省外购电，又向外省送电，属于西部重要的电力枢纽，外送电量中清洁电成分较高。

从电力需求侧来看，青海省用电体量小、增长快。2023 年，青海全社会用电量为 1083.1 亿千瓦时，仅占全国的 1% 左右，但用电量增长动力十足，2020—2023 年，青海全社会用电量年均增长 11.1%，高出全国平均增速 4 个百分点。

从电力供给侧来看，青海省发电能力与用电水平基本匹配，并且保持较高的清洁化水平。2023 年，青海发电量 1008.2 亿千瓦时，约为全省用电量的九成，其中，以太阳能、风电为代表的新能源发电量 451 亿千瓦时，占比 44.7%，首次超过水电成为省内第一大电源。装机结构方面，截至 2023 年底，青海省电源总装机、清洁能源装机均突破 5000 万千瓦，清洁能源装机占总装机的 93%。

从省内外电力输送通道来看，青海已建成东接甘肃、南联西藏、西引新疆和直通中原的交直流多端枢纽型电网，青海电网也成为西北地区首个送、受电能力均超过千万千瓦的省级电网。“十四五”前两年，青海通过互联通道，外购电量 254 亿千瓦时，外送电量 454.9 亿千瓦时，其中外送清洁能源电量 373.6 亿千瓦时，占比达八成以上。

（二）浙江

1. 能源供需形势

浙江地处我国东部沿海，经济规模常年居全国第四，是典型的经济大省，也是能源消费大省。从能源平衡的角度来看，浙江省每年能源消费总量远大于能源生产总量，因此属于能源受入型省份。

从能源消费侧来看，浙江省一次能源消费规模庞大，消费增长较快。全省一次能源消费自 2016 年起突破 2 亿吨标准煤大关，至 2022 年已接近 2.9 亿吨标准煤；2016—2022 年能源消费总量年均增长 6.2%，高于全国平均水平。

从能源供给侧来看，浙江省能源资源禀赋较差，能源生产水平较低。浙江省能源自给率长期低于 20%，《浙江统计年鉴（2023）》数据显示，2022 年浙江省一次能源生产总量为 4349 万吨标准煤，仅为能源消费总量的 14.9%。此外，浙江省内无原煤、原油生产，煤炭、石油、天然气等能源资源供应严重依赖外部调入。

2. 电力供需形势

浙江省电力自给率高于一次能源自给率，但每年仍有 10% 以上的电量需要从区外购入，仍属于电力购入型省份。

从电力消费侧来看，浙江省全社会用电量较大，2023 年突破 6000 亿千瓦时，居全国 31 个省市区的第四名；用电结构方面，第二产业用电占比最高，约为全社会用电的七成，第三产业次之，占比 15% 左右，且近年来占比逐步提高。

从电力供给侧来看，浙江省电源装机、发电能力逐年提升，2023 年全省装机、发电量分别突破 1.3 亿千瓦、4300 亿千瓦时；装机结构方面，2023 年底浙江省风、光等新能源装机占全省总装机的比重首超三成，当年新增新能源装机近 1000 万千瓦；同时，浙江新能源发电量也在稳步增长，全年新能源发电量达到 406 亿千瓦时，较 2022 年增长 31%，新能源在保障浙江省能源安全供给中的作用愈加凸显。

从受电方向来看，浙江省外购电的主要来源有溪洛渡、三峡、白鹤滩等水电以及宁夏的煤电及光伏、风电，主要依靠特高压电网远距离传输。此外，浙江还通过华东电网、皖电东送及电力市场交易买来省外电，最远可购买到来自新疆、西藏的电。

（三）福建

1. 能源供需形势

福建位于我国东南沿海，经济规模常年居全国前十，是我国能源消费较大的省份。从能源平衡的角度来看，福建省与浙江省相似，属于传统一次能源匮乏的省份，2011 年以来省内一次能源生产总量约为能源消费总量的三成，需要通过外部购入化石能源来满足自身能源消费需求。

从能源消费侧来看，福建省能源消费以煤炭为主，“十四五”期间煤炭消费占比为 40%~50%，占据主导地位；一次电力及其他能源消费占比约为 1/4，石油消费占比约为 1/5。

从能源供给侧来看，随着清洁能源发电技术的不断成熟，福建依托省内水资源、核能站址、海上风能等清洁资源优势，一次电力占能源生产总量比重不断提高，并逐渐成为主体，2011—2021 年一次电力占能源生产总量比重由 33.2% 提升至 90% 以上；煤炭在能源生产总量中的比重较小，且从 2011 年起逐年下降，至 2021 年比重降至 10% 以下，主要是受特殊地层构造影响，省内煤炭的开采和勘探难度较大，且煤炭品种单一、热值低，难以作为大型火电厂的燃料用煤，煤炭开采价值不高；此外，福建省内无天然气和石油资源分布，省内天然气和石油消费完全依赖外部送入。

2. 电力供需形势

福建省电力供需多年来总体平衡，随着清洁能源建设力度不断加大，可季节性送出盈余电量。

从电力需求侧来看，福建省全社会用电量在全国属于中上游水平。用电结构方面，第二产业用电占比最高，约为六成；其次为居民用电，占比约为两成；第三产业用电占比约为 15%。2023 年福建省全社会用电量突破 3000 亿千瓦时大关，达 3089.6 亿千瓦时。

从电力供给侧来看，福建已形成清洁能源占据半壁江山、“水火核风光”全品类电源协同发展的总体格局，拥有“教科书般”的电源结构，其中2023年核电占比达14.3%，居全国首位。截至2023年底，福建省总装机突破8000万千瓦，发电量超过3200亿千瓦时，其中清洁能源发电量占比达52.9%。

从电力互联互通情况来看，福建与省外联络的电力通道主要有两个：一是闽浙联网通道，其中浙北—福州1000千伏特高压交流输变电工程是福建首个特高压交流工程，主要用于提升华东电网的供电能力和事故支援能力；二是2022年投产的闽粤联网工程，该工程是福建、广东两省深化合作的重要工程，也是国家电网与南方电网的首个网对网互联通道，实现了闽粤两省电网异步互联，促进电力互补互济、调剂余缺，应急情况下可以互为备用、相互支援。

第四节　能源高质量发展需求

党的二十大报告提出，“高质量发展是全面建设社会主义现代化国家的首要任务”。能源对国家繁荣发展、人民生活改善和社会长治久安至关重要，能源高质量发展是高质量发展的重要内容，也是实现中国式现代化的重要支撑。

一、高质量发展必要性

我国已建成全球最大的能源生产和消费系统，并具备了资源、资金、人才等基本要素。在新形势下，我国的能源发展需进一步兼顾经济高质量发展的需求、社会低碳用能意识的提升以及我国能源供需实际情况，推动能源高质量发展。

当前，我国能源发展面临的主要形势表现在五个方面。

1. 能源生产与消费逆向分布特点凸显

我国能源供需格局受历史发展因素及地理因素影响，西部地区能源资源丰富（煤炭、河流、风能、太阳能等），东南沿海地区的能源需求相对集中，固有的逆向分布特点显著。近年来，伴随高耗能产业“西迁”，西部地区能耗电耗大幅增长，产生能源资源本地自用与外供之间的新矛盾，由于送电能力和意愿双双下降，清洁能源在全国范围内优化配置受阻。

2. 能源结构调整带来能源系统运行新的安全风险

近年来，我国风电、光伏发电快速发展，而风电、光伏发电存在波动性、间歇性、随机性特征，受天气影响大，随着其装机规模快速增加，将可能引起电力系统灵活调峰调频调压和备用能力不足、部分时段部分区域面临电力电量双缺等情形，电力系统安全可靠供应面临严峻挑战。

3. 化石能源资源不足带来不稳定供应风险

能源资源是支撑经济社会发展的原动力和物质基础，是国家安全的重要组成部分。我国对于原油、天然气、新能源矿产（如镍、钴、锂等）的对外依存度较高，而当今世界正经历百年未有之大变局，国际政治军事冲突加速世界地缘政治版图变革，深刻影响着全球能源资源供需与贸易格局，给我国能源供应安全带来较大挑战。

4. 能源技术与产业有待进一步迭代升级

在能源革命和数字革命双重驱动下，推动能源科技实现高水平自立自强已成为把握新一轮科技革命和产业变革机遇、赢得创新发展主动权、保障国家能源安全的大趋势。近年来，我国能源科技水平虽有重大提升，但部分关键性技术仍掌握在其他国家手中，需要进一步攻关。

5. 能源体制机制有待进一步完善

随着新型能源体系、新型电力系统的建设加快推进，转型成本日益增加。当前能源体制机制成本疏导机制尚不健全，难以实现能源系统经济高效运行。同时，随着新能源装机占比快速攀升，适应新能源特性的市场机制尚未建立，新能源参与市场面临曲线波动、偏差考核等多重风险。

从能源发展的总体形势来看，我国经济韧性强，经济发展长期向好的基本局面没有改变，意味着在今后相当长的一段时间内，对能源总量的需求还会持续增加。与此同时，随着社会意识不断进步，我国能源发展理念与时俱进，低碳转型已成为未来能源发展的重要趋势。此外，当前我国能源供需总体不平衡、区域不平衡的情况仍客观存在。基于上述发展矛盾与总体形势，能源领域亟须把握能源转型变革历史，全面推进能源消费方式变革，构建多元清洁能源供给体系，统筹能源转型发展和安全保障，推动传统能源和新能源优化组合，实现能源高质量发展。

二、高质量发展研究

（一）认识我国能源发展的主要阶段

能源是经济社会发展的重要物质基础，在经济发展的不同阶段对能源发展要求也有所不同，随着经济由高速增长阶段转向高质量发展阶段，我国能源也进入了转变发展方式、调整结构、转换增长动力的高质量发展阶段。

改革开放使我国的经济发展模式有了巨大的变化，随着生活水平的提高，人民群众对优美生态环境的需求与生态破坏、环境污染之间的矛盾日益突出。与此同时，随着我国经济发展进入增速减缓的阶段，由投资驱动型发展转向效率驱动型发展的内生动力逐渐显现，发展质量取代经济增速成为国家追求的首要目标。

党的二十大报告明确指出，高质量发展是全面建设社会主义现代化国家的首要任务，而能源高质量发展是高质量发展的重要环节；强调“推动经济社会发展绿色化、低碳化是实现高质量发展的关键环节”，要“加快推动产业结构、能源结构、交通运输结构等调整优化”。

随着我国能源供应保障能力持续增强，节能降耗和结构优化成效显著，形成了较为完备的能源工业体系，有力支撑了经济社会快速发展。能源领域围绕能源革命新战略，聚焦能源安全保障、清洁低碳转型、科技自立自强、体制机制创新、加强国际合作等方面，全面推进能源高质量发展。

（二）把握能源高质量发展的主要特征及目标要求

能源高质量发展是新时代能源工作确定思路、制定政策、实施调控的根本要求。我国能源产业正处在转变发展方式、优化结构、转换增长动力的攻关期，能源安全充裕是满足人民日益增长的美好生活需要的重要保障，能源高质量发展正是以新发展理念为主要内容的习近平新时代中国特色社会主义经济思想在能源领域的具体体现。

总的来看，能源高质量发展就是以满足全体人民追求美好生活的用能需要为根本目标，统筹能源发展和安全，推动实现能源供应安全稳定、能源消费优质高效、能源系统绿色智能、能源市场开放多元、能源服务普惠共享，建设清洁低碳、安全高效的能源体系，增强能源对经济社会发展的系统化保障能力。

具体来看，能源高质量发展至少包含“安全、高效、绿色、创新、开放、共享”六大特征。

1. 安全

能源品种多元化，传统能源逐步退出要建立在新能源安全可靠替代的基础上，实现稳定可靠的能源供应。

2. 高效

能源各环节集约化、高效化、协同化，能源行业经济效益显著提高，社会用能成本降低，能源利用效率不断提高，能源消费总量得到有效控制。

3. 绿色

能源生产和消费绿色化，实现能耗“双控”向碳排放总量和强度“双控”转变，加快形成减污降碳的激励约束机制。

4. 创新

作为能源高质量发展的动力，能源领域发电、减碳等各项技术自主创新能力不断提高，能源信息化、自动化和互动化水平显著提升。

5. 开放

能源市场化步伐加快，能源资源配置效率切实改善，能源行业国际影响力显著提升。

6. 共享

能源服务普遍化，能源民生工程建设不断强化，能源公共服务体系不断完善。

（三）开展能源高质量发展研究的主要着力点

推动能源高质量发展，要立足我国的基本国情和发展阶段，紧扣能源发展主要矛盾变化，具体可从能源消费、能源供应、能源科技、能源产业、能源机制五个方面着力。

1. 能源消费研究

能源消费是社会和经济发展的重要基础，任何国家或地区的发展都离不开对能源的消费。能源的消费通常与工业化进程关系密切，随着经济的发展，工业化初期和中期能源消费一般呈缓慢上升趋势，当进入后工业化阶段后，经济增长方式发生重大改变，能源消费强度开始下降。同时，提升能源消费效率可以减少能源的浪费，使有限的能源资源得到更充分的利用。因此研究能源消费不仅有助于我们了解一个国家或地区的经济和工业化发展状况，还有助于提高能源利用效率和降低能源消费成本，实现可持续发展。

2. 能源供应研究

能源供应的稳定性直接影响到一个国家或地区的能源安全。通过研究能源供应及各种能源的来源分布和产量，有助于制定相应的政策和措施，保障能源的稳定供应。此外，不同种类的能源具有不同的特点和优势，研究能源供应有助于了解各种能源的优缺点，从而根据不同的需求和场景选择合适的能源，优化能源结构，提高能源效率。

3. 能源科技研究

当前，全球科技创新进入空前密集活跃期，在能源革命和数字革命双重驱动下，全球新一轮科技革命和产业变革方兴未艾，正在重构全球创新版图、重塑全球经济结构。通过对能源科技的研究，可以开发新的能源资源，提高能源的利用效率，满足不断增长的能源需求。推动能源科技实现高水平自立自强，已成为把握新一轮科技革命和产业变革机遇、赢得创新发展主动权、保障国家能源安全的大趋势。

4. 能源产业研究

能源产业对经济发展和能源发展具有双向促进作用。一方面，能源产业是一个庞大的产业链，涵盖了能源勘探、开采、加工、运输、储存、销售等各个环节。能源产业的发展可以带动相关产业的发展，如制造业、服务业等，从而推动经济持续发展。另一方面，随着能源产业的发展，各种新技术、新工艺、新设备不断涌现，通过研究能源产业，可以促进技术进步和创新，推动能源产业转型升级。

5. 能源机制研究

能源机制是能源管理的核心，通过研究能源机制，可以了解能源管理的现状和问题，提出针对性的改进措施，提高能源管理效率。研究能源机制有助于保障能源的安全供应，通过建立科学的能源体制机制，可以加强对能源的监督和管理，保障能源的稳定供应。同时，能源机制是能源产业发展的基础，合理的体制机制可以促进能源产业健康发展，并在全球化背景下，增强我国的国际竞争力。

同时，推动能源高质量发展离不开各省域的积极作为。长期以来，我国各地经济产业结构、能源生产消费结构、能源政策与能源市场等各不相同，各地因地制宜发展地区能源，是我国能源事业高质量发展的重要落脚点。基于上述思路，本书拟从能源消费、能源供应、能源科技、能源产业、能源机制五个方面，结合典型省域代表，对能源发展的历史、现状及未来方向开展研究，并基于笔者对能源高质量发展的理解和认知，作出进一步思考与展望。

第二章

能源消费趋势研究

第一节 能源需求与社会经济发展

能源是社会经济发展的动力源泉，能源消费需求与社会经济发展关系密切。习近平总书记在2014年提出推进能源消费革命战略，强调了通过约束性指标管理、产业结构调整、能源消费结构调整以及节能优先等措施，实现能源消费革命。

一、我国能源消费与经济发展

（一）我国能源消费总体趋势

随着经济社会不断发展，我国能源消费总体保持增长趋势，但在国家工业化的进程中，能源消费呈现出不同的发展特征。按照钱纳里工业化阶段理论，我国的工业化过程可分为三个阶段：前工业化阶段、工业化中期和工业化后期。第一阶段是前工业化阶段（1980—1990年），此阶段是我国经济的起步阶段，能源消费总量从6亿吨标准煤增加到9.9亿吨标准煤，年均增速相对较低，不足5%。第二阶段是工业化中期（1991—2010年），随着工业化进程迅速推进，我国能源消费总量持续快速增加，从10.4亿吨标准煤增加到36亿吨标准煤，年均增速接近10%。第三阶段是工业化后期（2011—2021年），这个阶段的特征是经济增长趋于稳定，工业化程度相对较高，经济结构进一步优化，经济增长更加注重质量和效益，能源消费总量由38.7亿吨标准煤上升至52.6亿吨标准煤，年均增速放缓至2.9%。

从能源消费结构来看，我国主要的一次能源品种消费比重呈现“一降”“一稳”“两升”三个特征。一是煤炭消费占比总体呈现下降趋势。1980—2021年，煤炭消费量从4.4亿吨标准煤增加到29.4亿吨标准煤，经历了一个相对稳定的增长过程，但随着清洁能源需求增加以及环境保护压力加大，煤炭在能源消费中的比重从 72.2% 降至 55.9%。二是石油消费占比相对稳定。石油消费量从 1980 年的 1.2 亿吨标准煤增加到 2021 年的 9.8 亿吨标准煤，但在我国能源消费总量中的比重总体保持在 20% 左右。三是天然气、一次电力等能源消费占比逐步提升。随着技术进步及环保理念的普及，1980—2021 年，天然气消费量从 0.2 亿吨标准煤增加到 4.6 亿吨标准煤，占比由 3.1% 提升至 8.8%；一次电力中的水电的消费量从 0.2 亿吨标准煤增加到 3.9 亿吨标准煤，占比由 4% 提升至 7%，核电消费实现零的突破，2021 年消费量约 1.2 亿吨标准煤，占比约 2%。详见图 2-1。

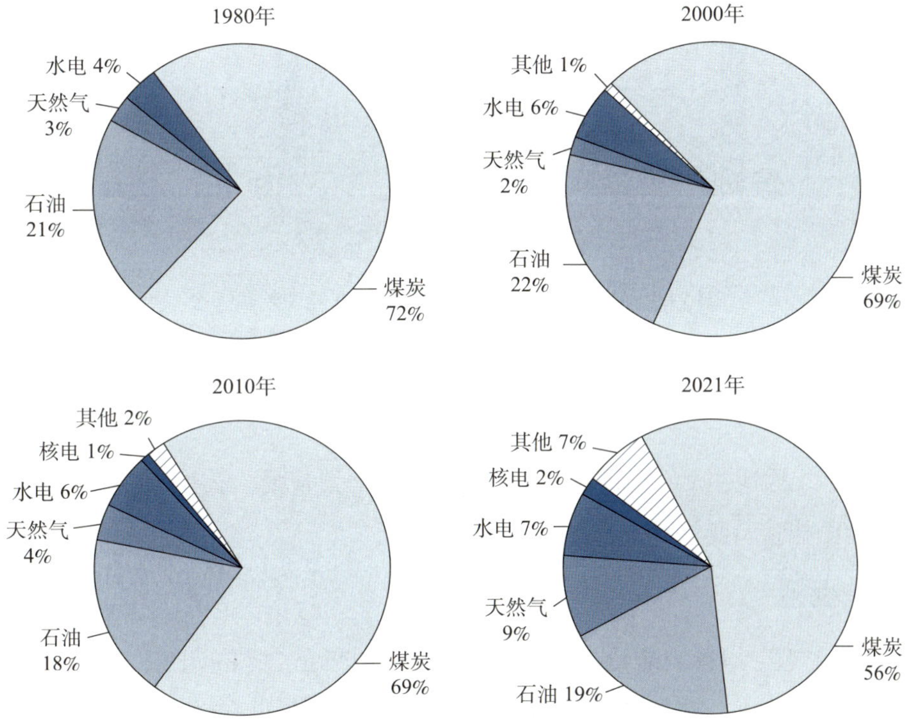

图 2-1　1980—2021 年全国一次能源分品种消费结构

从能源消费强度来看，我国在能源利用效率提升方面取得了显著进展。21 世纪以来，全国能源消费强度呈现逐年下降的趋势，单位国民经济产值所需的能源消耗逐渐减少，从 2000 年的 1.47 吨标准煤 / 万元逐渐下降到 2021 年的

0.48 吨标准煤 / 万元；尤其是 2010 年之后，在产业、能源结构持续优化调整和技术创新的作用下，我国能源消费强度下降速度加快。如图 2-2 所示，分产业来看，第二产业的能源消费强度最大，从 2000 年的 3.3 吨标准煤 / 万元下降到 2021 年的 1.8 吨标准煤 / 万元，对我国能源消费强度下降的贡献最多；第三产业的能源消费强度降幅最大，从 2000 年的 0.8 吨标准煤 / 万元下降到 2021 年的 0.2 吨标准煤 / 万元，降幅达 70% 以上，表明服务业在能源利用率提升方面取得了显著进展。

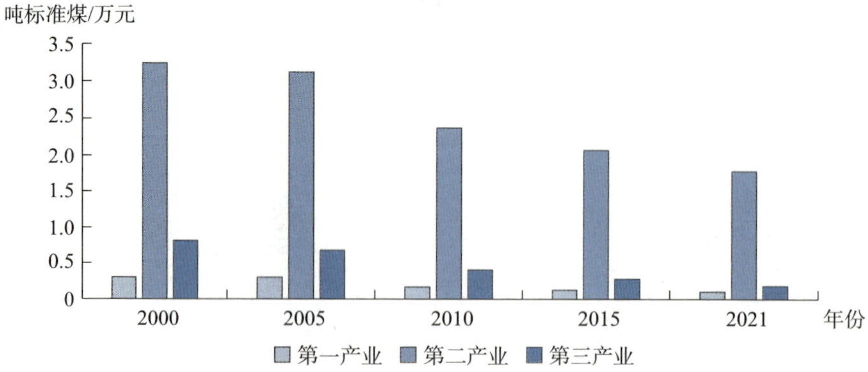

图 2-2　2000—2021 年全国分产业能源消费强度

（二）典型领域能源消费

工业、居民生活、交通运输是能源消费的典型领域，三者能源消费量之和占据我国能源消费总量的绝大部分。

1. 工业

“十二五”以来，随着中国工业化的深入和产业结构的调整，工业能源消费增速明显下降。2021 年，工业能源消费总量为 34.9 亿吨标准煤，占能源消费总量比重为 66.3%，已连续九年低于 70%。2011 年以来，在工业终端能源消耗中，制造业的比重维持在 80% 以上。

石油煤炭加工、化学原料及化学制品制造、非金属矿物制品、黑色金属冶炼及压延加工、有色金属冶炼及压延加工、电力和热力生产供应属于典型的高耗能行业，在工业终端能耗中占据主导地位。2021 年，上述行业占据工业终端能耗比重达到 74.4%，特别是以钢铁行业为主体的黑色金属冶炼及压延加工行业，占比达到 21.9%，虽然已有所下降，但仍然大于 1/5。化学原料及化学制品制造、石油煤炭加工和非金属矿物制品能耗占比也均超过 10%。

2. 居民生活

随着经济的快速增长和城镇化进程的加速，居民生活能源消费总量和人均消费量持续增长。2021 年，我国生活能源消费量为 6.7 亿吨标准煤，较 2011 年增长 70.5%；人均生活能源消费量为 478 千克标准煤，较 2011 年增长 62.6%，居民生活用能水平不断提高。

生活能源消费中，直接的能源消费主要包括电力、煤炭、煤油、液化石油气、天然气、煤气和热力。近年来，政府对于节能减排的政策推动，使居民生活中的能源使用更加高效和环保，生活能源消费结构不断发生变化。传统的煤炭消费逐渐减少，由 2011 年的 9212 万吨下降至 2021 年的 5929 万吨，降幅达 35.6%。同时，随着科技发展和新能源汽车普及，居民电力消费快速增长，体现了生活能源消费的现代化和清洁化趋势。2021 年生活用电消费 1.2 万亿千瓦时，较 2011 年增长 1.2 倍。

3. 交通运输

随着交通运输能力的持续增强和交通运输规模的不断扩大，我国交通运输能源消费量呈现快速增长态势，由 2011 年的 3 亿吨标准煤增加至 2021 年的 4.4 亿吨标准煤，增幅达 48%。

我国交通运输行业用能品种包括成品油、天然气、电力等。其中，成品油消耗占比达 95% 以上，柴油和汽油消费量合计占比达 75% 以上，为交通运输行业的重点用能品种，燃料油、煤油消耗相对较少。

从终端消费来看，汽油占比仍在持续增长，由 2011 年的 18.7% 上升至 2021 年的 22.7%，但随着最近几年来电动汽车的快速发展，汽油消费量增速放缓；受环境压力下对柴油车的管控力度加大等因素影响，柴油消费占比由 2011 年的 52.2% 下降至 2021 年的 36.1%；随着飞机运输量的逐年提升，煤油占比持续提升，由 2011 年的 9.1% 上升至 2021 年的 11.9%；在电气化铁路及电动汽车快速发展的拉动下，电能占比不断上升，由 2011 年的 3.9% 上升至 2021 年的 6.1%；液化石油气和天然气占比整体平稳。

二、省域能源消费与经济发展

（一）省域能源消费分布

能源消费分布与经济、人口等因素密切相关，我国省域能源消费总量的空间分布不平衡，有较大差异。东部地区[①]经济发展水平高、人口密集、城市化程度高、交通运输业发达，且工业制造业快速发展，是能源消费最高的区域，以 2021 年为例，能源消费总量达 22.1 亿吨标准煤，占全国能源消费总量的 42.9%，全国能源消费量排名前四的省份（山东、广东、江苏、河北）均位于东部地区；西部地区拥有丰富的能源资源，受益于西部大开发战略和“一带一路”倡议，能源消费迎来快速增长，总量为 14.6 亿吨标准煤，占全国总量的 28.4%；中部地区产业结构多元、具有一定的交通运输优势，能源消费总量为 10.3 亿吨标准煤，占全国总量的 20.0%；东北地区受到产业结构转型、经济增长放缓和人口流失等影响，能源消费量为 4.4 亿吨标准煤，占比仅为 8.6%。

从能源消费结构上看，西部、东部和中部地区分别占全国煤炭消费总量的 36.3%、31.2% 和 25.7%。其中山西、内蒙古、山东、新疆和河北等省区煤炭消费居全国前列，占全国煤炭消费总量比重接近一半。中部和东部地区石油和天然气消费量相对较高，其中，广东、辽宁、山东、浙江和江苏等省份石油消费量排名靠前，江苏、广东、四川、山东和北京等地天然气消费量排名靠前。电力消费量主要受经济、能源禀赋两方面因素影响较大，经济快速发展和工业化水平高使得广东、山东、江苏和

① 区域划分根据国家统计局官方标准，东部地区：北京、天津、河北、山东、上海、江苏、浙江、福建、广东、海南；中部地区：安徽、山西、江西、河南、湖北、湖南；西部地区：内蒙古、广西、重庆、四川、贵州、云南、陕西、甘肃、青海、宁夏、新疆、西藏；东北地区：辽宁、吉林、黑龙江。

浙江等省份电力消费量领跑其他各省，此外，能源资源丰富的省区电力消费水平也相对较高，如我国主要的煤炭生产基地和风电发电基地内蒙古、新疆，水电大省四川、云南、广西，以及拥有丰富太阳能资源的河南等省区。

从各省区人均 GDP 与单位 GDP 能耗指标看，我国东部地区的省域能源消费效率领先，中部、东北地区次之，西部地区相对落后，如图 2-3 所示。东部地区省份人均 GDP 较高（大于 5 万元 / 人）而单位 GDP 能耗较低（除天津、河北和山东外，均小于 0.4 吨标准煤 / 万元），特别是北京、上海等地，人均 GDP 超过 15 万元 / 人，但单位 GDP 能耗不到 0.3 吨标准煤 / 万元。中部地区人均 GDP 为 5 万 ~9 万元 / 人，除山西（0.82 吨标准煤 / 万元）外，单位 GDP 能耗约 0.35 吨标准煤 / 万元左右。东北三省两个指标均处于中游水平，其中辽宁（0.90 吨标准煤 / 万元）、黑龙江（0.82 吨标准煤 / 万元）单位 GDP 能耗相对较高。西部地区大部分省份人均 GDP 较低，而单位 GDP 能耗较高，尤其是宁夏（1.9 吨标准煤 / 万元）、青海（1.4 吨标准煤 / 万元）、内蒙古（1.3 吨标准煤 / 万元）和新疆（1.2 吨标准煤 / 万元）等地。

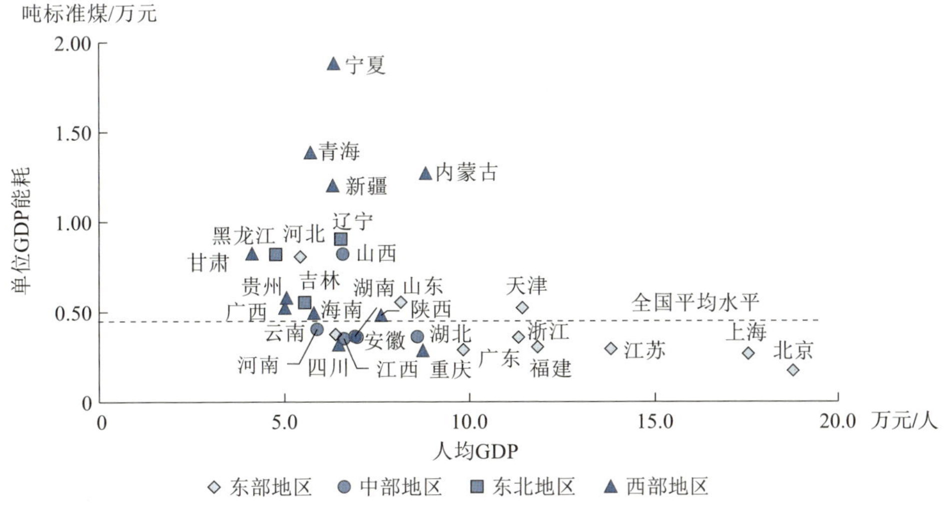

图 2-3　2021 年我国各省份人均 GDP 和单位 GDP 能耗对比

注：西藏除外。

（二）典型省域能源消费特点

根据我国省域产业结构、能源消费结构和能耗情况，分别选取山东省、河南省和福建省作为典型省份进行分析。其中，山东省经济以重工业为主，能源消费以煤炭为主，单位 GDP 能耗低于全国平均水平；河南省经济发展工、农业并重，能源消费结构较多元，单位 GDP 能耗接近全国平均水平；福建省为外向型经济，制造业占比大，清洁能源消费比例高，单位 GDP 能耗高于全国平均水平。

1. 山东省

山东省作为全国工业大省、实体经济大省以及全国重要的工业品、消费品供给基地，单位 GDP 能耗相对较高。整体来看，随着工业化、城镇化进程加快和消费结构持续升级，山东省能源消费呈现刚性增长趋势。

山东省能源消费总量居全国前列，尤其是煤炭消费，约占全国煤炭消费总量的 1/10。从能源消费结构来看，山东省能源消费以煤炭、石油为主。2022 年，山东省煤炭消费在一次能源消费结构中占比为 57.7%，石油在一次能源消费结构中占比为 20.7%，化石能源消费占比合计达 83.3%。

作为全国经济第三大省，产业结构中能源、石化、金属冶炼等行业的能耗偏重。2022 年，山东省电力热力、黑色金属、化学原料、有色金属、非金属、石油煤炭等高耗能行业煤炭消费量约占全省煤炭消费总量的 93.6%。其中，电力热力行业煤炭消费量占比最高，占全省煤炭消费总量的 53.1%；其次是化学原料行业，占比为 10.2%；非金属行业煤炭消费量占比最小，为 2.8%。

与经济发达省份横向对比，山东地区生产总值与全国排名第一、第二的广东、江苏的差距逐年拉大。山东与广东的地区生产总值差距由 2018 年的 3.3 万亿元扩大到 2022 年的 4.2 万亿元，与江苏的差距由 2018 年的 2.7 万亿元扩大到 2022 年的 3.5 万亿元。能源消费总量方面，山东与广东的能源消费总量差距由 2018 年的高出 1 亿吨标准煤扩大到 2022 年的 1.2 亿吨标准煤，与江苏的差距由 2018 年的高出 0.9 亿吨标准煤扩大到 2022 年的 1.2 亿吨标准煤。2022 年，山东省单位 GDP 能耗分别为广东省、江苏省的 2.0 倍、1.9 倍。

2. 河南省

随着河南省经济迅速发展、科技水平不断提升，已经形成了较完备的能源体系。党的十八大以来，河南省能源消费结构持续优化升级，清洁低碳转型成效显著，绿色低碳程度与全国差距明显缩小。

河南省的能源消费主要以煤炭消费为主，其次为石油消费，一次电力及其他能源和天然气消费占比呈现交替上升的趋势。2016 年开始，河南清洁能源加速发展，一次电力及其他能源消费占比快速提升，2022 年已经接近石油消费占比。2018—2022 年，河南省单位 GDP 能耗逐年下降，由 0.45 吨标准煤 / 万元降至 0.40 吨标准煤 / 万元，略低于全国平均水平（0.45 吨标准煤 / 万元）。

河南省单位 GDP 能耗受到地区的产业结构、经济发展水平、能源利用效率等多方面因素的影响，大致呈现“北部最高，东南部次之，中部最低”的格局。北部地区（包括济源、安阳、焦作、鹤壁）单位 GDP 能耗位于第一梯队，地区产业以重工业为主，企业多、能耗大。第二梯队包括新乡、濮阳、三门峡、平顶山、商丘和信阳等地区，拥有丰富的矿产资源和工业基地。第三梯队的驻马店、南阳等地，以及偏中部的郑州、许昌、周口、洛阳和开封，主要是平原地区，经济发展以农业生产为主，能源消费强度相对较低。

作为农业大省，河南省农村家庭能源消费呈现多元化趋势，清洁能源在取代传统能源方面发挥着重要作用，同时电力在家庭生产和生活中的普及程度也不断提高。在能源种类及普及率方面，电力是最普及的二次能源，普及率达到 100%；液化石油气在农村家庭中也有较高的普及率，为 68.4%；太阳能作为新能源在农村家庭中的应用逐渐增加，普及率为 41.1%；薪柴的使用仍然存在，30% 的家庭偶尔或短期使用。能源结构演变方面，电力、汽油和天然气（含液化石油气）成为农村家庭主力能源，占比分别为 30.8%、23.7%、20.1%；柴油、煤炭变为辅助性能源，合计占比约 10.01%。家电普及方面，电力和液化石油气是家庭厨炊用能的主要选择，普及率分别达到 90.1% 和

69.9%。交通和采暖方面，电动车在农村地区短途出行中占主导地位，电动自行车和电动三轮车的普及率分别为 58.7% 和 51.3%；“煤改电”推动电采暖加速普及，65.6% 的取暖家庭使用电采暖，主要设备为空调和电暖器。农业生产方面，越来越多的家庭在农业生产中使用电力作为动力，占比为 48.8%；少数家庭使用汽油机械和柴油机械进行农业生产，占比分别为 5.0% 和 9.6%。

3. 福建省

随着国家经济发展战略性调整、节能降耗、工业转型升级和福建生态省建设实施推进，福建省能耗始终保持较低水平。2021 年，福建省一次能源消费总量为 1.5 亿吨标准煤，单位 GDP 能耗为 0.3 吨标准煤 / 万元，约为全国平均水平的 2/3。2012 年到 2021 年，福建省工业增加值从 8711 亿元增加到 1.8 万亿元，年均增长 8.7%；工业增加值总量从全国第 11 位跃升到第 6 位。福建省能源消费基数低、强度优，以约占全国 2.9% 的能耗，创造了占全国 4.3% 的经济总量，规上工业单位增加值能耗累计下降 50.2%，超额完成国家下达的目标任务，工业绿色发展水平一直走在全国前列。

福建省一次能源消费仍以化石能源为主，但占比总体呈下降趋势，一次电力及其他能源消费占比有所提升。2021 年，全省煤炭、石油消费占比达消费总量的 70.5%，较 2018 年下降 0.4 个百分点，天然气消费占一次能源消费比重基本维持在 5% 左右。随着全省居民生活电气化水平持续提升，一次电力消费约占 1/5，较 2010 年提升近 10 个百分点，其中核能消费占比达 15% 左右。

福建省位于我国东南沿海，经济核心是民营企业和制造业，外向型经济特色显著。2022 年，福建省进出口总值达到 2 万亿元，同比增长 7.6%，创历史新高，其中出口总值 1.2 万亿元，同比增长 12.3%，高于全国 1.8 个百分点。福建的主要出口商品，如服装、鞋类、机电产品等，在美国、欧盟、东盟等国际市场上有着广泛的影响力。2023 年，福建进一步与东南亚、南美、非洲等新兴市场加强了经贸合作，使其外贸额持续增长。为了满足国际市场对质量和交付时间的要求，出口型制造业更注重生产流程的优化，包括对能源使用的精细监控和管理，以确保生产过程的高效和节能。同时，国际市场通常对产品的环保性有更高的要求，倒逼出口型制造业采用更为环保的生产技术，以降低环境影响并符合国际标准。福建大力推进产业绿色发展，支持企业节能改造，全面开展能效领跑者引领行动，2022 年能效水平居全国前列。同时，福建坚持节能、降碳、减污、增长协同推进，持续优化产业结构，加快纺织、鞋服、食品、建材等传统优势产业转型升级，壮大新能源、新材料和节能环保产业，促进全产业链和产品全生命周期绿色发展。严格执行国家钢铁、水泥、平板玻璃等产业政策，积极引导企业采用新技术新工艺新设备，加快兼并重组、退城入园，推动生产方式发生结构性变化。

三、能源消费发展思考

我国从“十一五”开始实行能耗强度控制，从“十三五”开始实施能耗“双控”，能耗“双控”考核结果是各省级政府综合考核评价的重要依据。2023 年中央全面深化改革委员会第二次会议强调，我国生态文明建设已进入以降碳为重点战略方向的关键时期，要完善能源消耗总量和强度调控，逐步转向碳排放总量和强度双控制度。当前，我国能源刚性消费需求仍然较大，能耗双控向碳排放双控转变使能源消费不仅要重视能耗总量和强度的控制，更要注重结构的清洁低碳；部分地区当前产业结构仍然偏重，能效水平总体不高。基于上述形势，在今后促进能源消费清洁低碳转型过程中，需统筹考虑能效碳效水平和产业结构调整问题。

一方面，需要持续完善能耗双控和碳排放双控制度，提升能效和碳效水平。落实新增可再生能源消费量不纳入能源消费总量控制的实施细则。在进行新增可再生能源和原料部分的能耗抵扣后，结合各地用能需求，优化各省能源消费总量和强度指标分解机制。大力推广节能技术，通过对标能效标杆水平和基准水平，强化高质量发展用能保障。加快出台各省能耗双控向碳排放双控转变的工作方案，推动碳排放强度稳步下降。

另一方面，要推动结构调整与技术升级并进，全面促进工业节能降耗。推动钢铁、有色、建材等行业减煤限煤，严控“两高一低”项目盲目发展，开展重点领域节能升级改造，推动企业提升绿色能源使用比例和电气化水平。推动出台进一步推进电能替代的指导意见，进一步提高电能占终端用能比重。大力倡导绿色低碳生活方式，增强全民生态环保意识。通过淘汰落后产能、加快传统产业升级改造和培育新动能，提高能源效率。加强重点行业能效管理，提高用能设备能效水平，严格钢铁、电解铝、水泥等高耗能行业产品能耗标准。

第二节　传统产业经济与用能

传统产业是我国制造业体系的重要组成部分。二十届中央财经委员会第一次会议提出，“要坚持以实体经济为重，防止脱实向虚；坚持稳中求进、循序渐进，不能贪大求洋”，“坚持推动传统产业转型升级”，并且明确指出不能把传统产业当成“低端产业”简单退出。从省域层面来看，受资源禀赋、区位优势以及早期技术引进等因素影响，各省传统产业不尽相同。以福建为例，传统优势产业是福建省经济的重要组成部分，2021 年 7 月 6 日，福建省人民政府印发《福建省“十四五”制造业高质量发展专项规划》(闽政〔2021〕12 号)，明确传统优势产业包括食品加工、冶金、建材、特色轻工等 4 个产业。下文以福建省食品加工、冶金、建材三个传统产业为例，分析传统产业发展与用能特点。

一、传统产业布局及发展趋势

食品加工在福建省产业结构中占有重要地位，依托自然资源、区位优势、品牌建设与产业集聚等，省内各地大力发展特色食品工业。据福建省食品工业协会统计，2022 年福建省规模以上食品工业企业数达 2465 家，经济运行情况良好，规模以上食品工业实现营业收入 6882.9 亿元，居全国第四位，同比增长 2.4%，销售收入、利润总额均实现增长。从地理分布来看，南平、古田、建瓯、武夷山等地依托生态资源优势，发展山区资源型食品工业；福州、宁德、漳州、莆田等地发挥临港优势，发展水产品加工、食用油加工、罐头制造、啤酒酿造等临港食品工业；泉州、漳州、厦门等地依靠创新能力和电商优势，发展“两头在外”的休闲食品制造业。从规划布局来看，未来福建食品加工业将突出生态化、特色化发展取向，进一步延伸拓展食品产业链条，提升产品附加值，培育发展闽东北生态食品集聚区、闽西南休闲食品集聚区、沿海粮油加工产业带、海洋食品产业带、“茶酒两红”产业带，打造形成“两区三带”食品加工业发展格局。

福建省冶金行业集中度总体较高，钢铁、铝、铜、钨等基本形成了以龙头企业带动产业发展的格局。2022 年全省冶金行业营业收入 7349.9 亿元，同比增长 6.3%（其中钢铁工业 3087.4 亿元，下降 1.5%；有色工业 4262.5 亿元，增长 12.8%）。2022 年全省粗钢产量约占全国的 3.5%，全国排名第九位；不锈钢产量约 1000 万吨，居全国第一位，约占全国的 30%。厦门钨业、紫金铜业等企业营收保持高速增长。从地理分布来看，福建省冶金工业主要集中在宁德、福州、龙岩、漳州和三明，多数企业分布在具有便利港口交通运输条件的沿海地区。其中，钢铁冶炼产能主要布局在沿海的福州、漳州、宁德、泉州（不锈钢企业全部在沿海地区）；稀土企业主要分布在龙岩、三明；铜企业主要布局在龙岩（上杭县）和宁德（蕉城区）；矿山企业集中在三明、龙岩、宁德等山区；铁合金企业主要分布在龙岩、三明、南平等山区。从规划布局来看，未来福建冶金产业将突出绿色化、集群化发展取向，推进节能降耗技术应用，促进产品结构调整和精深加工，重点发展高端钢铁、不锈钢和有色金属等领域产品。

福建省建材产业以建筑卫生陶瓷、建筑饰面石材、水泥、平板玻璃等为主，并处于全国建筑行业主导地位。2020 年全省规模以上建材企业 2013 家，实现营收 4847 亿元，实现利润 380 亿元。从地理分布来看，建筑卫生陶瓷主要分布在泉州、漳州和闽清，形成了泉州和闽清建筑陶瓷产业集群，拥有九牧、铭盛、华泰、品质、协进等一批骨干企业，并形成了原料、生产、市场、物流、机械模具制造及产品检测等较完整的产业链。福建省以丘陵山地地形为主，多数水泥熟料生产线均建设在靠近资源的龙岩、三明等中西部地区。平板玻璃主要分布在福州、漳州，龙头企业包括福耀玻璃、旗滨玻璃等，并已形成了漳州光伏玻璃产业基地。从规划布局来看，未来福建建材产业将突出新型化、环保化发展取向，着力推进创新转型、产品结构调整，发展建筑卫生陶瓷、新型墙体材料等。

二、传统产业能源消费特点

根据《福建统计年鉴（2022）》测算，2021 年，福建省传统优势产业能源消费量 2884.2 万吨标准煤，同比增长 0.4%，占工业消费总量的 30.5%。分能源品种来看，传统优势行业能耗以原煤、焦炭、电力消费为主。其中，原煤消费 1060.1 万吨标准煤，占工业原煤消费的 15.2%；焦炭消费 809.3 万吨标准煤，占工业焦炭消费的 99.2%，主要集中在冶金行业；电力消费 588.9 万吨标准煤，占工业电力消费的 34.1%；油品类消费 51.6 万吨标准煤，占规模以上工业油品类消费的 45.1%，主要为柴油、燃料油。分行业来看，食品加工、冶金、建材消费占传统优势行业能源消费总量的比重分别为 5.2%、55.8%、39.0%，冶金占据能耗的主导地位。详见表 2-1。

表 2-1 2021 年福建省传统优势产业主要能源品种消费量 单位：万吨标准煤

行业	原煤	焦炭	汽油	煤油	柴油	燃料油	电力
工业	6993.8	816.1	6.7	0.3	36.2	71.3	1726.1
传统优势业	1060.1	809.3	1.0	0.04	21.9	28.7	588.9
食品加工	27.4	0.1	0.5	0	1.9	0.2	63.8
冶金	385.3	809.0	0.1	0.01	3.7	0.1	350.0
建材	647.4	0.3	0.4	0.02	16.4	28.4	175.2

（一）食品加工行业

食品加工是福建省食品体系链的主要环节，其能源消费的 50% 用于将原材料加工成食品。2021 年，福建食品加工业能源消费 150.6 万吨标准煤，同比增长 0.8%，占传统优势行业能源消费的 5.2%。其能源消费以电力为主，消费量为 63.8 万吨标准煤，占食品加工业能源消费的 67.9%。下面分析食品加工行业的细分行业能耗。

（1）农副食品加工业：2021 年能源消费总量 76.9 万吨标准煤，同比下降 0.3%，占食品加工业能源消费的 51.0%。其能源消费以电力、原煤为主，消费量分别为 33.2 万吨标准煤、18.2 万吨标准煤，分别占农副食品加工业能源消费总量的 43.2%、23.7%。

（2）食品制造业：2021 年能源消费总量 49.2 万吨标准煤，同比下降 1.1%，占食品加工业能源消费的 32.6%。其能源消费以电力为主，电力消费量 19.0 万吨标准煤，占食品制造业能源消费总量的 38.6%。

（3）酒、饮料和精制茶制造业：2021 年能源消费总量 20.8 万吨标准煤，同比增长 0.8%，占食品加工业能源消费的 13.8%。其能源消费以电力为主，消费量为 9.9 万吨标准煤，占酒、饮料和精制茶制造业能源消费总量的 47.6%。

（4）烟草制品业：2021 年能源消费总量 3.8 万吨标准煤，同比增长 8.7%，占食品加工业能源消费的 2.5%。其能源消费以电力为主，电力消费量 1.7 万吨标准煤，占烟草制品业能源消费总量的 44.7%。

（二）冶金行业

福建省冶金行业主要包括黑色金属行业、有色金属行业。黑色金属行业以钢铁生产为主，福建省钢铁生产流程中的各项工序能耗中，高炉—转炉炼铁工序所占的比例最大，约为 57%，其次为炼焦工序能耗，占比约为 16%，炼铁和炼焦的主要能耗均来自燃烧煤。有色金属行业以电解铝生产为主，主要工序环节为电解槽电解，主要能耗为电力。下面分析冶金行业细分行业能耗。

黑色金属行业：2021 年能源消费总量 1216.6 万吨标准煤，同比下降

1.7%，占工业能源消费的12.9%，其中焦炭、原煤、电力消费分别为708.5万吨标准煤、272.7万吨标准煤、207.3万吨标准煤，分别占黑色金属行业能源消费总量的58.2%、22.4%、17.0%。

有色金属行业：2021年能源消费总量391.6万吨标准煤，同比增长1.0%，占工业能源消费的4.1%。其中电力、原煤、焦炭消费分别为142.7万吨标准煤、112.5万吨标准煤、100.5万吨标准煤，分别占有色金属行业能源消费总量的36.4%、28.7%、25.7%。

（三）建材行业

建材行业主要包括以水泥为代表的非金属行业。福建水泥行业的能耗主要集中在熟料生产环节，占生产工艺总体能耗的84%，熟料生产能耗主要来自回转窑炉的煤耗。此外，水泥粉末生产是耗电最多的工序，主要设备为粉磨机。2021年，福建非金属行业能源消费总量1125.4万吨标准煤，同比增长1.3%，占工业能源消费的11.9%，其中原煤、电力消费分别为647.4万吨标准煤、175.2万吨标准煤，分别占非金属行业能源消费总量的57.5%、15.6%。

三、传统产业用能面临的形势与挑战

（一）国内环境

2021年，中央经济工作会议提出新增可再生能源和原料用能不纳入能源消费总量控制，创造条件尽早实现能耗双控向碳排放总量和强度双控转变，自此之后，我国能耗双控政策的发展主脉络也更加清晰。未来能耗控制机制将逐步转向以碳排放双控为主、能耗双控为辅的机制。

国家层面，根据《中共中央、国务院关于完整准确全面贯彻新发展理念做好碳达峰碳中和工作的意见》，未来将按照国家高耗能高排放项目范围有关规定，对高耗能高排放项目实行清单管理、分类处置、动态监控，建立管理台账；全面排查在建、拟建高耗能高排放项目，严禁违规高耗能高排放项目建设、运行，坚决拿下不符合要求的高耗能高排放项目；对新建扩建钢铁、水泥、平板玻璃、电解铝等高耗能高排放项目加强工作指导。同时，根据国家部署，未来将进一步提升高耗能高排放项目能耗准入标准；加强产能过剩分析预警和窗口指导。

省域层面，根据福建省发改委印发《福建省“十四五”节能减排综合工作实施方案》，到 2025 年，化学需氧量、氨氮、氮氧化物、挥发性有机物重点工程减排量较 2020 年分别完成 6.86 万吨、0.51 万吨、1.1 万吨、1.52 万吨；重点行业能源利用效率和主要污染物排放控制水平基本达到国际先进水平，坚决遏制高耗能高排放项目盲目发展。同时，福建省发改委发布的《福建省发展和改革委员会关于福建省完善能源绿色低碳转型体制机制和政策措施的意见》提出，要推动传统产业全面绿色低碳转型，科学稳妥推进项目建设，深入挖掘存量项目节能潜力；加快推动钢铁、石化、化工、有色、建材和数据中心等重点领域节能降碳改造升级；统筹推动重点工业园区内企业的煤油气相关原材料耦合和能源梯级利用，完善化工、造纸、印染、制革、纺织等产业集聚和供热需求大的园区集中供热设施；进一步提高企业的资源和能源循环利用水平，鼓励企业余热余压余气回收并进行区域供能，大力推进大宗固废源头减量、资源化利用和无害化处置，强化全链条治理，推动资源综合利用产业实现绿色低碳发展；依法对“双超双有高耗能”企业实施强制性清洁生产审核，探索开展行业整体审核模式。

（二）外部环境

我国是出口大国，自绿色贸易壁垒战争打响之后，频频出现被交易国拒收货物、扣留商品、终止贸易合同或停止贸易合作关系等事件。福建省作为食品出口大省，发生的此类事件占总数的 18% 以上，仅次于广东省，居中国沿海城市出口遭遇绿色贸易壁垒总次数的第二位。

福建省作为我国目前最大的鳗鱼产供销产业链养殖基地，曾遭遇过重大的绿色贸易壁垒危机。2003 年的恩诺沙星残留超标事件造成福建省将近 98% 的烤鳗出口企业停产，许多养殖场、鳗鱼加工企业都在那时候倒闭或者改行。

2010 年 1—7 月，我国共有 17 个批次的鳗鱼产品被日方扣留，比 2009 年同期增加 5 个批次。此外，日本主流媒体针对中国生产“毒鱼”“毒海鲜”事件炒作不断，2011 年福建省出口烤鳗仅 2 万吨，同比下降 12.3%。除上例中的鳗鱼外，福建省还出现过多个主要出口品种因为类似的原因遭到不同国家的退回、警告或罚款等贸易惩治措施，使福建省渔民的经济利益与生产积极性受到了不同程度的影响。

碳边境调节机制（CBAM）也被称为碳边境税或碳关税（Carbon Border Tax），是欧盟针对部分进口商品的碳排放量所征收的税费，首批覆盖产品见表 2-2。该机制要求，进口至欧盟或从欧盟出口的高碳产品，需缴纳相应额度的税费或退还相应的碳排放配额，并分为两个阶段执行。第一个阶段是过渡期（2023—2025 年），受影响的企业只需要履行报告义务，进口商需每季报告其进口产品数量、总隐含碳排放量、总隐含间接排放量以及进口产品在原产国已支付的碳价，旨在收集数据。此期间，进口商不承担财务经济义务。第二个阶段为执行期（2026—2034 年），进口商需根据其进口产品的隐含碳排放量清缴相应数量的 CBAM 证书，免费配额将逐年逐步淘汰，并与 CBAM 配额机制同步进行，最终在 2034 年实现免费配额全部取消，全面征收“碳关税”。欧盟计划在 2030 年之前，将 CBAM 扩展至欧洲碳市场覆盖的所有行业。实施碳关税将降低福建省出口竞争力，压缩企业利润空间以及市场份额。

表 2-2　欧盟 CBAM 首批覆盖产品

产品种类	细分品类
水泥	其他高岭土和矾土水泥（高铝水泥）、水泥熟料、白色硅酸盐水泥、其他硅酸盐水泥、水凝水泥
电力	电能
化肥	硝酸；磺硝酸；氨（无水或水溶液）；硝酸钾；含氮矿物肥料或化肥等
钢铁	除焙烧黄铁矿之外的结块铁矿及精矿、钢铁；铁或钢制板桩；铁或钢制的焊接角钢及型材钢铁；铁路或有轨电车轨道建筑材料；铸铁管；管道及空心型材；未安装机械 / 热力设备的钢铁制桶、罐、盒及类似容器（容量不超过 300 升，压缩气体或液化气体除外）等

续表

产品种类	细分品类
铝	未锻轧铝；铝粉和铝片；铝棒、棒材和型材；铝线、铝丝；铝管和铝制管道；压缩气体或液化气体的铝制容器等
化学品	氢气

四、典型传统产业绿色用能转型思考

从能源消费特点来看，福建省的传统产业中，冶金、建材归属于高耗能行业，具有能源消费量大、部分产品产能过剩且工业附加值不高的特点。其中，“十三五”期间，有色金属冶炼和压延加工业、黑色金属冶炼和压延加工业的能耗强度变化率分别为 14.68%、2.34%，表明“十三五”期间，有色金属冶炼和压延加工业、黑色金属冶炼和压延加工业两个行业的单位工业 GDP 能耗呈上升趋势。未来，需进一步加快冶金和建材等高耗能行业的绿色低碳转型。

1. 黑色金属行业发展方面

钢铁行业的碳排放主要来自长流程炼钢，其能耗和碳排放最高的环节均为高炉—转炉炼铁，主要能源利用方式是以煤为主的化石燃料燃烧。改变用能结构、加强技术创新、加大节能降耗对于降低钢铁工业能耗和碳排放至关重要。一是可以在生产过程中回收利用余热，实现能源的二次利用；二是改善钢铁流程中的燃烧技术，提升化石燃料利用效能；三是推广短流程电炉炼钢，减少化石燃料的使用；四是研发非碳冶金技术，加强氢冶金（包含富氢技术）等低碳工艺和技术开发。

2. 有色金属行业发展方面

我国电解铝工艺已经达到世界较先进水平，从生产工艺上降低碳排放的空间十分有限，可考虑加大再生铝资源利用实现降碳目标，通过提升再生铝占比及消费，降低电解铝能耗及碳排放。从省域实践来看，技术进步及创新是影响电解铝行业能耗和碳排放的重点因素之一，福建省电解铝行业非电力碳排放强度控制情况良好，主要得益于电解槽设计及生产工艺技术的进步，包括控制系统水平的提高和生产管理系统的改进。

3. 非金属行业发展方面

可进一步加强水泥生产和玻璃制造领域技术创新。水泥碳排放的60%来自石灰石煅烧排放，因此对于水泥行业，可考虑加大研发石灰石替代技术，合理降低单位水泥熟料用量，包括推动以高炉矿渣、粉煤灰等工业固体废物为主要原料的超细粉替代普通混合材，提高水泥粉磨过程中固废资源替代熟料比重，从而实现行业节能降耗。技术重点包括工业固废替代石灰石技术、低碳原材料研发和低钙水泥研发。玻璃生产制造领域，大型熔窑在节能、保温等方面要优于中、小型熔窑，熔化单位质量的配合料所需燃料更少，对于新建的平板玻璃项目，可考虑使用天然气并配备大型熔窑的浮法玻璃生产线，以降低能耗。此外，可通过技术创新，进一步提升平板玻璃的生产效率，降低能耗和碳排放，包括研发玻璃生产超低排放工艺及装备、开发低熔化温度的料方、减少玻璃原料中碳酸盐组成、降低熔化温度、减少燃料的用量。

第三节　主导产业经济与用能

主导产业对于国家、省域经济发展意义重大。一般来说，主导产业存在于经济发展的一定阶段，具有较好的成长性和创新性，在地区产业结构中具有引导和带动作用，其用能特性也将决定该地区的总体用能特点。不同地区的主导产业各不相同，例如，上海市政府在印发的《2023—2025年推动高质量发展三年行动计划》中提出，计划到2025年打造集成电路、生物医药、人工智能三大主导产业“世界产业集群”；河南省在2016年首次提出壮大装备制造、食品制造、新型材料制造、电子制造、汽车制造五个主导产业，这一产业发展理念一直延续至今；海南省在该省第八次党代会上提出，要聚焦发展旅游业、现代服务业、高新技术产业和热带特色高效农业四大主导产业；福建省在《福建省“十四五”制造业高质量发展专项规划》中，对原有的电子、机械、石化三大主导产业进一步整合资源、优化布局，明确做大做强电子信息和数字产业、先进装备制造、石油化工、现代纺织服装四大万亿主导产业。下文以福建为例，具体分析省域主导产业发展与用能情况。

一、主导产业发展现状

2022 年，我国规模以上电子信息制造业增加值增长 7.6%，实现营业收入 15.4 万亿元，同比增长 5.5%。其中，福建省电子信息制造业增加值增长 18.8%，实现营业收入 10145 亿元，同比增长 15.28%，拥有规模以上电子信息制造业企业 1500 余家，并形成了集成电路和光电产业、计算机和网络通信产业、锂离子电池产业三个产业集群，产值超 2000 亿元。福建拥有电子信息制造业龙头企业 33 家，其中集成电路领域 5 家，新型显示领域 9 家，计算机和网络通信设备领域 5 家，锂电和光伏领域 3 家，电子元器件领域 6 家，LED 领域 5 家。从地理分布来看，集成电路产业主要分布在福州、厦门、泉州和莆田等地，2019 年福建获批海峡两岸集成电路产业合作试验区，形成以厦门和泉州为核心，以化合物半导体、功率半导体器件等生产为特色的“一带双核多园”产业布局；新型显示产业主要分布在福州、厦门、莆田、龙岩等地，是全国平板显示器、笔记本电脑和液晶电视等终端产品的主要生产基地之一；计算机和网络通信设备产业主要布局在福州、厦门、泉州和漳州等地，形成福州马尾、福清融侨、厦门火炬高新区、泉州丰泽高新区、漳州台商投资区等产业集聚区；锂离子电池产业主要分布在宁德、厦门、福州、南平、三明等地，呈现“一体两翼”发展布局，依托宁德时代、新能源科技建成锂电千亿产业集群，依托厦钨新能源、厦门时代、中创新航、海辰新能源等龙头企业形成新能源产业集聚区；同时，福建是全国 LED 外延芯片实力最强、规模最大、品种最全的生产基地。从规划布局来看，未来福建电子信息制造业将突出“增芯强屏”延链补链发展取向，重点发展特色专用芯片、柔性显示、LED、自主计算机整机制造及以 5G 为牵引的网络通信等领域，深入实施数字经济创新发展工程，加快数字产业化进程，培育壮大大数据、物联网、人工智能等新一代信息技术产业。

福建省拥有一批具有国际水平的先进装备制造企业，年产值超过千亿元，涉及机床、汽车、航空航天、轨道交通等多个领域。福建省是国内的重要机床制造基地之一，拥有众多世界知名的机床品牌和企业。从地理分布来看，福建省智能制造装备企业主要分布在福州、泉州、龙岩、漳州等地，初步形成了龙岩环保装备产业集聚区、泉州—福州纺织机械集聚区、漳州智能制造关键零部件集聚区等；电工电器装备制造主要分布在福州、厦门、宁德、南平等地；福建工程机械制造在全国属于第一梯队，主要分布在厦门、龙岩、泉州等地；此外，福建省具备了中国汽车产业政策中几乎所有汽车产品类别的生产资格，近年来新能源汽车产业发展迅速，新能源客车、动力电池、永磁电机等关键产品技术均处于全国前列，并拥有以宁德时代新能源、厦门钨业等为代表的全国乃至全球领先企业。从规划布局来看，未来福建先进装备制造业将突出高端化智能化发展取向，重点发展汽车、工程机械、电工电器等领域，发展壮大智能化专用设备、高档数控机床和机器人等高端装备产业，提升关键基础零部件配套能力。

福建省石化产业经过多年的发展，形成了原油加工及石油制品制造、基础化学原料制造、肥料制造、精细化工产品制造等行业，炼油、烯烃、芳烃等产能在全国的排名明显提升。2022 年，全省共有规模以上石化工业企业 1055 家，全年实现营业收入 6199 亿元，增长 14.1%，占全省规模以上工业企业营业收入的 8.8%；实现利润 154.9 亿元，占全省规模以上工业利润总额的 3.8%。从地理分布来看，福建省石化产业主要分布在泉州、漳州、福州、莆田等沿海地市，并形成“两基地一专区”（湄洲湾石化基地、漳州古雷石化基地、福州江阴化工新材料专区）及连江可门化工新材料产业园，重点布局炼化一体化以及石化产业链中下游项目；三明、南平、龙岩等山区地市主要依托本地具有优势的矿产资源，重点发展氟化工、硅化工、林产化工等具有地方特色的化工产业；厦门市石化工业主要以正新系的橡胶加工为主；宁德市石化工业以生产锂电池配套的正极材料和电解液为主。从规划布局来看，未来石油化工产业将突出一体化、精细化发展取向，继续着力打造“两基地一专区”，合理提升炼油能力，增强烯烃、芳烃等原料供应能力，推进石化产品精深加工，发展塑料、橡胶和专用化学品领域。

福建省作为中国纺织服装主要的生产和出口大省，其尼龙长丝、涤棉纱、纯涤纶纱、纯棉高支高密面料、鞋用纺织材料等多个细分领域在国内名列前茅，省内拥有各类纺织服装企业超 4.5 万家。2022 年，福建省现代纺织服装产量增速再创新高，达到 10.9%；全年实现营业收入 1267.2 亿美元，出口创汇达 258.3 亿美元。从地理分布来看，福建省现代纺织服装产业主要分布在泉州、福州、厦门、莆田等地，并形成 3 个中国纺织服装基地以及 13 个特色城镇；其中泉州拥有安踏、特步、361° 等知名品牌，形成完整的纺织产业链，具备专业市场、物流、会展等配套资源，以泉州石狮为中心的闽派服装占据了全国约 25% 的服装市场。从规划布局来看，未来福建现代纺织服装将突出品牌化、高附加值发展取向，以产业集聚化、产线智能化、产品高端化为重点，提升拓展高端纺织品供给应用，重点发展化纤、棉纺织、染整、服装及产业用纺织品、鞋业等行业。

二、主导产业能源消费特点

根据《福建统计年鉴（2022）》测算，2021 年，福建省万亿主导产业规模以上工业综合能源消费量为 2950.5 万吨标准煤，同比增长 21.9%，占工业消费总量的 31.2%。从能源品种来看，万亿主导行业能耗以电力、原煤消费为主。其中，电力消费 671.2 万吨标准煤，占工业电力消费的 36.4%；原煤消费 643.1 万吨标准煤，占工业原煤消费的 9.2%，主要集中在石油化工行业；油品类消费 53 万吨标准煤，占工业油品类消费的 45.4%，主要为燃料油；焦炭消费 5.7 万吨标准煤，占工业焦炭消费的 0.7%。分行业来看，电子信息和数字产业、先进装备制造业、石油化工业、现代纺织服装业能源消费占万亿主导产业能源消费总量的比重分别为 3.5%、7.8%、78.5%、10.2%，石油化工占据能耗的主导地位（见表 2-3）。

表 2-3　2021 年福建省万亿主导产业主要能源品种消耗量　　单位：万吨标准煤

行业	原煤	焦炭	汽油	煤油	柴油	燃料油	电力
工业	9791.1	840.1	5.1	0.2	26.2	50.0	1510.7
万亿主导行业	643.1	5.7	3.7	0.3	7.4	41.6	671.2
电子信息和数字产业	0	0	0.5	0	0.1	0	98.1
先进装备制造业	7.1	5.4	1.8	0.1	3.6	0	184.0
石油化工业	591.6	0.3	0.5	0.2	3.1	41.6	221.9
现代纺织服装业	44.4	0	1.0	0	0.6	0.1	167.2

（一）电子信息和数字产业

我国电子信息和数字产业主要以组装为主，包括电子元器件、设备和整机生产组装等，其中，电光源、电路板、液晶面屏和信息化学材料等的制造耗能均超过了行业平均水平。从省域来看，2021 年，福建省电子信息和数字产业能源消费总量 102.7 万吨标准煤，同比增长 15.2%，占万亿主导产业能源消费的 3.5%。能源消费以电力为主，消费量为 98.1 万吨标准煤，占电子信息和数字行业能源消费的 95.5%。

分行业来看：

计算机、通信和其他电子设备制造业：2021 年能源消费总量 100 万吨标准煤，同比增长 12.4%，占电子信息和数字行业能源消费的 97.4%。能源消费以电力为主，消费量为 95.7 万吨标准煤，占计算机、通信和其他电子设备制造业能源消费总量的 95.7%。

仪器仪表制造业：2021 年能源消费总量 2.7 万吨标准煤，同比增长 11.3%，占电子信息和数字行业能源消费的 2.6%。能源消费以电力为主，消费量为 2.4 万吨标准煤，占仪器仪表制造业能源消费总量的 88.9%。

（二）先进装备制造业

先进装备制造主要以机床制造为代表，并涵盖以机床为生产工具的零部件制造、整机生产等工艺，通常涉及铸件毛坯准备、冷热加工装配调试等几十道工序，能源消费贯穿于整个制造过程。2021 年，福建省先进装备制造行业能源消费总量 230.9 万吨标准煤，同比增长 22.3%，占万亿主导产业能源消费的 7.8%。能源消费以电力为主，消费量为 184 万吨标准煤，占先进装备制造行业能源消费的 79.7%。

分行业来看：

金属制品业：2021 年能源消费总量 83.7 万吨标准煤，同比增长 18.0%，占先进装备制造行业能源消费的 36.2%。能源消费以电力为主，消费量为 52.7 万吨标准煤，占金属制品业能源消费总量的 63%。

通用设备制造业：2021 年能源消费总量 29.4 万吨标准煤，同比增长 1.6%，占先进装备制造行业能源消费的 12.7%。能源消费以电力为主，消费量为 26.9 万吨标准煤，占通用设备制造业能源消费总量的 91.5%。

专用设备制造业：2021 年能源消费总量 17.5 万吨标准煤，同比增长 13.7%，占先进装备制造行业能源消费的 7.6%。能源消费以电力为主，消费量为 15.7 万吨标准煤，占专用设备制造业能源消费总量的 89.7%。

汽车制造业：2021 年能源消费总量 27.2 万吨标准煤，同比增长 10.5%，占先进装备制造行业能源消费的 11.8%。能源消费以电力为主，消费量为 21.2 万吨标准煤，占汽车制造业能源消费总量的 77.9%。

铁路、船舶、航空航天和其他运输设备制造业：2021 年能源消费总量 5.7 万吨标准煤，同比下降 4.8%，占先进装备制造行业能源消费的 2.5%。能源消费以电力为主，消费量为 4.2 万吨标准煤，占铁路、船舶、航空航天和其他运输设备制造业能源消费总量的 73.7%。

电气机械和器材制造业：2021 年能源消费总量 65.57 万吨标准煤，同比增长 35.9%，占先进装备制造行业能源消费的 28.4%。能源消费以电力为主，消费量为 62.2 万吨标准煤，占电气机械和器材制造业能源消费总量的

94.9%。

金属制品、机械和设备修理业：2021 年能源消费总量 1.9 万吨标准煤，同比增长 0.8%，占先进装备制造行业能源消费的 0.8%。能源消费以电力为主，消费量为 1.2 万吨标准煤，占金属制品、机械和设备修理业能源消费总量的 63.2%。

（三）石油化工业

石化行业既是能源生产大户也是能源消耗大户，石油加工过程中消耗大量能源。其中设备能耗是炼油化工装置能耗的主要组成部分。石油化工行业用能结构中，相当一部分能源被用作原料，包括煤炭、石油、天然气等一次能源，也包括石脑油、焦炭等二次能源。据中国石油和化学工业联合会初步统计，2021 年我国石油化工行业能耗总量约 7.2 亿吨标准煤，其中原料用能占比约 30%。现阶段，国家发改委、统计局和能源局等部门已明确“原料用能不纳入能源消费总量控制”。2021 年福建石油化工产业能源消费总量 2315.9 万吨标准煤，同比增长 25.1%，占万亿主导产业能源消费的 78.5%。

（四）现代纺织服装业

现代纺织服装业包括了纤维制备、纺纱、织造、印染、成品制作、仓储物流和使用 / 废弃处理等流程，其中能源消费位居前三的环节为印染、纤维制备和使用 / 废弃处理过程，累计占比超过七成。福建纺织业产品中，纺纱产量占全国比重最高，其生产用能是全省纺织业主要的能源消费来源。根据《福建省工业能效指南》，纺织行业能效水平将持续提升，目前已经达到能效标杆水平，属于“能效领跑者”。2021 年福建纺织业能源消费总量 230.7 万吨标准煤，同比增长 2.9%，占万亿主导产业能源消费的 7.8%，其中电力、原煤消费分别为 108.7 万吨标准煤、43 万吨标准煤，分别占现代纺织服装业能源消费的 47.1%、18.6%。

三、主导产业用能面临的形势与挑战

（一）内部环境

国家层面，针对电子信息和数字产业，工信部等七部门发布了《信息通信行业绿色低碳发展行动计划（2022—2025年）》，提出到2025年，信息通信行业绿色低碳发展管理机制基本完善，节能减排取得重点突破，行业整体资源利用效率明显提升，助力经济社会绿色转型能力明显增强，单位信息流量综合能耗比“十三五”期末下降20%，单位电信业务总量综合能耗比“十三五”期末下降15%。针对先进装备制造业，由于该行业作为新兴行业，在能耗和能效方面具有一定优势，未来产业节能增效的方向将以智能制造为主。工信部提出，建成2500多个高水平的数字化车间和智能工厂，推动智能制造示范工厂生产效率提升34.8%，碳排放减少21.2%。针对石油化工业，其被设定在2030年前实现碳达峰，相关措施包括加快产业布局优化、结构调整，加大节能降碳升级改造和落后产能淘汰力度，以及发展新能源、新材料等产业，推动行业的绿色低碳转型。《“十四五”工业绿色发展规划》中强调，要落实能耗“双控”目标和碳排放强度控制要求，推动重化工业减量化、集约化、绿色化发展。严控尿素、磷铵、电石、烧碱、黄磷等行业新增产能，新建项目应实施产能等量或减量置换。针对现代纺织服装业，作为国民经济与社会发展的支柱产业之一，长期以来，该行业始终在朝着“科技、时尚、绿色”的高质量发展之路迈进。国家发改委等部门联合印发了《工业重点领域能效标杆水平和基准水平（2023年版）》，科学设定了棉印染精加工、化纤织物染整精加工、针织或钩针编织物印染精加工和粘胶短纤维的能效基准水平和标杆水平。

省级层面，福建省发改委等四单位印发《福建省贯彻落实碳达峰碳中和目标要求推动数据中心和5G等新型基础设施绿色高质量发展实施方案的通知》，提出到2025年底，全省数据中心标准机架数达15万个，5G基站数达12万个以上，基本形成贴近需求、布局合理、绿色低碳、智能高效、技术先进、安全可靠的一体化数据中心和5G运行格局。全省数据中心电能利用效率

（PUE）普遍接近 1.5，整体利用率和可再生能源利用率明显提升；5G 基站能效提升 20% 以上。其中，新建大型及超大型数据中心绿色低碳等级达 4A 级以上，电能利用效率接近 1.3。具体措施包括 5G 网络的高水平建设，数据中心布局的优化，构建边缘算力体系，提升数据中心算力水平，推进数网融合，加速数据中心改造升级，创新节能技术和模式，充分利用绿色能源，以及发挥基础设施在绿色转型中的支撑作用等九个方面。福建省发布《石化化工行业节能降耗能效提升实施方案（2021—2025 年）征求意见》，提出到 2025 年，通过实施节能降碳行动，炼油、乙烯、对二甲苯、合成氨、离子膜烧碱等重点细分行业达到标杆水平的产能超过相应比例，行业整体能效水平明显提升，碳排放强度明显下降，绿色低碳发展能力显著增强。能效未达到基准水平，且未在 2024 年前改造完成的，将予以淘汰。

（二）外部环境

产业升级推动中国行业出口优势发生变化，高附加值产业逐渐成为出口的重要构成。进口国对产业及其产业链供应链的能耗能效的政策标准将影响产业的全球市场准入与竞争力。电子信息和数字产业方面，欧盟对电子产品的能效要求日益严格，要求产品的能效在一定时期内逐步提高。同时，国际市场对低碳环保的电子信息产品需求也在增加，诸多国际知名企业（如苹果公司）在其供应链中要求供应商采用 100% 可再生能源。先进装备制造方面，德国和日本等发达国家要求制造业在生产过程中实现能源高效利用和碳排放降低。同时，国际市场对环保、节能的先进装备需求也在增加。例如，欧洲市场对于环保型的风电设备、光伏发电设备和节能型的机床设备等的需求增长迅速。石油化工方面，欧盟通过《能效指令》等法规要求石油化工企业在生产过程中实现能源高效利用和碳排放降低。同时，国际市场对环保、低碳的石油化工产品需求也在增加，例如，欧洲市场对于环保型的石油化工产品，如生物质能源、可降解塑料等的需求增长迅速。现代纺织服装方面，欧盟通过《纺织品标识和维护标签法规》等要求生产商在生产过程中实现能源和水资源的高效利用和污染物排放的降低。同时，国际市场对环保、低碳的纺织服装产品需求也在增加。

四、主导产业节能降碳思考

电子信息和数字产业方面，可通过技术升级、配套设施改善和产业链合作，实现信息技术行业的绿色低碳转型。一是开发节能算法和改进生产过程，从软件层面实现更高层次的绿色生产，提倡面向代码的软件能耗优化，提高算法效率，挖掘业务层降碳潜力，并实施机房能效的实时监测管理。二是降低数据中心自身的碳排放，推广适用的节能技术，创新设备节能技术，减少设备硬件的能量损耗。此外，还要推广低能耗的电器设备，开发智能化能源管控系统，以及建立高韧性电力供应系统。三是建立产业协同减排机制，强化基础设施的共建共享，推动产业链供应链的上下游深度合作，共同开展绿色产品设计、生产和使用。

先进装备制造业方面，一是实施基础制造工艺的绿色化改造，如铸锻焊切削制造工艺改造和热处理清洁化，减少铸造、锻压、焊接、表面处理、切削等基础加工工艺的能源、水、原料、材料使用和污染物排放。二是培育再制造产业，包括高端再制造、智能再制造和在役再制造。三是推进汽车、电子电器、通信、大型成套设备等行业的绿色供应链管理试点示范，带动更多企业创建绿色工厂，支撑绿色制造工程。

石油化工业方面，一是要加强全过程节能管理，淘汰落后产能。大幅降低资源能源消耗强度，全面提高能源综合利用效率，有效控制化石能源消费总量。研发清洁高效可循环生产工艺，进行工艺过程和设备升级。二是加快部署新技术、新材料、新模式，包括使用二氧化碳捕集驱油和封存技术，推动以二氧化碳作为原料生产化工产品项目，推进废塑料等固体废弃物回收利用，减少石化废水污染。三是研发全生命周期碳足迹更低的绿色产品，同时积极采购绿证或绿电，加快实现生产用能清洁化。

现代纺织服装业方面，一方面鼓励企业围绕纤维新材料、先进纺织技术、功能性纺织服装产品开展研发与生产，继续对具有领先优势的碳纤维、高强化学纤维、产业用纺织品、麻纺织等领域的创新发展给予政策支持。另一方面支持打造智能制造标杆企业、标杆车间，推动纺织服装产业数字化发展，实现生产经营全流程数字化。

第四节　气温与非生产用能关系

随着国民经济发展和生活水平提高，调温设备保有量和使用率不断提升，降温采暖用电量持续增长。满足调温需要的用电用能为非生产用能，该部分能源电力消费可视为与生产无关，但却已成为全社会用能的重要组成部分。尤其是当前调温设备以用电为主，调温设备用电在全社会用电负荷中的占比逐渐提高，降温采暖负荷已经成为电网最大负荷屡创新高的重要原因，极大影响了电网日负荷特性和电网系统稳定运行。本节主要聚焦降温采暖负荷，对相关计算方法及特性开展研究。

一、降温采暖负荷计算方法

（一）降温采暖负荷定义

降温负荷是指由于夏季气温升高，空调、冰箱、冰柜等降温设备的使用，电网负荷在短期内快速增长的部分。采暖负荷则是指由于冬季气温降低，人们使用空调等供暖设备产生的国电负荷。研究降温采暖负荷特性，准确把握调温负荷与气候条件因素的变化规律，对电网安全经济运行具有重要的现实指导意义。

（二）基本计算方法简述

由于降温采暖负荷对电网规划、运行及调度的影响日益增大，其测算工作逐渐受到重视，自2016年起，国家电网公司便组织开展各省降温负荷的测算。

由于无法直接定位并获得降温设备的负荷电量数据，通常从总负荷曲线中估算降温采暖负荷。常用的计算方法分为两大类，即基于电网数据的测算方法和基于调温设备容量的推算方法。其中，根据电网数据的测算方法主要包括最大负荷比较法、基准负荷比较法、最大温差法、电量比较法、曲线剥离法和调温设备容量推算法。

1. 最大负荷比较法

最大负荷比较法是通过估计最大降温、采暖负荷来研究电网负荷变化。其基本思路是通过降温季、采暖季的最大负荷与非降温采暖季最大负荷的差值得到最大降温负荷和最大采暖负荷。具体计算过程为：

（1）数据选取：由于工作日办公场所调温负荷大，非工作日商场、住宅调温负荷大，且基准负荷同样具有差异性，工作日、非工作日最大负荷需分别对比；依据地区负荷特性，分别对典型日的早高峰、午高峰和晚高峰进行对比；选取非降温采暖季最高气温低于 25 摄氏度的相应日期的最大负荷平均值作为基本最大负荷值，分别与降温季、采暖季最大负荷值进行比较；考虑到经济发展，负荷量需剔除非降温采暖季和降温季、采暖季间的自然增量。

（2）各相同时间区段的最大负荷差值即为对应时间区段的最大降温负荷和最大采暖负荷，分别选取降温季和采暖季的最大值为年最大降温负荷和年最大采暖负荷。

2. 基准负荷比较法

基准负荷比较法适用于各类场景，基本思想是通过不同季节的负荷曲线差异推算降温采暖负荷。其计算思路是：选取春季、秋季代表月的工作日负荷曲线平均值形成基准负荷曲线，即作为降温季、采暖季的基本负荷，再根据降温季、采暖季的日负荷曲线剥离得到降温、采暖负荷曲线，进而获得最大降温、采暖负荷。降温采暖负荷的计算受基准负荷计算结果的影响，基准负荷的变化趋势与区域经济、节能降耗政策实施程度高度相关。具体计算过程为：

（1）数据处理：选取 3—4 月工作日作为春季代表月的样本日，10—11 月工作日作为秋季代表月的样本日，选择样本日时应剔除台风、强降雨等特殊天气干扰数据。

（2）为消除宏观经济的自然增长影响因素，选取春季、秋季样本日的负荷曲线平均值作为基准负荷曲线。

（3）将降温季、采暖季样本日的负荷曲线与基准负荷曲线作差得到该样本日的降温、采暖负荷曲线；计算降温季、采暖季各时间段的降温、采暖负荷平均值，分别得到典型降温、采暖负荷曲线。

（4）分别选取降温季、采暖季所有样本日降温负荷、采暖负荷的最大值，即可得到年最大降温负荷和年最大采暖负荷。

3. 最大温差法

最大温差法的基本思路是假定短时间内外界经济影响因素不变，仅考虑气候条件变化对降温、采暖负荷的影响，即选定气温突变日的负荷变化差值为最大降温负荷和最大采暖负荷。具体计算过程为：

（1）数据选取：分别于降温季、采暖季选取两天作为气温突变日，要求两天间隔不超过 20 天，气温变化超过 10 摄氏度，负荷变化超过 10%；由于工作日与非工作日调温负荷的使用差异，选取的气温突变日应同为工作日或者同为非工作日；若气温突变次数多，宜选取多次负荷变化差值的最大值作为最大降温负荷和最大采暖负荷。

（2）对各相同时间区段的负荷值进行比较，差值即为对应时间区段的最大降温负荷或最大采暖负荷。

4. 电量比较法

电量比较法的核心思想是通过调温电量计算得到调温负荷。具体计算过程为：

（1）分别选取降温季、采暖季和非降温采暖季的代表月份，计算得到各类行业的电量差值，考虑受经济等因素影响的电量自然增量，得到降温、采暖用电量。

（2）根据降温、采暖用电量，各类行业调温设备利用小时数以及调温负荷同时率，得到各类行业的调温负荷，最后将各类调温负荷叠加并乘以同时率得到整体的最大降温、采暖负荷。

5. 曲线剥离法

曲线剥离法是基于非降温采暖季负荷曲线，综合考虑经济、政策等因素，预测降温季和采暖季每日基准负荷曲线，再逐日与实际负荷曲线对比，剥离出每日的日降温负荷和日采暖负荷。

6. 调温设备容量推算法

调温设备容量推算法是通过重点行业的报装容量、调温设备容量数据及用电规律推算行业的调温负荷，再进行叠加获得整体调温负荷。其计算思路是：由各行业的重点企业调温设备容量占报装总容量的比重推算行业的调温设备容量，结合用电特性参数叠加得到总体的最大降温负荷和最大采暖负荷。具体计算过程为：

（1）数据获取：根据调研可知，调温负荷集中在工业、商业、住宿餐饮业、房地产业、金融业、公共事务和城乡居民等行业，是推算的重点对象；通过统计分析获得重点行业的调温设备占总报装容量的比重数据、行业调温设备运行同时率和最大负荷同时率；对于居民生活用电的调温负荷，通过统计年鉴获取每百户调温设备保有量，乘以年户数获得调温设备总量，再乘以调温设备平均功率及同时率获得总调温负荷。

（2）基于各行业总报装容量、调温设备占比、调温设备运行同时率以及最大负荷同时率计算得到各行业的最大调温负荷，再将各行业最大调温负荷进行叠加乘以同时率，则可得到总体的最大降温负荷和最大采暖负荷。

二、降温采暖负荷分析

在开展降温采暖负荷计算工作的过程中，除选用合适的计算方法外，还需结合地区地理气候、经济人口等因素进行综合研判。下面以福建省为例，进行降温采暖负荷分析。

（一）影响因素

1. 自然气候条件

福建靠近北回归线，省内地势西北高、东南低，呈依山傍海态势，西北山脉对北方寒冷空气的阻挡及东南方暖湿海风的调节，形成暖热湿热的亚热带海洋性季风气候。福建境内峰岭耸峙，丘陵连绵，河谷、盆地穿插其间，其“八山一水一分田”的地理特征使得省内各地气候具有一定差异，以福州—福清—永春—漳平—上杭为界，可分为中亚热带和南亚热带气候，高山地区随着高度上升，则会出现北亚热带、温暖带，甚至中温带气候，垂直分异明显。福建年均气温 18~26 摄氏度，自西北向东南递升，夏季以高温酷暑为主，平均气温 33~37 摄氏度，常伴随持续性高温过程，南北温差较小，历史极端高温达 43.2 摄氏度（1961 年 7 月 17 日，福安）；冬季平均气温 5~13 摄氏度，南北温差较大，省内最低气温分布自东南向西北递减，冬季大规模强烈冷空气的南下经武夷山脉阻挡，对除闽北及闽西北以外地区影响较小，历史极端低温为 -12.8 摄氏度（1991 年 12 月 29 日，建宁）。

福建省降温负荷主要集中在 6—9 月。2018 年至 2022 年，福建省夏季平均气温呈现上升趋势，从 2018 年的 27.4 摄氏度涨至 2022 年的 28.5 摄氏度，且全省年极端最高气温普遍达到 40 摄氏度以上，拉动降温负荷逐年增长；2020 年、2021 年全省年平均气温屡创历史新高，且各季降水均偏少，强度偏弱，因此，降温负荷增长率均高达两位数；2022 年全省气温起伏大，夏季平均气温异常偏高，为历史同期最高，共经历 5 次高温过程和气象干旱，其中 8 月 9—31 日的高温过程持续时间、高温范围、极端高温和综合强度均达极端事件程度，为 1961 年以来历史第二强，最高温达 42.8 摄氏度。

福建省采暖负荷主要集中在当年 12 月到次年 2 月。2020—2021 年冬季福建省共经历了 1 次暴雨过程，宁德和福州地区共 14 个县（市）日降雨量达 50 毫米及以上；3 次寒潮、8 次冷空气过程，其中 2 月 18—20 日出现全省中等强度冷空气过程，省内 12 个县（市）达强冷空气等级；2021 年出现极端低温，低至 -8.7 摄氏度，居民采暖负荷增速高达 80.5%，为 2017—2022

年最高值。2021—2022 年冬季福建省经历了 3 次强冷空气过程，1 次低温雨雪过程和 3 次暴雨过程。季内气温起伏大，呈前暖后冷特征。2 月全省平均气温低至 9.8 摄氏度，为 2009 年以来最低。2 月 19—23 日，福建省出现冰冻雨雪过程，全省大部分地区共 46 个县（市、区）城区日最低气温降至入冬以来最低值，34 个县（市、区）出现降雪、雨夹雪或冻雨，为 2011 年以来 2 月同期范围最大，使当年居民采暖负荷高于 2018—2020 年。

2. 人口及消费水平

人口方面，2022 年末福建省常住总人口 4188 万人，比上年末增加 1 万人，如图 2-4 所示。2022 年全省常住总人口占全国总人口的 2.90%。出生人口方面，2022 年福建出生人口 29.6 万人，出生率为 7.1‰；自然增长率为 0.6‰，同全国水平相比，福建人口出生率与全国基本持平，但自然增长率较全国水平高 0.12 个千分点。

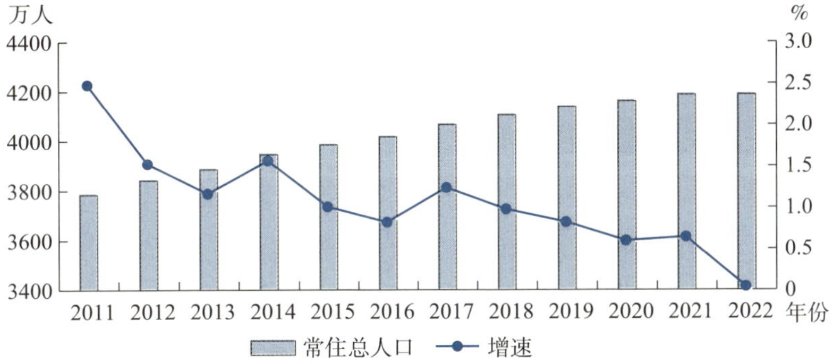

图 2-4　2011—2022 年福建省年末常住人口统计情况

居民消费水平方面，“十三五”以来，为推动经济增长模式向内需主导、消费驱动转变，福建省各级政府坚持全面落实党中央决策部署，统筹推进稳增长、促改革、调结构、惠民生、防风险、保稳定工作，全省经济发展质量效益持续向好，加快释放消费需求，促进消费扩容提质。2022 年福建省居民人均消费支出 3 万元，同比增长 5.6%，扣除价格因素，实际增长 3.7%，较 2015 年的 1.9 万元增加 1.1 万元，人均消费支出累计增长 59.4%，年均增速 7.0%，扣除价格因素，年均实际增速 5.2%。分城乡看，城镇居民人均消费支出 3.6

万元，较 2015 年累计增长 51.8%，年均增速 6.2%，扣除价格因素，年均实际增速 4.4%；农村居民人均消费支出 2 万元，较 2015 年累计增长 71.1%，年均增速 8.1%，扣除价格因素，年均实际增速 6.5%。详见图 2-5。

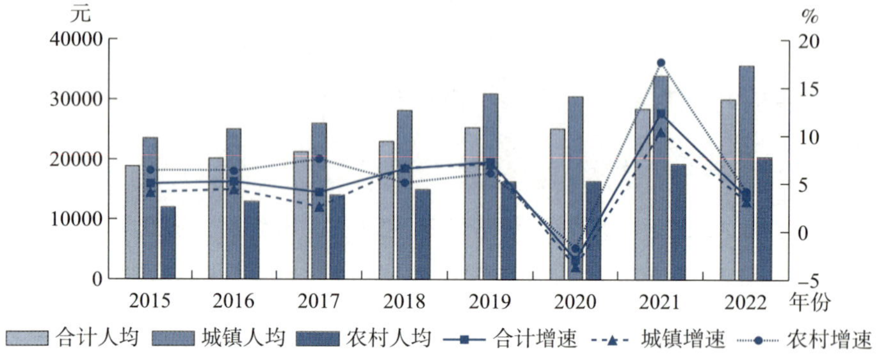

图 2-5　2015—2022 年福建省居民人均消费支出情况

由于消费水平显著提升，居民的消费观念发生了深刻的变化，福建居民恩格尔系数整体呈现下降趋势，体现出消费观念已经逐渐从温饱型转变为舒适型、发展型，进而影响居民的用电水平和用电方式。2021 年福建居民人均食品烟酒支出 9168 元，比 2015 年增长 42.4%。食品烟酒支出占消费支出的比重（恩格尔系数）从 2015 年的 34.2% 下降至 2021 年的 32.2%，下降 2.0 个百分点。分城乡看，城镇居民人均食品烟酒支出 1.1 万元，比 2015 年增长 36.8%，城镇居民恩格尔系数从 2015 年的 33.0% 下降至 2021 年的 31.3%，下降 1.7 个百分点。农村居民人均食品烟酒支出 6765 元，比 2015 年增长 50.5%，农村居民恩格尔系数从 2015 年的 37.6% 下降至 2021 年的 35.1%，下降 2.5 个百分点。

3. 服务业发展水平

“十三五”以来，福建省服务业规模总体呈平稳扩大趋势，2022 年全省实现服务业增加值 2.5 万亿元，是 2015 年的 2.1 倍，分别于 2015 年和 2020 年突破 1 万亿元和 2 万亿元大关。从服务业内部结构来看，支柱行业集中于传统服务业，现代服务业占比仍然偏低，产业结构有待进一步优化。占比靠前的批发和零售业、金融业、房地产业以及交通运输、仓储和邮政业合计占服务业增加值比重达 59.1%，较 2015 年下降 3.4 个百分点；信息传输、软件和信息技术服务业，租赁和商务服务业，科学研究和技术服务业等新兴服务业产业规模有待进一步扩大。从经济结构看，第三产业增加值占比提升较为明显，由 2015 年的 41.6% 提升至 2022 年的 47%。从增长贡献看，自 2016 年以来服务业对 GDP 贡献度基本保持高位（仅 2018 年贡献度低于第二产业），为三次产业中贡献度最高的产业。

4. 降温采暖设备规模

随着消费观念的转变，居民对于生活的舒适度要求也越来越高，调温设备保有量和使用率同时增长，以空调为主的调温设备的普及，显著增加了电网的季节性负荷。一方面，居民的家用电器，特别是空调的拥有率快速增长；另一方面，服务业，主要是金融、餐饮、商场、宾馆等服务性单位，用电负荷的主要来源是空调等季节性用电设备。因此，居民收入水平的增加、消费观念的转变以及服务业的发展促进了以空调为主的调温设备保有量的增加，有力支撑了全省降温采暖负荷的稳步增长。2017 年至 2021 年，福建省居民家庭每百户空调保有量分别为 129.5 台、138.6 台、155.5 台、156.6 台和 185.3 台，年均增长 8.4%，如图 2-6 所示；其中，城镇居民家庭空调保有量 2017—2021 年年均增速为 5.9%，农村居民家庭空调保有量 2017—2021 年年均增速达 15.2%。分阶段来看，2018 年至 2019 年，恰逢 2008 年前后家电下乡期间购买的空调面临十年更新周期，换新需求带来一定的增长量。同时全省人均可支配收入提升叠加农村居民家电购置需求转至空调、油烟机等改善生活品质类家电，农村居民空调保有量年增速一度保持两位数以上；2020 年新冠疫情全面暴发，疫情带来的经济冲击加剧居民消费行为保守化，多储蓄、减负债、低消费的观念逐渐流行，给空调市场销售带来负面压力，且伴随房地产市场进入下行通道，新购住房带来的空调需求有所萎缩，家庭空调保有量年增速较之前大幅下降；2021 年随着疫情被有效控制，企业复工复产，空调产量迎来回升，加之政府出台的“废旧家电回收”和“推进农村现代化”政策持续发力，促进家电消费品更新换代，推动城镇与农村居民家庭空调保有量年增速分别达到 12.8% 和 30.5%。

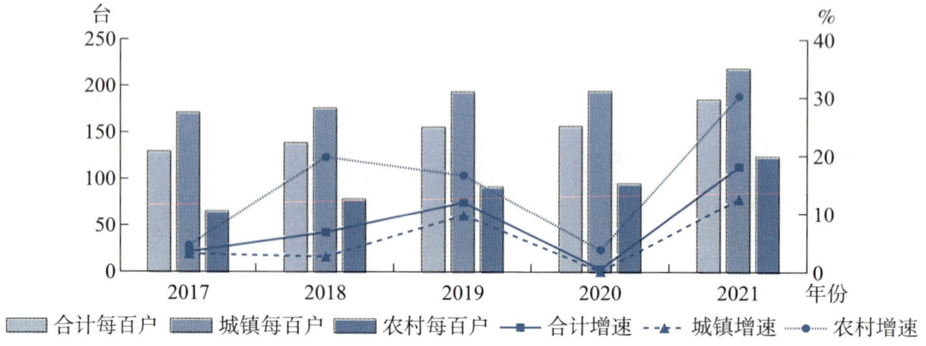

图 2-6　2017—2021 年福建省居民每百户空调保有量情况

（二）降温采暖负荷分析

由于居民生活水平提高，调温设备保有量增加，夏季降温负荷和冬季采暖负荷呈现出快速增长的趋势，高于最大负荷增长速度。受副热带高压影响，福建省夏季降温负荷占比较大，2018—2022 年，年均保持在 30% 以上，对电网影响较为突出；2018—2022 年冬季采暖负荷占比为 9%~16%。详见表 2-4。

表 2-4　2018—2022 年福建省降温负荷与采暖负荷

年份	降温负荷（万千瓦）			采暖负荷（万千瓦）		
	降温负荷	降温负荷占比	增速	采暖负荷	采暖负荷占比	增速
2018	1143	31.2%	−0.7%	364	12.0%	28.2%
2019	1162	30.3%	1.7%	323	10.0%	−11.3%
2020	1453	34.4%	25.0%	329	9.1%	1.9%
2021	1685	35.8%	16.0%	594	15.7%	80.5%
2022	1802	36.9%	6.9%	452	11.6%	−23.9%

1. 降温负荷特性分析

（1）降温季日负荷特性分析

基于福建电网 2022 年全省历史负荷 8760 数据，选取每年最大负荷日作为夏季典型日，得到 2018—2022 年典型日负荷曲线，如图 2-7 所示。2018—2022 年典型日负荷曲线走势基本一致，且由于经济发展和生活水平的提升，日用电负荷呈现逐年升高的趋势，随着降温负荷比重的提升，日最高峰由早高峰向午高峰偏移。

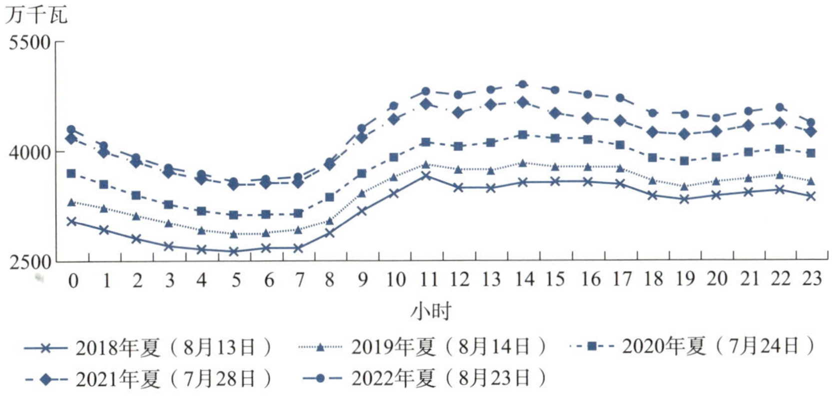

图 2-7　2018—2022 年福建省夏季典型日负荷曲线

日负荷变化趋势与福建省的负荷结构、气候条件和居民生活习惯等因素密切相关，由趋势变化曲线可以得出福建电网夏季日负荷存在三个高峰时段，分别为 10：00~12：00、13：00~15：00、21：00~23：00，日最高负荷出现在午间，主要由于夏季通常在午间达到日最高温度，叠加日间工商、餐饮、集中办公空调负荷；晚高峰负荷的主要来源是居民用电负荷，20：00 后居民空调使用量开始增加，用电负荷随之上升，特别是 21：00 后人们逐渐入睡，并打开空调制冷，于 23：00 左右达到晚间最高峰，此后随室内温度降低，空调功率有所减小，用电负荷也随之下降。

（2）降温季月负荷特性分析

2022 年福建省降温负荷为 1802 万千瓦，占最大负荷的 36.9%。整体来看，7 月、8 月的降温负荷高于 6 月、9 月；且降温负荷总体呈现 6—8 月逐月增大趋势，其中，6 月平均温度为最低，且降雨天数占整个“迎峰度夏”时间段的 70%，达 19 天，致使降温负荷较低；8 月气温偏高，平均高温达到全年最高，降水偏少，降温负荷达到全年最大值，占最大负荷的 36.9%；9 月，由于平均温度降低，导致空调用户较少，负荷水平下降，降温负荷水平低于 7 月、8 月。详见表 2-5。

表 2-5　2022 年福建省“迎峰度夏”期间基础负荷和降温负荷

	6—9 月	6 月	7 月	8 月	9 月
最大负荷（万千瓦）	4881.8	4449.2	4804.8	4881.8	4373.7
降温负荷（万千瓦）	1802.0	1185.0	1710.6	1802.0	1502.3
降温负荷占比（%）	36.9	26.6	35.6	36.9	34.3
平均高温（摄氏度）	34	30	36	37	34
平均低温（摄氏度）	26	24	27	27	25
降雨天数	27	19	4	4	0
气温连续高于 35 摄氏度的天数	26	4	25	25	1

（3）降温负荷气温敏感性分析

降温负荷是典型的气温敏感负荷，各类气象因素都通过影响温度来间接影响气温敏感负荷，温度是影响其大小的主要因素之一。夏季气温与降温负荷的关系基本呈非线性的 S 形曲线，且降温负荷对最高气温和高温天气持续天数较为敏感，敏感性分析结果与当年总体气温水平相关，如图 2-8 所示。通过分析 2022 年 6—8 月日最高气温与日降温负荷数据的关联，可以看到，随气温逐渐上升，降温设备陆续投入使用，降温负荷逐步增大，且增长速度逐渐加快；当气温上升到 32 摄氏度后，降温负荷趋向于饱和，负荷的增长速度有所减缓。夏季最高温在 30~35 摄氏度时，每升高 1 摄氏度，降温负荷增量均值为 138 万千瓦左右；最高温在 38~40 摄氏度时，每升高 1 摄氏度，降温负荷增量均值为 51 万千瓦左右。

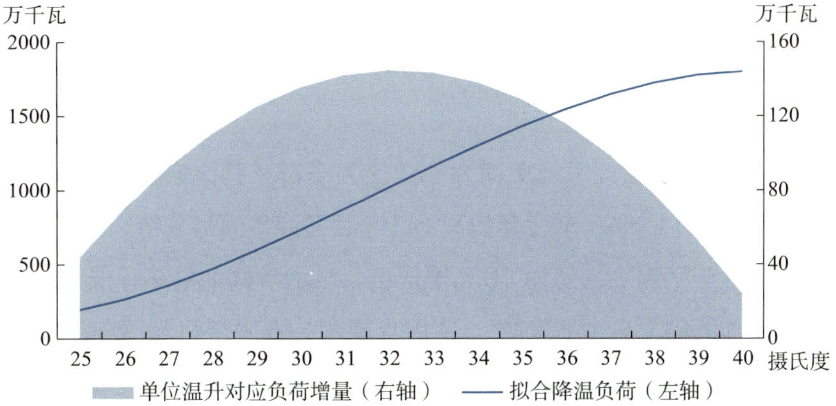

图 2-8　2022 年福建省夏季降温负荷与最高气温敏感性分析结果

2. 采暖负荷特性分析

（1）采暖季日负荷特性分析

福建省冬季用电最大负荷多发生于 12 月下旬或次年 1 月上旬，根据 2018—2022 年数据分析，冬季典型日负荷曲线呈现双驼峰形态，如图 2-9 所示。选取 2022 年冬季最大负荷日（2022 年 12 月 19 日）为冬季典型日，日负荷率为 84.6%，较 2021 年冬季增加 0.3 个百分点；日最小负荷率为 65.4%，日峰谷差率为 34.6%，与 2021 年冬季基本持平。冬季午、晚高峰分别出现在 11：00 与 18：00 左右，晚高峰略高于午高峰。冬季昼短夜长，随着生活、生产活动的开始，负荷从早 6：00 左右持续攀升至中午时段，于

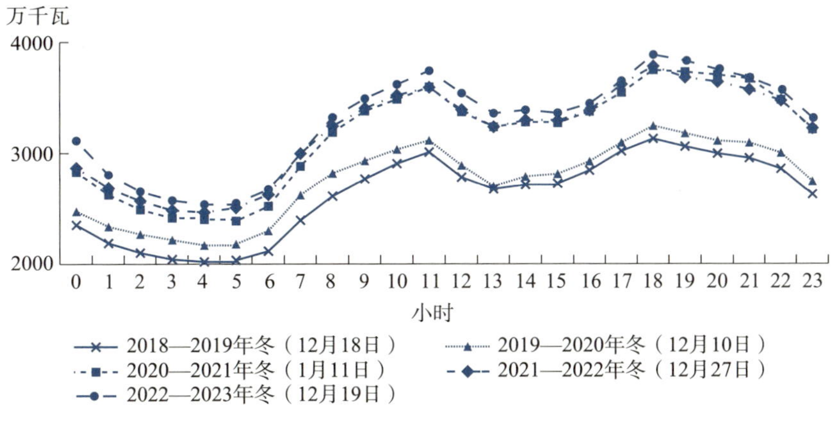

图 2-9　2018—2022 年福建省冬季典型日负荷曲线

11：00 左右达到峰值。但同时气温的升高导致午高峰过后采暖负荷有所下降，直至傍晚时刻负荷开始激增，于 18：00 左右达到一天的峰值。

（2）采暖季月负荷特性分析

2022 年福建省最大采暖负荷为 452.2 万千瓦，同比增长 4.5%，占冬季最大负荷比重为 11.6%，较上年提高 0.1 个百分点。分月来看，1 月全省气温总体偏暖，最低气温平均值为 10.2 摄氏度，较上年同期高 2.5 摄氏度，采暖负荷占比在 10% 以下，为 7.4%；2 月受寒潮、强冷空气及冷冻雨雪过程的影响，全省平均气温降到全年最低水平，最低气温在 10 摄氏度以下的天数较上年同期多 18 天，部分县（市、区）甚至出现降雪、雨夹雪或冻雨现象，全省采暖负荷占比超过 10%，为 11.5%；12 月，最低气温平均值较上年同期低 0.7 摄氏度，5 摄氏度以下的极寒天数较上年同期多 4 天，采暖负荷创当年最高，达 452.2 万千瓦，占比为 11.6%。详见表 2-6。

表 2-6　2022 年福建省冬季采暖负荷分月数据及占比情况

月份	最大负荷（万千瓦）	采暖负荷（万千瓦）	采暖负荷占比（%）
1 月	3629.5	267.3	7.4
2 月	3757.3	432.7	11.5
12 月	3909.8	452.2	11.6

（3）采暖负荷气温敏感性分析

冬季气温与采暖负荷的关系基本呈非线性的 S 形曲线，且采暖负荷对最低气温和最低天气持续天数较为敏感，敏感性分析结果与当年总体气温水平相关，如图 2-10 所示。通过分析 2022 年冬季日最低气温与日采暖负荷数据可以看出，冬季最低温在 10 摄氏度以上时，每降低 1 摄氏度，单位降温对应负荷增量逐步提高，采暖负荷不断增加；最低温在 10 摄氏度以下时，每降低 1 摄氏度，采暖负荷虽持续增加，但单位降温对应负荷增量逐步减少直至饱和。

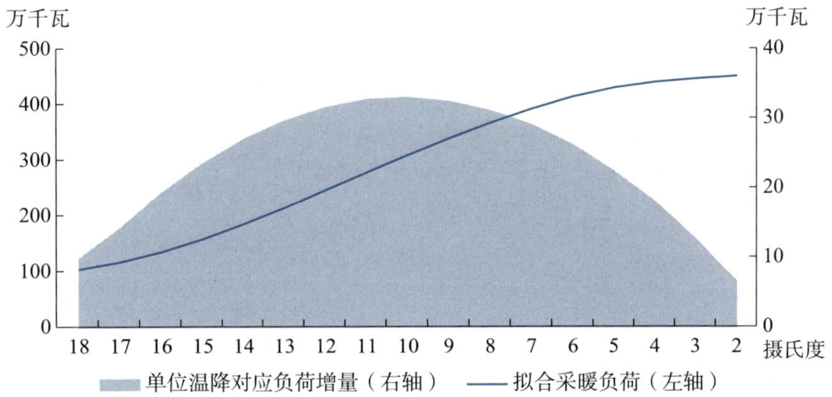

图 2-10　2022 年福建省冬季采暖负荷与最低气温敏感性分析结果

第三章

能源供应趋势研究

第一节 能源生产与供应趋势

能源生产能力是保障国家能源安全的基础。近年来，我国能源供应保障基础不断夯实，资源配置能力显著提升，连续多年保持供需总体平衡有余。进入新发展阶段，能源安全保障进入关键攻坚期，国家《"十四五"现代能源体系规划》提出，到 2025 年，国内能源年综合生产能力要达到 46 亿吨标准煤以上，能源保障更加安全有力。本节分析了我国能源生产与供应情况，并针对典型省域的能源生产能力进行深入分析，以期为相似省份提升能源生产能力提供借鉴和参考。

一、我国能源生产与供应

（一）能源供应情况

我国一次能源生产主要以原煤为主，原油、天然气较为有限。2022 年，全国一次能源生产总量达到 46.6 亿吨标准煤，其中原煤占比 67.4%，原油占比 6.3%，天然气占比 5.9%。2013—2022 年，我国一次电力及其他能源占比逐步提升，其中，2022 年一次电力及其他能源占比 20.4%，较 2013 年提升 8.6 个百分点，表明我国非化石能源的利用水平正持续提升（见图 3-1）。

我国能源供应总体以国内生产的能源为主，占比约八成（见图 3-2），但不同品种能源自给率差异较大。其中煤炭自给率高，2022 年净进口煤炭量仅占可供量的 7%；原油和天然气对外依存度较高，2022 年净进口量分别达到可供量的 77%、41%。

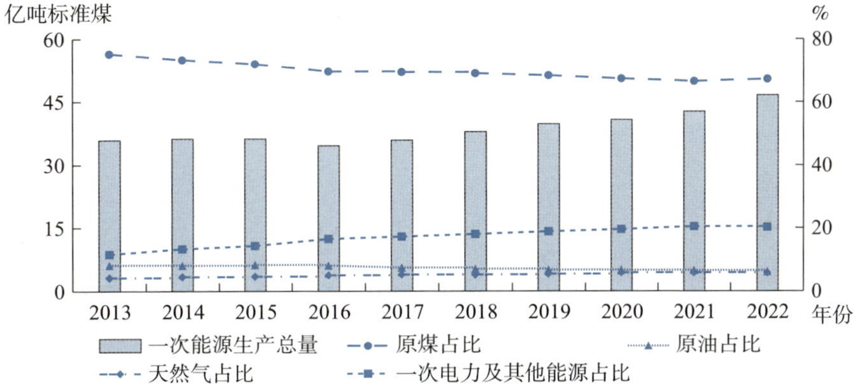

图 3-1　2013—2022 年全国一次能源生产总量

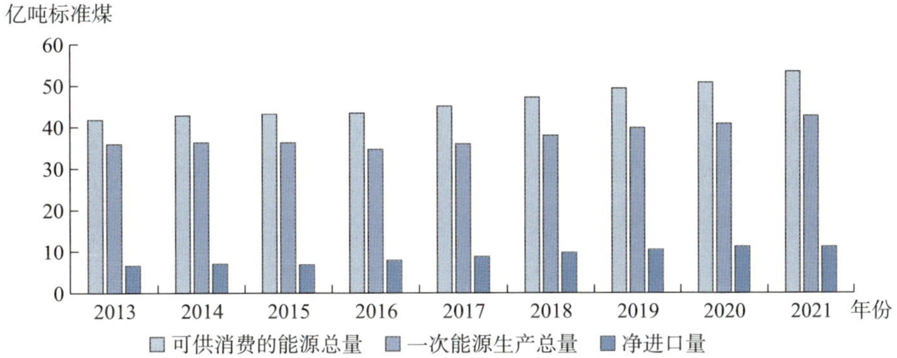

图 3-2　2013—2021 年全国一次能源供应情况

（二）常规能源资源禀赋

我国常规能源资源禀赋呈现出“富煤、贫油、少气”的特征，具体来看：

煤炭资源方面，我国是世界上煤炭资源最丰富的国家之一，2022 年全国煤炭资源储量为 2070.12 亿吨。我国煤炭生产主要集中在山西中北部、内蒙古西部、西北地区的陕西北部，这三个地区形成国内的煤炭生产集中区，称为“三西”煤炭集中生产区。分省份来看，山西、内蒙古、新疆、陕西煤炭储量稳居全国前四，分别为 483.1 亿吨、411.22 亿吨、341.86 亿吨、290.97 亿吨，合计占我国煤炭储量的七成（见表 3-1）。

表 3-1　全国煤炭资源储量　单位：亿吨

地区	2022 年	2021 年	2020 年
全国	2070.12	2078.85	1622.88
北京	0.97	0.97	0.97
天津	—	—	—
河北	24.22	26.42	26.05
山西	483.10	494.17	507.25
内蒙古	411.22	327.02	194.47
辽宁	10.72	11.51	12.57
吉林	4.88	6.96	7.03
黑龙江	36.68	36.99	25.81
上海	—	—	—
江苏	3.09	3.14	3.74
浙江	0.15	0.15	0.15
安徽	57.25	59.95	58.27
福建	1.92	2.65	2.50
江西	1.84	1.89	2.10
山东	32.85	33.43	41.32
河南	44.43	45.05	33.65
湖北	0.13	0.17	0.10
湖南	2.57	4.89	4.86
广东	0	0.01	0.01
广西	1.51	1.73	0.88
海南	0	0	0
重庆	0	0	1.87
四川	10.78	28.98	26.66
贵州	137.30	134.90	91.35
云南	67.13	74.12	44.54

续表

地区	2022 年	2021 年	2020 年
西藏	0.11	0.11	0.11
陕西	290.97	310.62	293.90
甘肃	40.38	41.5	15.31
青海	9.88	10.02	2.26
宁夏	54.18	56.98	35.01
新疆	341.86	364.52	190.14

数据来源：自然资源部。

石油资源方面，我国石油矿产分布较为分散，主要集中在黑龙江的大庆油田、环渤海圈的渤海油田、鄂尔多斯盆地的长庆油田、新疆的塔里木盆地和准噶尔盆地、青海柴达木盆地以及南海油田。随着西部地区油田开发规模的加大，石油开发重心向西移动。根据自然资源部的数据（《2022 年全国矿产资源储量统计表》），2022 年我国石油储量约 38 亿吨，占全球储量的约 1.6%，排世界第 13 位。分省份来看，新疆、甘肃、陕西、黑龙江、山东、河北石油储量稳居全国前六，合计占全国的六成（见表 3-2）。

表 3-2　全国石油资源储量　单位：万吨

地区	2022 年	2021 年	2020 年
全国	380629.30	368843.97	361885.75
北京	17.07	11.47	—
天津	3693.72	3801.44	3999.87
河北	24159.41	25119.03	25538.63
山西	—	—	—
内蒙古	12290.09	10051.23	6676.91
辽宁	14182.94	14257.00	14372.28
吉林	16633.44	16760.01	16902.02
黑龙江	31696.32	33452.11	36287.27

续表

地区	2022 年	2021 年	2020 年
上海	—	—	—
江苏	2048.07	1900.94	1951.10
浙江	133.93	—	—
安徽	—	134.61	135.23
福建	—	—	—
江西	—	—	—
山东	26244.26	24321.50	25493.92
河南	2876.78	2969.56	3022.24
湖北	988.78	1029.04	1055.50
湖南	—	—	—
广东	15.49	15.87	12.27
广西	142.13	144.15	146.37
海南	558.95	590.92	454.82
重庆	220.08	237.63	228.34
四川	641.21	570.25	555.40
贵州	—	—	—
云南	10.15	10.15	10.15
西藏	—	—	—
陕西	35120.11	37524.21	36812.83
甘肃	48233.81	44681.07	39560.97
青海	8565.05	8471.31	8251.85
宁夏	5679.91	4063.80	4670.51
新疆	66956.82	63355.51	62590.34

数据来源：自然资源部。

燃气资源方面，我国天然气呈现“西多东少”的特征。天然气生产主要的区域为四川东部和重庆地区形成的川渝天然气生产区，新疆塔里木盆地北部地区、鄂尔多斯盆地陕西北部地区、青海柴达木盆地地区形成的西北天然气生产区，目前这两个地区也是全国性的天然气生产区。分省份来看，四川、陕西、新疆、内蒙古天然气储量稳居全国前四，合计占全国的 3/4（见表 3-3）。

表 3-3　全国天然气资源储量　　单位：亿立方米

地区	2022 年	2021 年	2020 年
全国	65690.12	63392.67	62665.78
北京	0.04	0.04	—
天津	294.50	293.05	293.09
河北	336.49	361.95	372.26
山西	1210.59	1247.02	1402.04
内蒙古	10115.95	9887.52	10123.53
辽宁	152.52	157.32	164.53
吉林	804.53	826.16	767.11
黑龙江	1343.88	1388.11	1494.64
上海	—	—	—
江苏	21.90	21.05	21.39
浙江	—	—	—
安徽	0.24	0.24	0.24
福建	—	—	—
江西	—	—	—
山东	347.25	339.64	343.52
河南	61.39	63.49	62.82
湖北	44.18	43.96	44.59
湖南	—	—	—
广东	0.97	0.97	0.97
广西	1.36	1.37	1.38

续表

地区	2022 年	2021 年	2020 年
海南	19.35	21.29	21.47
重庆	2562.83	2639.42	2500.73
四川	16546.46	15556.37	15274.98
贵州	6.10	6.10	6.10
云南	0.47	0.47	0.47
西藏	—	—	—
陕西	11770.37	11630.03	11096.45
甘肃	729.76	643.81	588.00
青海	1034.42	1093.51	1055.32
宁夏	931.94	334.60	280.67
新疆	11482.11	11175.29	11237.85

数据来源：自然资源部。

水能资源方面，我国的水能资源居世界首位。从区域分布来看，长江流域的年径流量最大，且流经青藏高原、横断山脉、四川盆地、巫山等地势落差很大的地区，水能资源全国第一。西南地区的河流，有着全国第二大的径流量，且流经青藏高原、横断山脉等地势落差很大的地区，水能资源位居全国第二。此外黄河流域、南盘江—红水河、东北、闽浙赣等地区也拥有丰富的水能资源。

（三）常规电源发展现状

受我国能源资源禀赋影响，火电仍是我国常规电源的主体，其装机容量是水电的 3.2 倍、核电的 24 倍（见图 3-3）。

火电方面，截至 2022 年底全国火电累计装机容量 13.3 亿千瓦，占总电源装机容量的 52%，是我国的主体电源；受国家节能减排政策的影响，近年来全国火电装机容量增速放缓，装机占比较 2012 年下降 19 个百分点。2022

年全国火电发电量 5.9 万亿千瓦时，约占总发电量的 2/3。在我国众多火力发电厂中，内蒙古托克托火电厂装机总容量已达到 672 万千瓦，成为全世界最大的火力发电基地。

水电方面，截至 2022 年底全国水电累计装机容量 4.1 亿千瓦，已超过技术可开发装机容量的 70%，表明我国水力资源利用率已达到较高水平；从装机份额上看，水电装机容量占所有电源的 16%，较 2012 年下降 6 个百分点。2022 年全国水电发电量 1.4 万亿千瓦时，占总发电量的 15%。目前，位于我国湖北宜昌的三峡水电站装机达 2250 万千瓦，年均发电量达 847 亿千瓦时，是集发电、航运、水资源利用、防洪、灌溉等多种水利功能于一身、世界上规模最大的水电站。

核电方面，截至 2022 年底我国核电累计装机容量 5553 万千瓦，占所有电源装机的 2%，装机占比较 2012 年提升 1 个百分点。2022 年核电发电量 4178 亿千瓦时，占总发电量的 5%。分发展阶段来看，“十二五”期间我国核电装机实现了爆发式的增长；“十三五”期间增速逐渐放缓，主要是由于日本福岛核电站发生重大事故后，我国采取了相应的应对措施，放缓了在建核电的批复速度；2019 年起，国家重新开启对新增核电机组的审批工作，预计未来几年，核电将恢复良好的增长态势。2022 年 6 月，辽宁红沿河核电站一期和二期工程共六台机组全面投产，总装机达到 671 万千瓦，成为当时中国在运装机容量最大的核电站。

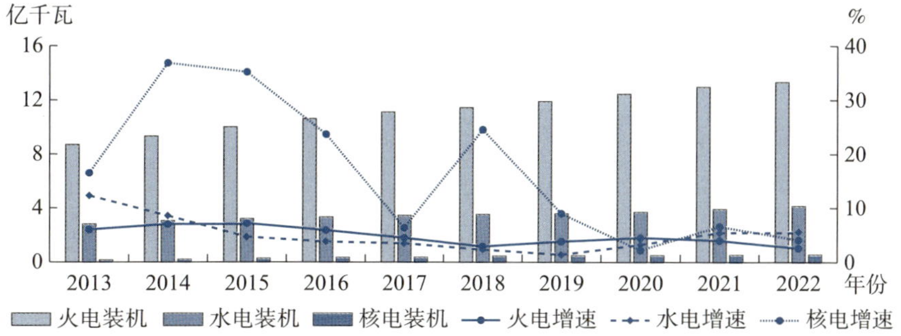

图 3-3　2013—2022 年全国常规电源装机及增速

二、省域能源生产与供应

在我国的能源结构中，煤炭、石油、天然气、水能以及核能是五类常见的常规能源品种。受资源分布、经济发展水平以及开采技术等因素的影响，这些能源生产分布在不同省份和地区，主要集中在中部和西部开发区。基于五类能源品种的分布和生产布局，下面分别选取我国山西、新疆、陕西、四川、福建五个省区作为典型对象，研究省域煤炭、石油、天然气、水能、核能的生产与供应。

（一）山西煤炭生产与供应

1. 资源禀赋

山西省以丰富的煤炭资源而闻名，是全国重要的煤炭生产和供应基地。山西省内煤炭资源丰富、资源储量大、分布广、品种全、煤质优、煤层多、煤层厚、埋藏浅、易开采。按照含煤时代、构造特征、含煤盆地的地理分布以及地质工作程度等煤炭资源分布条件，山西省可划分出五个主要赋煤带（见表 3-4）。全省煤炭资源主要分布于大同、宁武、河东、西山、霍西、沁水六大煤田，另外浑源、五台、垣曲、平陆、繁峙、灵丘、广灵、阳高八个煤产地也有少量分布。

山西省煤炭资源品类齐全，从褐煤到无烟煤均有分布，但资源储量相差较大，主要以气煤、焦煤、贫煤、无烟煤为主，占全省煤炭保有资源储量的 72.1%。山西煤炭具有“三低两高一强”的特点，即低硫、低灰、低磷、高发热量、高挥发性、粘结性强。如大同煤田弱粘结煤以硫分和灰分低、发热量高而享誉中外；河东煤田离石、柳林、乡宁矿区的低硫、低灰主焦煤被誉为煤中的“精粉”；沁水煤田晋城矿区的“兰花炭”更是闻名遐迩。

表 3-4　山西赋煤构造单元划分表

赋煤区	煤田	矿区（煤产地）
鄂尔多斯东缘赋煤带	河东煤田	河曲、河保偏、柳林、离石、石隰、乡宁
晋北赋煤带	大同煤田 宁武煤田	大同、平朔朔南、轩岗、岚县、宁武、浑源、灵丘、五台、繁峙、阳高、广灵
晋中赋煤带	霍西煤田	霍州、襄汾
晋东南赋煤带	沁水煤田 西山煤田	阳泉、潞安、晋城、沁源、东山、平遥、安泽、西山古交
晋南赋煤带		垣曲、平陆

数据来源：霍超《山西煤炭资源分布特征及勘查开发布局研究》。

2. 供应情况

2016 年以来，山西省的煤炭产量稳步增长，在全国煤炭总产量中的占比亦保持同步增长态势。2022 年山西原煤产量 13.07 亿吨，同比增加 1.04 亿吨，实现连续两年增产 1 亿吨以上（见图 3-4）。

图 3-4　山西历年煤炭产量

从山西统计局公布的数据来看，近几年山西省煤炭外调量整体呈现出明显的上升态势（见图 3-5），煤化工产业不断发展，全国对煤炭的需求显著增长，同时地区的终端消费量总体稳定，导致地区的煤炭外调量有所提升。山西省通过煤炭的稳定供给，保障了全国整个产业链、供应链的稳定，起到国民经济的“压舱石”作用。作为全国首个也是唯一的能源革命区域性、综合性试点，近年来山西正在通过数实融合、数智赋能，推动新一代数字技术与煤炭产业一体化发展。

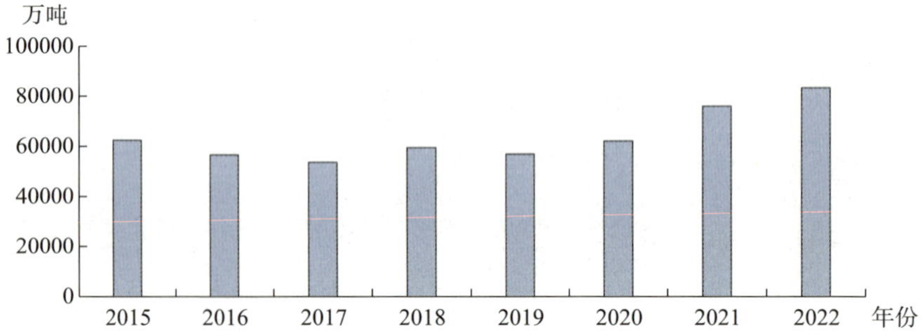

图 3-5　山西历年煤炭外调情况

（二）新疆石油生产供应

1. 资源禀赋

新疆在我国的石油生产和供应中扮演着重要角色。作为我国面积最大的省级行政区，新疆具有独特的地形地貌与自然环境，是我国石油储量最大的地区，主要分布在准噶尔、塔里木、吐哈三大盆地。自然资源部发布的《2022年全国矿产资源储量统计表》表明，全国石油总储量为 38 亿吨，而新疆的石油储量为 6.7 亿吨，占比 17.6%。

新疆的石油资源具有以下几个显著特点：一是品质优良，以轻质油为主，经济价值较高；二是分布广泛，几乎遍布全疆各地，其中，塔里木盆地、准噶尔盆地和吐哈盆地是新疆油气资源最为丰富的地区；三是开发条件优越，大部分油气田位于浅层，开采难度小，有利于长期稳定生产；四是经济效益高，可促进当地经济发展、增加就业机会，同时推动产业结构升级。

2. 供应情况

截至 2022 年，新疆已基本建成了塔里木油田、新疆油田、西北油田和吐哈油田四大主要油气田。2013—2021 年新疆的石油产量总体维持在每年 2500 万吨以上。受疫情影响，2022 年全年新疆生产石油 1442 万吨，占全国比重的7.1%，较2021年低37.9个百分点（见图3-6）。根据《新疆维吾尔自治区国民经济和社会发展第十四个五年规划和2035年远景目标纲要》，“十四五”期间新疆将加大准噶尔、吐哈、塔里木三大盆地的油气勘探开采力度，加快建设国家大型石油生产加工和储备基地。

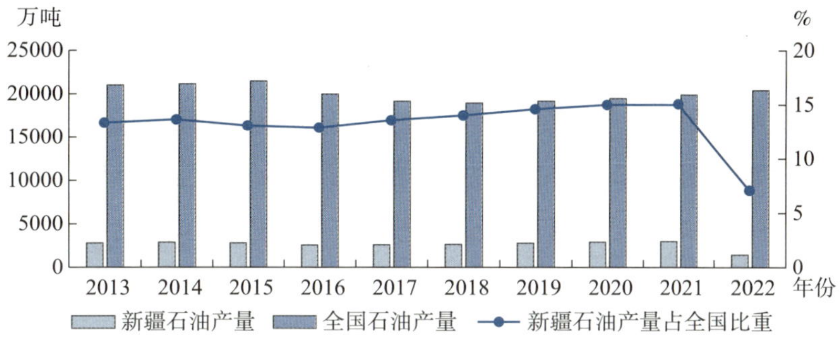

图3-6　新疆历年原油产量

（三）陕西天然气生产供应

1. 资源禀赋

陕西省拥有丰富的天然气资源，为全国天然气供应做出了重要贡献。陕西省位于我国西部内陆，拥有多个产气区，天然气预测资源量11.7万亿立方米，累计探明地质储量1.2万亿立方米。陕西地理位置优越，毗邻国内主要产气区如甘肃、宁夏、四川，是西部天然气资源的关键节点，为天然气输送和分配提供了便利。

陕西省的天然气分布在多个地区，包括渭北、渭南、汉中、宝鸡等，其中咸阳—渭南气区和鄂尔多斯盆地北缘气区是重要的产气区域。鄂尔多斯盆地丰富的页岩气资源成为陕西天然气产业的支柱之一，同时传统的产区如渭北气区也具有可观的天然气储量。

陕西省的天然气资源呈多层次、多类型特点，除了丰富的页岩气外，传统的深层和浅层储量也相当可观。此外，陕西省天然气品质高，甲烷含量高达95%~98%，热值达到8500~8800大卡/立方米。

2. 供应情况

近年来，陕西省天然气产量一直处于高位，连续多年居全国第一。2022年，陕西省天然气产量 307.1 亿立方米，同比增长 4.4%，占全国比重的 14.1%（见图 3-7）。为确保天然气产业的安全供应和健康发展，陕西省政府制定并实施了一系列规范措施。针对资源供应企业，陕西省对天然气产业的价格、行业准入以及安全方面均进行了规范。此外，在天然气储存方面，陕西省积极响应国家发改委的政策指引——《关于加快储气设施建设和完善储气调峰辅助服务市场机制的意见》，明确要求燃气企业提升储气能力。同时陕西省加大了对天然气输送领域的投资，自 2008 年开始施行“气化陕西”战略，到 2023 年底，陕西省已建成投运覆盖全省大部分地区的天然气管网。

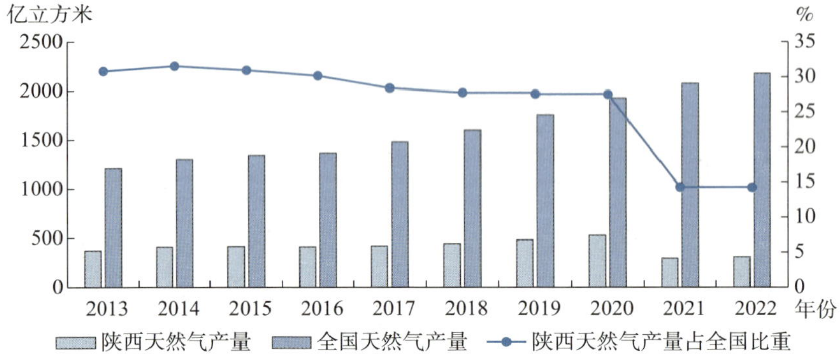

图 3-7 陕西历年天然气产量

（四）四川水能利用

1. 资源禀赋

四川是中国最大的水能利用地区之一，高原向盆地陡降的大落差形成了四川丰富的水能资源。四川水资源以河川径流最为丰富，境内共有大小河流近 1400 条，号称“千河之省”。全省水资源总量约 3489.7 亿立方米，其中，多年平均天然河川径流量 2547.5 亿立方米，占水资源总量的 73%；上游入境水942.2亿立方米，占水资源总量的27%。地下水资源量约546.9亿立方米，可开采量为115亿立方米。境内有湖泊1000余个、冰川200余条，在川西北和川西南分布有一定面积的沼泽，湖泊总蓄水量约15亿立方米，加上沼泽蓄水量共约35亿立方米。

2. 水电开发

四川地处长江上游，水电资源技术可开发量约1.48亿千瓦，占全国总量的22.4%。截至2022年底，四川省已建水电装机容量突破1亿千瓦，居全国第一。从流域开发情况来看，四川省水电开发主要集中在大渡河、雅砻江、金沙江、岷江、嘉陵江等流域。2013—2022年，四川水力发电量保持稳步增长，在全国水力发电总量中的占比逐年递增（见图3-8），是我国“西电东送”的重要送出端，水电外送量已连续5年超过1300亿千瓦时。

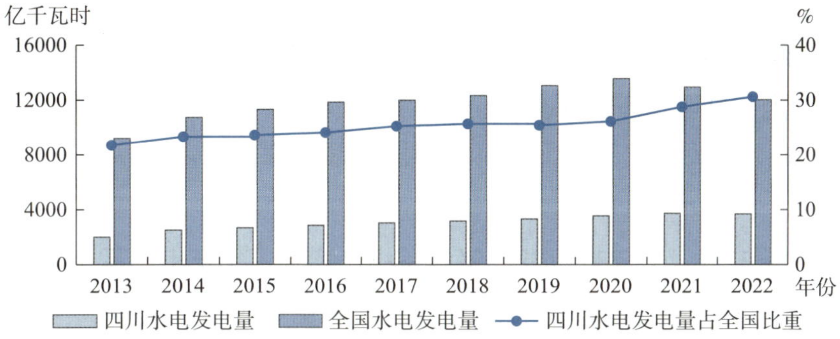

图3-8 四川历年水电发电量

（五）福建核能利用

1. 发展历程

福建位于我国东部沿海，得天独厚的地理和气候条件为核电站建设提供了相对平稳的基础，降低了地质灾害风险，同时亚热带湿润气候有利于核电站冷却系统的运行，确保核反应堆正常工作。福建核电的发展可以追溯到2012年12月28日，随着福建首座核电站——宁德核电1号机组并网成功，福建核电实现零的突破，宁德核电站也成为我国第一个海岛核电站。此后，宁德核电 4 台机组和福清核电 6 台机组陆续建成投产。其中，福清核电 5 号机组是我国首台华龙一号机组，进一步推动了福建甚至是我国核电的发展。在技术方面，福建一直致力于采用稳定、清洁、低碳、无污染的核电技术。近年来，沿海核电基地群承担了华龙一号等第三代核电技术发展示范项目工作，已投产运营全球首个第四代核能快堆，并布局高温气冷堆等第四代核电技术。未来，福建核电的成功有望为沿海缺能省份提供相关的技术示范和发展经验。

2. 供应情况

装机方面，截至 2022 年底，福建建成投产的核电总装机容量达到了 1101 万千瓦，机组数量达到了 10 台，核电装机容量占总装机容量比例全国第一（15%），核电在运容量位列全国第二。目前，福建在建的核电机组装机容量也位列全国第一，漳州核电一期和二期各两台机组分别计划在"十四五"和"十五五"期间投入商业运行。福建宁德核电项目 5 号、6 号机组于 2023 年 7 月 31 日获得核准，设备国产化比例预计超过 90%，单台机组年发电量超 90 亿度。

发电量方面，福建核电发电量保持稳步增长，年发电利用小时数保持高水平，2022 年全年发电 832 亿千瓦时（见图 3-9），占全省发电总量的 27%。

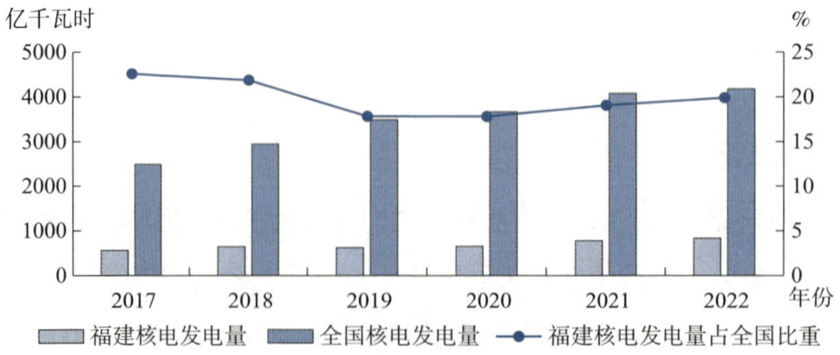

图 3-9　福建历年核电发电量

第二节 能源供应链与产供储销

能源供应链涵盖了从能源资源的勘探、开采、生产、运输、储存到消费的全过程。能源供应链对地区、国家发展意义重大，当今世界，不稳定、不确定、难预料因素增加，不断冲击全球能源供应链产业链稳定。只有不断提高能源供应链韧性和安全水平，才能为能源高质量发展提供良好基础。

一、能源供应链意义与现状

随着经济全球化，能源供应链的重要性越来越凸显。根据国际能源署（IEA）的数据，2022 年全球能源贸易额超过 5.2 万亿美元，约占全球 GDP 的 4.5%，反映了能源供应链在全球经济中的重要地位。当前，全球各国能源需求和资源的分布不均，使得能源供应链成为各国角力和博弈的舞台。全球范围内的能源供应链安全性影响着国际政治的平衡和稳定，同时关系到国家安全和社会稳定。一旦能源供应中断，将会导致能源短缺以及价格波动，进而对国家经济造成重创，例如，美国对伊朗的制裁导致了国际油价的飙升。当前，国际能源合作和竞争的关系错综复杂，如何确保能源供应链的安全和稳定，成为国际社会共同面临的重要挑战。

我国是全球最大的能源消费国和进口国，也是全球能源市场的重要参与者，在全球能源供应链中的地位日益重要。当前，我国政府积极推进能源结构调整，加大清洁能源的发展力度，以减少对化石燃料的依赖。在“十四五”规划中，我国提出将非化石能源占一次能源消费的比重提高到 20%。同时，我国积极参与全球范围内的能源合作，积极推进“一带一路”倡议，加强与油气生产国的合作关系，确保能源供应链的稳定。

能源供应链的稳定性对于确保国家的经济增长和社会稳定至关重要。供应链的任何环节产生堵点和断点，无论是由于自然灾害、安全事故还是国际政治冲突，都可能导致能源价格上涨、生产中断，甚至可能引发社会不稳定。这种中断不仅会增加企业和消费者的成本，影响经济增长，还可能导致非能源原料供应不足，进一步影响企业的生产经营，造成经济损失。供应链稳定性受到多种因素的影响，包括供应链的多元化、韧性和管理水平。供应链的多元化可以降低供应中断的风险，而韧性则可以提高供应链应对风险的能力。有效的供应链管理是确保供应链稳定的关键。

二、能源供应链主要环节

（一）能源原材料采集与生产

能源原材料的采集和生产是供应链的起始环节。对于化石燃料来说，这通常包括煤炭的开采、原油的钻探和天然气的采集。煤炭开采方面，国际能源署发布的《2023 年煤炭市场报告》显示，2023 年全球煤炭供应量达到 87.41 亿吨，涨幅约为 1.4%，刷新历史最高纪录。石油开采方面，根据国际能源署的预估，2023 年全球石油产量大约为每天 1.02 亿桶，同比增长 2.3%。

原材料采集和生产对供应链的稳定性和成本有着重要影响。任何生产环节的波动，如地质问题、政治不稳定或技术故障，都可能导致供应中断，从而影响全球能源价格。例如，2019 年沙特阿拉伯的阿巴奇克石油设施遭受无人机攻击，导致其原油生产大幅下降，全球油价随之飙升；2021 年美国得克萨斯州的冬季风暴不仅导致当地电力供应中断，还影响了州内一次能源供应。可见，能源供应的稳定性和可靠性直接关系到全球能源供应链的稳定性和能源价格。因此，确保能源供应的稳定性和持续性是能源供应链管理的重要课题。

（二）能源加工与制造

能源加工与制造环节的作用是将原材料转化为可用的能源产品，如将石油炼制为汽油、柴油和航空燃料。

加工与制造环节是确保能源产品质量和满足市场需求的关键。不同的市场和应用需要不同规格的产品。例如，航空燃料需要更高的纯度和特定的化学组成，以确保飞机的安全和效率。任何在加工与制造环节的失误都可能导致产品召回和巨大的经济损失，以往的案例充分证明了这一点：2021 年，美国 Marathon Oil 公司位于路易斯安那州的加里维尔炼油工厂发生爆炸。该工厂炼油能力为 57.8 万桶 / 天，是北美最大的炼油厂之一。受此影响，美国基准汽油期货价格一度上涨 1.6%。上述事件凸显了加工与制造环节的重要性，必须严格执行质量控制措施，以保证能源产品的安全和可靠性，并避免潜在的灾难性后果。

（三）能源储备

为防范国际市场能源供应中断，保障社会与企业的能源供应安全，需对重要的能源资源进行储备。不同国家根据资源和消费状况分别选择了不同的储备方式，形成了不同的能源储备系统。以石油为例，美国、日本、德国等国家利用水封岩洞和盐穴等地下储库储备石油。天然气则与此不同，欧盟、俄罗斯、乌克兰等国家和地区建设形成了油气藏、盐穴和含水层等完善的地下储气库设施；而日本、韩国等地质条件不具备地下储气能力的国家，则利用 LNG 储备站来储存天然气。

作为能源安全体系中的重要环节，各国高度重视重要能源资源的储备，用以防范供需风险、保障供应安全、调节供需关系、平抑价格波动、促进经济平稳发展。以 1973—1974 年的石油危机为例，当时美国的石油运输线被切断，给整个美国经济带来了巨大的冲击。为了解决这个问题，1975 年 12 月 22 日，美国总统福特签署了《能源政策和储备法案》，开始建立美国石油储备体系。与此类似，各国都采取了相应的立法措施来建设和管理天然气储备设施，如日本制定了《天然气储备法》以保障国家的天然气战略安全。这些国家都从政策上保障了能源的储备，以减轻突发性能源供应短缺所造成的影响，为国内产业提供了较长的缓冲及调节时间。

（四）能源运输与分销

能源产品一旦被制造出来，就需要被运输到各个销售点，通常使用油轮、管道、火车和卡车。运输和分销环节面临多重挑战：首先，能源产品需要运输到世界各地，这意味着需要克服地理障碍，如山脉、海洋和沙漠等。其次，能源产品的运输可能会受到政治风险的影响，如战争、制裁和恐怖主义等。最后，能源产品的运输可能会受到技术故障的影响，如交通事故、设备故障和天气等。

然而，随着技术的进步，运输与分销环节也迎来了许多机遇，可以提高效率和降低成本，包括：电动卡车和自动驾驶技术的发展，可以减少能源消耗和排放，从而提高运输效率和环境友好性；数字化技术的应用，可以提高运输和分销的效率和透明度，帮助实现智能化的管理；人工智能技术的应用，可以提高运输和分销的安全性和可靠性。

运输与分销环节发生意外进而对能源供应造成影响的案例较为常见，如 2021 年美国发生了一起油轮搁浅事故，导致数百万加仑原油泄漏，造成环境和经济的双重损失。2022 年俄乌冲突导致黑海航运受阻，影响了欧洲的石油和天然气供应。这些案例表明运输与分销是供应链中极其重要的一环，其稳定性和安全性至关重要。

（五）能源消费

能源产品的消费模式和趋势在不断变化。例如，随着电动车的普及，全球汽油需求或将发生变化。国际能源署（IEA）发布的《2023 年全球电动车市场分析与展望》预测，道路交通需求的石油消耗将在 2025 年左右达到峰值，到 2030 年电动车替代的石油消耗量每日将超过 500 万桶。而随着太阳能和风能技术的发展，家庭和企业对于清洁能源的消费也在不断增加，将逐步改变现有的能源消费模式。

消费模式的变化为供应链带来了新的挑战和机遇。供应链需要不断适应，以满足新的市场需求。例如，电动汽车的普及将对电力供应和充电基础设施产生巨大需求，而供应链企业需要确保电力供应的稳定性和充电基础设施的充足性。同时，消费者对于环境和社会责任的日益关注也使得供应链的透明度和可持续性至关重要。越来越多的消费者希望了解能源产品的生产过程是否符合环保和社会责任标准，而供应链企业需要确保能源产品的生产过程是透明的和可持续的。在这一背景下，许多重要举措被提出。例如，2020 年，欧盟发布了“欧洲绿色协议”，提出到 2050 年实现碳中和的目标。2021 年，美国能源部宣布将投资 120 亿美元，用于支持可再生能源和电网升级。2022 年，特斯拉宣布将在全球范围内投资 500 亿美元，用于扩大电池生产和充电基础设施建设。这些举措展示了能源企业正积极应对消费模式变化带来的挑战，并为供应链中的企业创造了新的商机和发展机会。

三、我国能源供应链发展趋势与挑战

（一）多元化的能源结构趋势

我国的能源结构呈现出多元化的特点，涵盖了煤炭、石油、天然气、核能、水电、风电和太阳能等多种能源类型。随着对可再生能源的大力投资和对先进技术的引进，我国的能源结构变得更加灵活和可持续。为了确保能源供应的稳定性和安全性，国家正在加速推进能源基础设施的建设，如风电、太阳能发电和天然气管道。截至 2023 年底，我国风电、太阳能发电装机容量分别突破 4 亿千瓦和 6 亿千瓦大关，均居全球第一。这些数据证明了我国在能源领域的持续发展和创新。

当前，全球能源结构正从以传统化石能源为主向以清洁低碳能源为主转变。这一转变的背后是全球气候变化问题的加剧，促使各国政府采取措施推动能源转型。传统化石能源在能源消费结构中的占比逐步下降，而清洁低碳能源，如可再生能源和核能，得到了更多重视和发展。

展望未来，我国的能源结构将继续向清洁、低碳和多元化的方向发展。国家发改委、国家能源局等九部门联合印发的《“十四五”可再生能源发展规划》

提出，到 2025 年，可再生能源年发电量达到 3.3 万亿千瓦时左右。“十四五”时期，可再生能源发电量增量在全社会用电量增量中的占比超过 50%，风电和太阳能发电量实现翻倍。同时，国家发改委、国家能源局印发的《“十四五”现代能源体系规划》提出，到 2025 年，核电运行装机容量达到 7000 万千瓦左右。这种能源结构的变化和发展趋势不仅将推动传统化石能源价格的下降，还将促进清洁低碳能源技术的创新和发展，对全球能源市场产生深远的影响。

（二）供应链的安全与稳定性问题

对外依赖度高是我国能源供应链面临的最显著的安全稳定性问题之一。根据国家统计局的数据，2022 年我国能源净进口占全部能耗的比例为 21%，这一比例虽然明显低于其他重要的制造业竞争者（欧元区 57.5%，日本 93.0%，韩国 81.4%），但是仍高于一些能源出口国（美国 -3.9%）。我国石油和天然气对外依存度较高，意味着我国的能源供应链受外部因素影响显著，这些因素主要包括国际政治紧张、交通运输中断、战争、自然灾害等。

国际政治紧张：近年来，国际局势动荡频繁，地缘政治风险不断上升。如发生地区冲突或战争，可能导致能源出口国采取出口限制措施，从而影响我国的能源供应。

交通运输中断：全球能源供应链高度依赖海上运输。如发生海上航运中断，可能导致能源运输成本上升或进口量减少。

战争：以俄乌冲突为例，2022 年俄乌冲突爆发后，国际能源市场受到了重大冲击，由于俄罗斯是全球重要的能源出口国，此次冲突导致全球能源价格大幅上涨，引发了全球能源供应链紧张，也使我国能源供应遭遇一定挑战。为应对未来可能的能源危机，我国需要采取措施降低对外依赖度，提高能源供应链的安全性，包括增加国内能源产量、优化能源进口结构以及提高能源供应链的应急能力。

自然灾害：近年来我国地震、洪水、台风等自然灾害频发，对能源供应链造成了一定影响。

同时，能源生产、储运、加工等环节存在的安全事故风险也不容忽视。

（三）低碳转型的压力与挑战

面对全球气候变化和环境问题的日益严峻，我国正经历以化石能源消费为主向以清洁能源消费为主的快速转型期。为积极稳妥推进碳达峰碳中和战略，我国需立足自身能源资源禀赋，坚持先立后破，有计划分步骤地实施碳达峰行动。同时，通过完善能源消耗总量和强度调控制度，重点控制化石能源消费，并逐步转向碳排放总量和强度“双控”制度。这无疑为我国的能源供应链带来了巨大的挑战，涉及技术、政策等方面。

从技术上看，可再生能源技术尚处于不成熟阶段，成本相对较高。从政策上看，能源转型需要政府的强有力支持，涉及政策制定、财政资助和技术研发。此外，低碳转型将使得我国供应链的结构发生重大调整，可再生能源产业将迅速崛起，而化石能源产业将会作为国家能源安全保障的底座，通过技术和政策双驱动实现高质量发展。

第三节　新能源发电与供应格局

1981 年，联合国召开的“联合国新能源和可再生能源会议”对新能源的定义为：以新技术和新材料为基础，使传统的可再生能源得到现代化的开发和利用，用取之不尽、周而复始的可再生能源取代资源有限、对环境有污染的化石能源，重点开发太阳能、风能、生物质能、潮汐能、地热能、氢能和核能（原子能）。中国国家市场监督管理总局与国家标准化管理委员会 2022 年 12 月 30 日发布的《电网运行准则（GB/T31464—2022）》定义新能源为：为减少温室气体排放而开发利用的各种形式的能源，包括太阳能、风能、地热能、海洋能、生物质能和核聚变能等清洁能源。其中风能、太阳能、生物质能是目前新能源发电的主要能量源，也是近年来发展最快的新能源电源。

一、国外新能源供应格局

截至 2022 年底，全球风电、太阳能发电、生物质发电装机合计 21 亿千瓦，其中风电、太阳能发电、生物质发电分别占比 43%、50%、7%，主要分布在中国、美国、德国、日本等国家。具体来看：

美国在新能源领域有着举足轻重的地位，拥有世界领先的科技创新能力和研发实力。截至 2022 年，美国风、光、生物质装机合计 2.7 亿千瓦，同比增长 10.6%。风电方面，美国风能行业发展迅猛，不仅通过政府购电计划吸引了大量投资，还通过减税等财政激励措施促进了风能发电的蓬勃发展。截至 2022 年底，美国风电装机 1.4 亿千瓦，同比增长 5.9%。太阳能发电方面，美国日照条件好，太阳能发电装机达 1.1 亿千瓦，同比增长 18.5%。各州纷纷制定太阳能发展计划，通过各种政策措施鼓励太阳能发电，例如，加利福尼亚州规定，到 2025 年，所有新建住宅和商业建筑都必须安装太阳能发电设备。

德国是世界上最早发展新能源国家之一，截至 2022 年，德国风、光、生物质装机合计 1.4 亿千瓦，同比增长 7.3%。德国政府不仅出台了大量支持新能源发展的政策和法规，还设立了多个新能源研究机构和培训中心，积极推动新能源科技的创新和应用。德国设定了一系列的目标，其中包括到 2050 年使可再生能源发电装机占总装机的比例达到 80%。风电方面，德国是欧洲风能的领导者，截至 2022 年底风电装机 6632 万千瓦，同比增长 3.9%。德国在风电技术方面取得了很大的进展，并已开发出多种创新的风电技术，在深海风电技术等方面开发早、技术领先。太阳能发电方面，尽管德国的阳光照射时间较短，但是德国政府通过推动太阳能发电技术的发展和提供各种激励政策，使德国成为全球最大的太阳能市场之一。截至 2022 年底，德国太阳能发电装机 6655 万千瓦，同比增长 12.1%；2015—2022 年，太阳能发电新增装机 2733 万千瓦，年均增长 7.8%。

日本是一个高度依赖进口能源的国家，为了减少能源的进口依赖性和环境污染，日本政府积极推动新能源的发展。截至 2022 年底，日本风、光、生物质装机合计 8889 万千瓦，同比增长 6.8%。日本的太阳能发电技术已成为世界上最先进的技术之一，尤其是在光伏发电方面，日本在亚洲国家中表现出色，并拥有多家知名的光伏企业和研究机构，如夏普、京瓷、松下、东芝等。截至 2022 年底，日本太阳能发电装机 7883 万千瓦，同比增长 6.3%。

丹麦是全球公认的新能源强国，以其发达的新能源产业和雄心勃勃的能源转型目标而闻名于世。丹麦曾经发布《能源战略 2050》，正式提出新的能源转型战略的目标，计划到 2050 年之前建成一个完全摆脱对化石能源依赖，且不含核能的能源系统，成为世界上第一个提出完全不需要化石能源的国家。截至 2022 年，丹麦风、光、生物质装机合计 1173 万千瓦，同比增长 7.9%。风电方面，丹麦是世界上最早开发风电的国家，早在 20 世纪 70 年代就开始开发风电。截至 2022 年底，丹麦风电装机 709 万千瓦，其中海上风电装机 231 万千瓦；同时，丹麦催生出世界上最大的风机设备供应商维斯塔斯，其占据国际风机市场统治地位多年。生物质发电方面，世界第一座秸秆生物燃烧发电厂正是在丹麦建成投运的。通过多年发展，生物质能已成为丹麦可再生能源的重要组成部分。截至 2022 年底，丹麦生物质发电装机 215 万千瓦。

二、我国新能源供应格局

（一）新能源资源禀赋

我国的新能源发展离不开丰富的自然资源。据国家气象部门评估，我国整体上属于太阳能资源丰富的大国，全国有 2/3 的地区年辐射量在 5000 兆焦 / 平方米以上，同时也是风能资源丰富的国家。

1. 太阳能资源

我国太阳能资源地区性差异较大，总体呈现高原地区、少雨干燥地区偏大，平原地区、多雨高湿地区小的特点。根据《太阳能资源等级　总辐射（GB/T31155—2014）》国家标准，太阳总辐射年辐照量划分为四个等级：最丰富（A）、很丰富（B）、丰富（C）、一般（D）。如表 3-5 所示。

表 3-5　太阳总辐射年辐照量等级

等级名称	分级阈值（千瓦时 /（平方米·年））	分级阈值（兆焦 /（平方米·年））	等级符号
最丰富	G ≥ 1750	G ≥ 6300	A
很丰富	1400 ≤ G < 1750	5040 ≤ G < 6300	B
丰富	1050 ≤ G < 1400	3780 ≤ G < 5040	C
一般	G < 1050	G < 3780	D

注：G 表示总辐射年辐照量，采用多年平均值（一般取 30 年平均值）。
资料来源：国家气象科学数据中心。

太阳总辐射年辐照量最丰富地区：全年辐照量在 6300 兆焦 / 平方米以上。主要包括青藏高原、甘肃北部、宁夏北部、新疆南部、河北西北部、山西北部、内蒙古南部、宁夏南部、甘肃中部、青海东部、西藏东南部等地。

太阳总辐射年辐照量很丰富地区：全年辐照量在 5040~6300 兆焦 / 平方米。主要包括山东、河南、河北东南部、山西南部、新疆北部、吉林、辽宁、云南、陕西北部、甘肃东南部、广东南部、福建南部、江苏中北部和安徽北部等地。

太阳总辐射年辐照量丰富地区：全年辐照量在 3780~5040 兆焦 / 平方米。主要包括长江中下游、福建、浙江和广东的部分地区。这些地区春夏多阴雨，秋冬季太阳能资源较丰富。

太阳总辐射年辐照量一般地区：全年辐照量在 3780 兆焦 / 平方米以下。主要包括四川、贵州两省，是我国太阳能资源较少的地区。

影响太阳能辐照量的因素主要有两个：一是与地区所处纬度有关。太阳直射点在南北回归线之间移动，因此纬度越高，接收到的太阳辐射越少，太阳能辐照量也就越少；大气层的云和气溶胶也影响太阳能辐照量。二是与地区降水分布情况关系密切。华南地区虽然纬度低，但降水多，因此大部分地区属于 C 类地区。此外，沙尘和雾霾天气一定程度上影响了新疆和华北地区的太阳能辐照量。而青藏高原地区纬度低、海拔高、大气透明度好，大多属于 A 类地区。根据调查，西藏地区与撒哈拉沙漠、赤道等地相当，太阳能资源开发利用价值极高。

2. 风能资源

我国幅员辽阔，海岸线长，风能资源总体较为丰富，主要分布在“三北”（东北、华北北部和西北地区）及沿海等地区。中国气象局将我国风能资源划分为四个等级：风能丰富区（Ⅰ）、风能较丰富区（Ⅱ）、风能可利用区（Ⅲ）、风能欠缺（贫乏）区（Ⅳ）。如表 3-6 所示。

表 3-6　风能资源等级划分

等级名称	风能密度（瓦 / 平方米）	3~20 米 / 秒的风速年累计小时数	等级符号
风能丰富区	大于 200	大于 5000	Ⅰ
风能较丰富区	150~200	3000~5000	Ⅱ
风能可利用区	50~150	2000~3000	Ⅲ
风能欠缺（贫乏）区	50 以下	2000 以下	Ⅳ

数据来源：朱瑞兆、薛桁《中国风能区划》及网络收集。

风能丰富区：主要包括东南沿海及台湾岛屿和南海群岛、海南岛南部、山东沿海、辽东沿海、内蒙古北部西端和锡盟、内蒙古阴山到大兴安岭、松花江下游等地。

风能较丰富区：东南沿海离海岸 20~50 千米区域、海南岛东部、渤海沿海、台湾东部、东北平原、内蒙古南部、河西走廊、新疆北部、青藏高原等地。

风能可利用区：福建沿海离海岸 50~100 千米区域、广东沿海、广西沿海及雷州半岛、大小兴安岭山地、辽河流域和苏北、黄河中下游、长江中下游、湖南、湖北和江西等地。

风能欠缺（贫乏）区：四川、甘南、陕西、鄂西、湘西、贵北、云贵南部、雅鲁藏布江河谷、昌都地区、塔里木盆地西部等。

影响风能资源的因素：一是与季节性气压有关。例如在北半球冬季，由于西伯利亚高压与阿留申低压的相互作用影响而盛行西北风，并成为我国冬季季风的来源；而夏季亚洲大陆受热低压控制，海洋上则是高气压，气流从高压区吹向低压区，形成了我国夏季季风。二是与地形地貌有关。例如我国天山山脉和甘肃北山与阿尔泰山脉之间是一条通风廊道，从西伯利亚平原来的较强西风，经哈萨克斯坦丘陵，从新疆塔城地区的地形开口进入通风廊道；西风气流穿过准噶尔盆地进入内蒙古阿拉善盟，之后沿阴山北侧到大兴安岭西侧；大兴安岭属于小起伏、中低山脉，西北气流轻松越过大兴安岭泄入东北平原。上述因素共同催生出我国“三北”地区丰富的风能资源。三是与海陆差异有关。例如在我国沿海风能丰富带，海洋温度变化慢，具有明显的热惰性，大陆温度变化快，具有明显的热敏感性，冬季海洋较大陆温暖，这种海陆温差的影响，使得冬季每当冷空气到达海上时，风速增大；再加上海洋表面平滑、摩擦力小，且东南沿海存在台湾海峡狭管效应，由此形成了丰富的风能资源。

3. 生物质能资源

我国幅员辽阔，作为农业大国和人口大国，生物质资源非常丰富。我国主要的生物质资源包括农作物秸秆、薪柴、禽畜粪便、生活垃圾、工业有机废渣与废水等。中国产业发展促进会生物质能产业分会发布的《3060 零碳生物质能发展潜力蓝皮书》显示，我国主要生物质资源年产生量接近 35 亿吨，生物质资源作为能源利用的开发潜力超过 4.5 亿吨标准煤。

农林畜牧领域，我国秸秆理论资源量超过 8 亿吨，可收集资源量接近 7 亿吨；畜禽粪便总量接近 19 亿吨（不含清洗废水），沼气利用粪便总量超过 2 亿吨；可利用的林业剩余物总量约 3.5 亿吨，能源化利用量约为 960 万吨。

生活和工业领域，我国生活垃圾清运量超过 3 亿吨，其中垃圾焚烧量接近一半；废弃油脂年产生量达千万吨级，能源化利用量超 50 万吨。

（二）新能源发电发展

习近平总书记指出，我们要顺势而为、乘势而上，以更大力度推动我国新能源高质量发展，为中国式现代化建设提供安全可靠的能源保障，为共建清洁美丽的世界作出更大贡献。近年来，我国高度重视新能源发电，不断加大政策扶持力度，推动新能源电源快速发展，并形成太阳能发电、风电齐头并进的新能源发电体系。根据国网新能源云平台数据，2022 年底全国风、光、生物质装机合计 8 亿千瓦，同比增长 19%，较 2021 年新增 1.3 亿千瓦，占全国总装机的 31.2%，如图 3-10 所示。装机与新增装机均居全球第一。

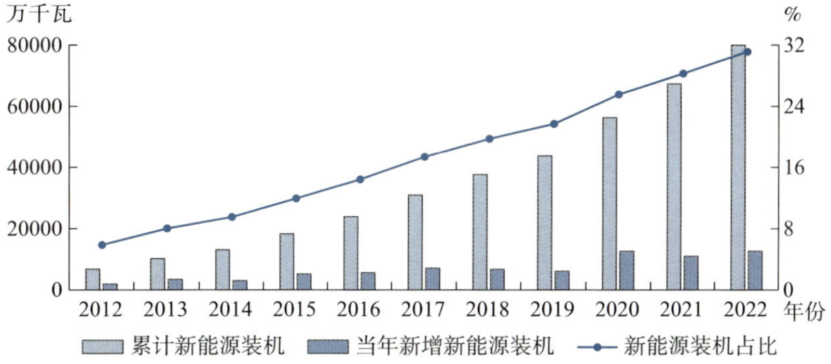

图 3-10　2012—2022 年全国新能源（太阳能发电、风电、生物质发电）装机

1. 太阳能发电装机

太阳能发电成为领头羊，领跑我国新能源发展。截至 2022 年底，太阳能发电装机 3.9 亿千瓦，同比增长 28%，占全国总装机的 15.3%，如图 3-11 所示。其中华北地区太阳能发电装机规模超 1 亿千瓦，占全国太阳能装机的

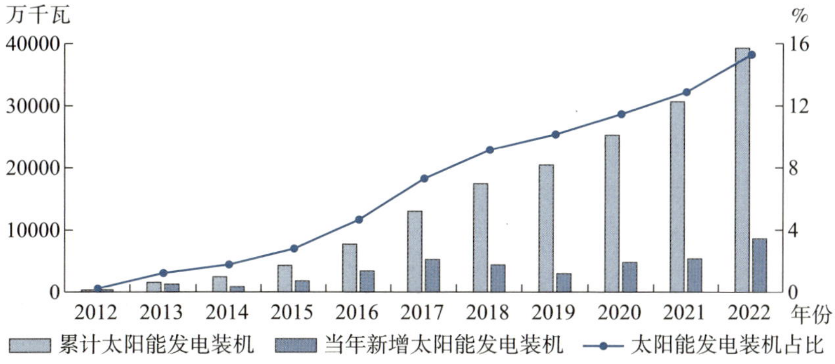

图 3-11　2012—2022 年全国太阳能发电装机

26%，占比居全国首位。从增长趋势来看，在政策利好、成本降低、技术提升的共同作用下，2015—2022 年全国太阳能装机累计增加 3.5 亿千瓦，年均增长 35%，增量、增速均居新能源首位。

2. 风电装机

风电发展略慢于太阳能，成为我国新能源装机第二大主体。截至 2022 年底，风电装机 3.7 亿千瓦，同比增长 11%，占全国总装机的 14.3%，如图 3-12 所示。其中西北地区凭借丰富的陆上风电资源，成为我国风电装机最多的地区，装机超 8000 万千瓦，占全国风电装机的 23%，并拥有甘肃酒泉、新疆哈密等多个国家级风电基地。从增长趋势来看，2015—2022 年风电装机累计增加 2.4 亿千瓦，年均增长 9%，增量、增速均落后于太阳能发电，主要受陆上土地资源有限、海上功能区划分、建设难度大等因素影响。

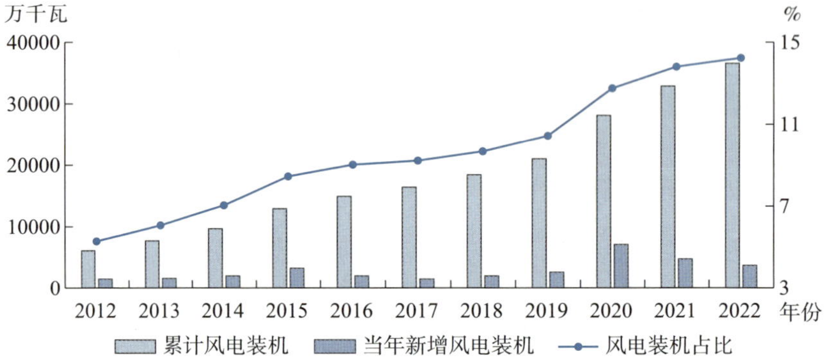

图 3-12 2012—2022 年全国风电装机

3. 生物质发电装机

生物质发电规模仍然较小。截至 2022 年底，生物质发电装机 4132 万千瓦，同比增长 8.8%，占全国总装机的 1.6%，如图 3-13 所示。其中华东地区生物质发电装机 998 万千瓦，接近全国生物质发电装机的 1/4，占比居全国第一。从增长趋势来看，2015—2022 年生物质装机累计增加 3101 万千瓦，年均增长 17%，总体上与城市垃圾生产和处理能力的发展相契合。

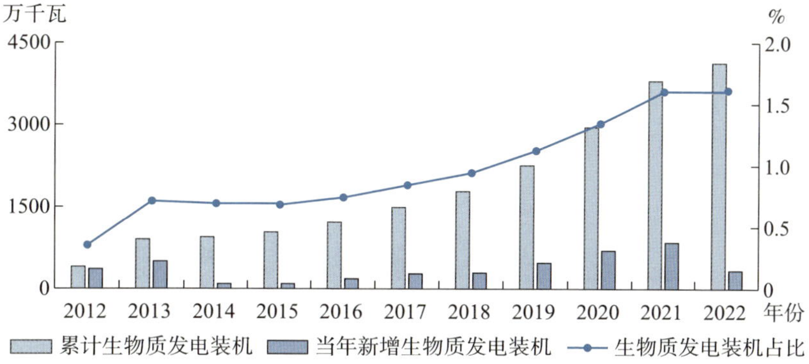

图 3-13　2012—2022 年全国生物质发电装机

三、省域新能源发展趋势

（一）太阳能发电

截至 2022 年底，我国太阳能装机规模前三的区域分别为华北、华东、西北地区，三个地区太阳能发电装机容量占全国的 65.8%，其中山东、浙江、青海三省的太阳能发电装机规模分别居华北、华东、西北地区首位。

1. 山东

山东太阳能资源的水平面年总辐射量在 1400~1550 千瓦时 / 平方米，属于太阳能资源“很丰富”地区。作为沿海省份，山东经济规模常年居全国第三，为太阳能发电快速发展打下了坚实的经济基础。截至 2022 年底，山东省太阳能装机达 4270 万千瓦，居全国第一，占山东省所有电源总装机的 22.3%（见图 3-14）。

分阶段来看，2015 年开始，山东省太阳能发电累计装机规模开始快速增长。2017 年，山东以 1052 万千瓦累计装机规模跃升全国第一。2017 年至 2019 年，受补贴政策退坡等因素的影响，山东省太阳能发电装机经历了相对平稳的增长过程，2018 年和 2019 年新增装机规模较 2017 年有所减少。随着“双碳”目标的提出，2020 年起，山东省太阳能发电装机又呈现出大幅上

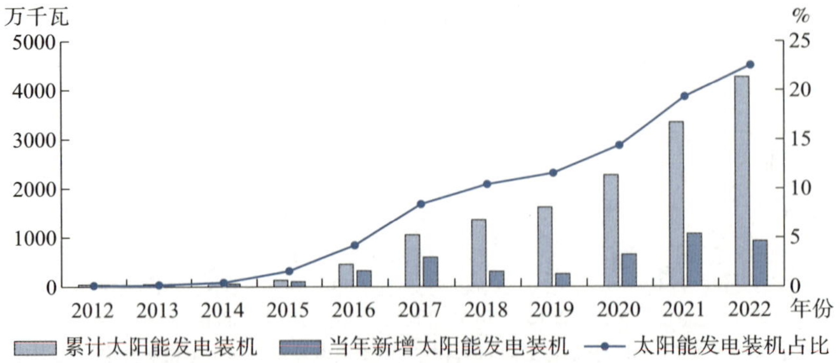

图 3-14　2012—2022 年山东省太阳能发电装机

数据来源：国网新能源云。

升的趋势，每年新增装机均超过 500 万千瓦。

在发展目标方面，山东省印发了《山东省能源绿色低碳高质量发展三年行动计划（2023—2025 年）》和《关于印发山东省碳达峰实施方案的通知》，提出将 2025 年、2030 年全省光伏总装机目标分别定为 5700 万千瓦和 9500 万千瓦。在土地资源方面，山东省政府出台多项政策，规范光伏用地，鼓励各市因地制宜探索利用已确权的养殖用海、盐田用海区域，科学布局光伏发电项目。

从发展特点来看，山东省集中式光伏方面主要依托海上光伏以及采煤沉陷区的光伏项目，分布式光伏方面则主要以整县推进为抓手。2022 年，山东省能源局出台《关于印发 2022 年全省能源工作指导意见的通知》，提出布局“环渤海”“沿黄海”两大千万千瓦级海上光伏基地，制定鲁北基地规划方案，以及鲁西南采煤沉陷区“光伏 +”基地规划方案，并坚持“一县一策”，组织 70 个国家试点县编制规划建设方案。

2. 浙江

浙江地处我国华东区域，经济规模居全国第四。根据浙江省太阳能资源年景公报数据折算，2002—2021 年浙江省年总辐射量平均值为 1340 千瓦时 / 平方米，属太阳能资源“丰富”地区。截至 2022 年底，浙江累计光伏装机突破 2000 万千瓦，达 2539 万千瓦（见图 3-15），居全国第三。

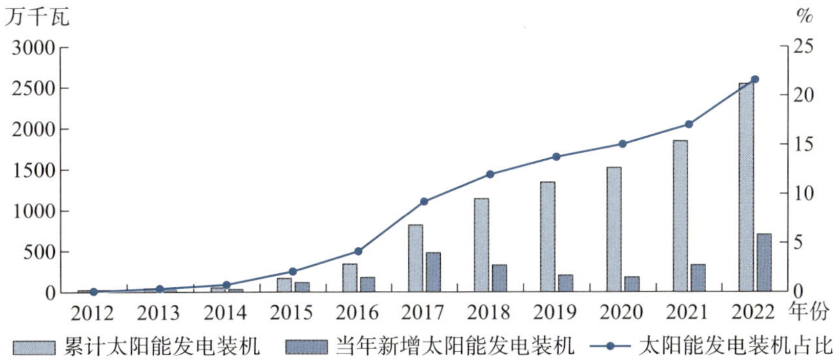

图 3-15　2012—2022 年浙江省太阳能发电装机

数据来源：国网新能源云。

分阶段来看，“十三五”期间，在国家、省级及地方各级补贴的带动下，浙江省光伏项目开发热情高涨，规模增长迅速，截至 2020 年底累计建成光伏发电装机 1517 万千瓦，为 2015 年底的 9 倍，其中分布式光伏装机 1070 万千瓦，规模连续多年位居全国第一。“十四五”以来，浙江省光伏项目进一步实现“爆发式”增长，2021 年、2022 年分别新增 325 万千瓦、697 万千瓦，累计装机规模排名逐年提升。2022 年，浙江省光伏累计装机超越江苏，跃居华东第一。浙江省光伏项目不仅装机规模增长快，而且开发应用形式多，基本涵盖了农光互补、渔光互补、工商业屋顶光伏、户用屋顶光伏、水面漂浮式光伏等各种类型。

在发展目标的设定上，2021 年 7 月，浙江省发布《浙江省可再生能源发展“十四五”规划》，提出实施“风光倍增计划”，到 2025 年底，力争全省光伏装机达到 2750 万千瓦以上，新增装机在 1200 万千瓦以上，其中分布式光伏新增装机超过 500 万千瓦。同年 11 月，浙江省政府进一步加码，“十四五”分布式光伏新增装机目标从原规划中 500 万千瓦提高到 600 万千瓦。在发展策略上，浙江省实施整县规模化开发分布式光伏，高质量推广生态友好型集中式光伏。对于分布式光伏，提出整县、整市、全省的“三步走”发展路线；对于集中式光伏，鼓励使用废弃矿山、低丘缓坡等非耕地和园地资源，结合现代农业、渔业养殖等功能建设集中式复合光伏项目。

从发展特点来看，浙江省在大力发展太阳能发电的同时，也培育了本省光伏制造产业，实现能源、经济双杠开花。光伏产业已成为浙江省具有标志性的特色优势产业，是省内 15 个千亿级特色产业集群之一。浙江光伏产业集群基本形成了以嘉兴、金华为引领，带动杭州、宁波、湖州、衢州等地协同发展的格局。2022 年浙江光伏组件出口产值 843.1 亿元，约占全国的 28.9%。

3. 青海

青海省太阳能资源丰富，年日照时数在 3200~3600 小时，年总辐射量可达 1900~2300 千瓦时 / 平方米，属全国光伏资源“最丰富”地区之一。青海地处青藏高原的东北部，大部分地区地广人稀，为大力发展太阳能发电提供了优越的条件。截至 2022 年底，青海累计太阳能发电装机达 1842 万千瓦（见图 3-16），规模居全国第七、西北第一；光伏装机占比达 41.2%，始终保持全国第一。

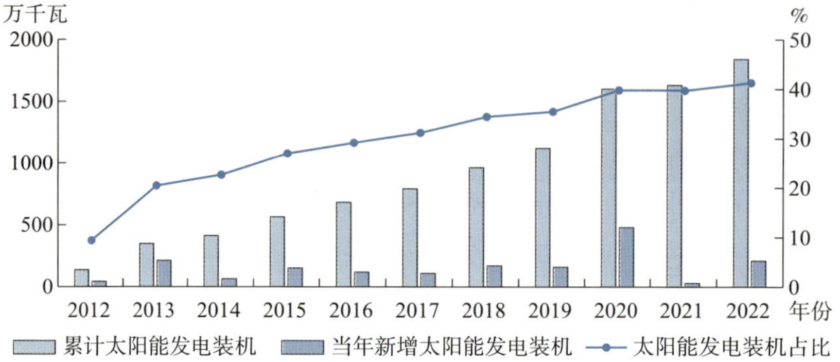

图 3-16　2012—2022 年青海省太阳能发电装机

数据来源：国网新能源云。

从发展历程来看，青海的太阳能发电“起步较早、发展稳健”。20 世纪 90 年代以前，青海的太阳能发电主要由国家扶贫项目支持。2000—2010 年，我国启动“送电到乡”工程，在青海建成了一批小型光伏电站，解决了百余个无电乡的基本生活用电；同时，国家“金太阳示范工程”促成青海偏远牧区建成了一批微网光伏电站，让越来越多的农牧民群众用上了电。2011—2020 年，青海光伏产业迎来大发展，光伏装机容量由 94 万千瓦发展至 1601 万千瓦，10 年间增加了近 16 倍。其中，2015 年底，青海太阳能发电装机突破 500

万千瓦，占全国的 13%，成为当时国内最大的太阳能发电基地之一；2019 年底太阳能发电装机规模突破千万千瓦大关，装机占比首次突破 35%。

从政策支持来看，青海省的太阳能发电发展路径一直较为明确。早在《青海省“十二五”能源规划》中，就明确了太阳能发电基本发展格局，提出“力争把柴达木建设成为国家太阳能发电示范基地，把格尔木建设为新能源示范城市；加快海西、海南、黄南、海北等地区太阳能大型并网电站建设，推动分布式太阳能电站建设”。“十三五”规划进一步明确了建设海南州、海西州两个“千万千瓦级”可再生能源基地，并细化各州各地区的任务，分别打造“百万级光伏”“十万级光伏”“百万级光热”的太阳能园区。“十四五”以来，青海提出更加宏伟的太阳能建设目标，2025 年光伏发电装机达 4580 万千瓦，并将积极打造国家级光伏发电基地。

从发展特点来看，青海的太阳能发电呈现出“基地化、示范化”特征。“基地化”方面，在我国已公布的前三批风光大基地以及沙戈荒基地名单中，青海获批总规模约 3900 万千瓦，其中光伏约 1800 万千瓦、光热约 80 万千瓦。在“示范化”方面，青海在发展太阳能发电的过程中，以光伏资源为基础，创造出多样化的发展模式，例如创造“绿电 5 周”世界纪录，建成全球最大的光伏产业园区、全球最大的单体光伏电站、全球最大的水光互补电站、全球最大的光伏发电实证基地、全球最大的新能源分布式调相机群等。

（二）风力发电

我国风电装机规模布局总体呈现“资源导向”特征。截至 2022 年底，“三北”地区风电装机 2.1 亿千瓦，占全国风电总装机的 58%；海上风电沿海而设，截至 2022 年底华东地区海上风电装机 1850 万千瓦，约为全国海上风电装机的六成。下面以河北、新疆、福建为代表，分别分析“三北”地区与沿海地区风电的发展情况。

1. 河北

河北省地处中纬度欧亚大陆东岸，位于我国环渤海地区，属于温带半湿润半干旱大陆性季风气候。河北省风能资源丰富，主要分布在张家口、承德坝上地区、秦皇岛、唐山、沧州沿海地区以及太行山、燕山山区。《河北省可再生能源“十三五”规划》曾提到，河北风能资源技术可开发量8000万千瓦以上，其中陆上技术可开发量超过7000万千瓦。截至2022年底，河北省风电装机2797万千瓦（见图3-17），居华北第一。

图3-17　2012—2022年河北省风电装机

数据来源：国网新能源云、网络搜集。

从发展历程来看，河北省风电自2007年开始步入发展新阶段，以张家口坝上地区获批国家首个百万千瓦风电示范基地为标志，众多装机超过10万千瓦的风电场项目纷纷开工建设，张家口、承德等地风电开发呈现“雁阵齐飞”的发展势头。“十二五”期间，河北省先后建成了“三个基地，一个中心”重点工程，包括全国首个百万千瓦级风电示范基地、全国首个超百万千瓦风电集中输出检测基地、全国首个风电技术与检测基地和世界最大的风光储试验中心；至2015年底，全省风电并网容量达1022万千瓦，较2010年实现翻倍。“十三五”期间，河北进一步加大风电发展力度，装机继续实现倍增，2020年底风电装机达2274万千瓦，并且风电在全省电源装机中的比重首次突破20%。

在发展规划上，河北省继续设定“五年倍增”目标。2021年，河北省发布国民经济和社会发展“十四五”规划，提出到2025年底风电装机要达到4300万千瓦，这一目标较2020年实际装机基本增加一倍，并谋划启动承德百万千瓦风电基地三期、张家口百万千瓦风电基地四期。在政策创新上，

2022 年 9 月，河北省将张家口风电项目审批由核准制调整为备案制，成为全国首个正式落地的地方风电备案制政策，进一步优化了风电项目建设流程。

从发展特点来看，河北省风电发展总体定位为满足京津冀清洁能源需求。河北大规模的清洁风电，通过张北柔性直流电网输入北京，同时通过张北—雄安 1000 千伏特高压交流输变电工程服务北京低碳绿色冬奥，服务包括雄安新区在内的京津冀和华中负荷中心，成为推动京津冀绿色协同发展的重要能源支撑。

2. 新疆

新疆维吾尔自治区地处亚欧大陆腹地，属于温带大陆性气候。新疆总体地貌特征为“三山夹两盆”，即“昆仑山—塔里木盆地—天山—准噶尔盆地—阿尔泰山”，特殊的地形造就了新疆多处“风口”，拥有包括达坂城、准噶尔盆地、阿拉山口、吐鲁番西部等“九大风区”。截至 2022 年底，新疆风电装机达 2614 万千瓦（见图 3-18），规模居西北第一。

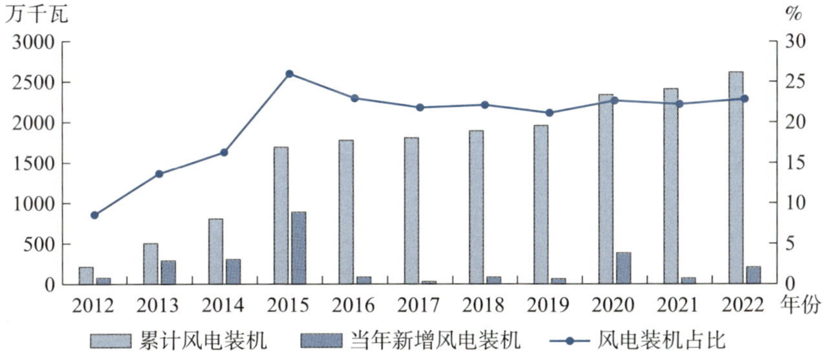

图 3-18　2012—2022 年新疆维吾尔自治区风电装机

数据来源：国网新能源云。

从发展历程来看，新疆风能资源开发利用起步较早。1989 年，新疆达坂城风电场正式并网，总装机容量 2050 千瓦，成为当时亚洲最大的风电场。1994 年，新疆率先建成当时亚洲第一的装机规模超过 1 万千瓦的并网风电场。“十二五”期间，随着哈密—郑州 ±800 千伏特高压直流输电工程等一系列“疆电外送”等能源战略工程的建设，新疆的风电发展进入了一个快速通道。2015年底，新疆风电装机首次突破1500万千瓦大关，达1691万千瓦。“十三五”期间，新疆风电规模虽逐年增长，但发展速度大幅放缓，主要是新疆在2016—2019年因消纳问题进入到国家能源局年度公布的风电投资监测预警名单中的红色区域，暂停风电开发建设；不过，在国家及地方政府正确指导下，2017—2020年新疆弃风电量及弃风率呈现下滑趋势。截至2020年底，新疆风电装机突破2000万千瓦大关，达2337万千瓦。

从发展特点来看，新疆风电发展与我国能源战略的谋篇布局密切相关。新疆被确立为保障国家能源安全的“三基地一通道”，即大型油气生产加工和储备基地、大型煤炭煤电煤化工基地、大型风电基地、国家能源资源陆上大通道。在国家、自治区政府的积极支持下，新疆不仅拥有哈密千万千瓦级风电基地，还建成了准东、达坂城、百里风区等十余个百万千瓦级新能源集聚区，并培育了金风科技这一风电装备制造龙头企业。

3. 福建

福建地处我国东南沿海，靠近北回归线，属典型的亚热带季风气候。与福建相邻的台湾海峡是中国沿海风能资源最丰富的地区，具有年平均风速大、有效风速持续时间长的特点，是我国唯一可与风能资源最丰富的北欧媲美的海上风能区域。截至2022年底，福建省风电总装机742万千瓦，其中，海上风电装机321万千瓦（见图3-19）。

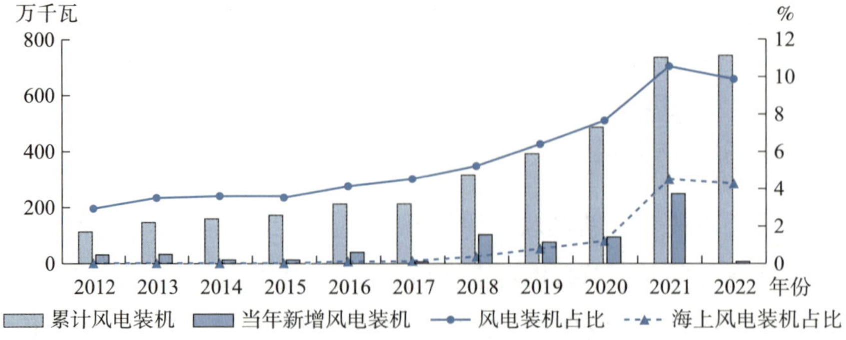

图3-19　2012—2022年福建省风电装机

数据来源：国网新能源云。

从历史发展趋势来看，福建省陆上风电受用林、用地等生态影响，近年来已暂停发展，而海上风电开始兴起。2015 年以前，全省并网风电场均为陆上风电。随着建设、并网技术的不断成熟，“十三五”期间，海上风电开始进入福建发电体系，2016 年成功并网省内第一个海上风电场——莆田保营海上风电场；2018 年起福建省开始暂停陆上风电项目核准，陆上风电并网装机规模逐渐放缓。“十四五”以来，福建风电发展基本以海上风电为主，其中，2021 年海上风电为在 2022 年停止补贴前实现并网，并网装机容量呈爆发式增长，同比增长 315%，新增装机 238 万千瓦。截至 2022 年底，福建省海上风电装机占风电总装机的 43% 左右。

从发展目标来看，福建省今后将进一步推动海上风电发展。根据《福建省“十四五”能源发展专项规划》指导意见，“十四五”期间，福建省将有序择优推进省管海域海上风电项目建设，全省风电装机规模达到 900 万千瓦，预计随着相关项目陆续推进，全省海上风电并网容量将进一步提高。

（三）生物质发电

目前，我国主流的生物质发电主要有农林生物质直燃发电、垃圾焚烧发电等类型。下面以黑龙江省和江苏省为代表，介绍上述两类生物质发电的应用情况。

1. 黑龙江

黑龙江省地处高寒地区，低温、抗逆微生物资源特征显著，是我国重要的农业大省，其生物质废弃物具有集中连片、便于收储的特征，为秸秆的能源化利用提供了便利。截至 2022 年底，黑龙江省生物质发电装机 260 万千瓦（见图 3-20），居全国第五、东北第一，其中农林生物质直燃发电装机 232 万千瓦，规模居国网经营区第一，接近全省生物质发电总装机的九成。

从发展特点来看，黑龙江的生物质发电发展紧扣国家“粮食安全”“生态安全”“能源安全”等重大战略。黑龙江省耕地面积约占全国 1/10，居全国首位，粮食产量连年稳定在 1500 亿斤以上，年产农作物秸秆约 9000 万

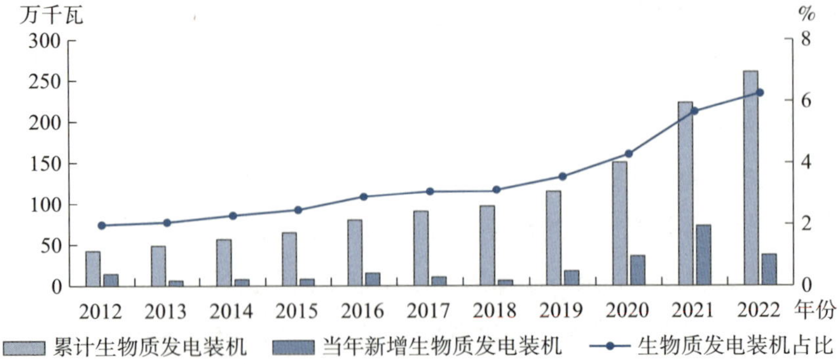

图 3-20　黑龙江省生物质发电装机

数据来源：国网新能源云。

吨，农业生物质资源存量居全国第一。在优越的自然条件下，黑龙江省积极发展生物经济，《黑龙江省“十四五”生物经济发展规划》明确提出，要建设国家生物质固体燃料示范基地，提升生物质发电运行质效，向热电联产转型升级，探索制定生物质燃烧掺混标准，并提出推动生物燃料与生物化工融合，加强生物质能与地热能、太阳能等清洁能源多元综合利用。

此外，黑龙江省还提出，在秸秆等各类生物质燃料总量充足地区，鼓励建设以生物质成型燃料供热为主的工业园区，打造生物质粉碎、成型压块设备核心部件制造加工平台，开发燃烧效率高、低氮氧化物排放的秸秆成型燃料。积极推进先进生物燃料在市政、交通等重点领域替代推广应用，推动能源体系主体由化石能源向绿色低碳可再生能源转型。

2. 江苏

江苏是我国生活垃圾产生大省，生活垃圾焚烧厂数量和垃圾焚烧处理能力稳居全国前列。截至 2022 年底，江苏省生物质发电装机 297 万千瓦（见图 3-21），居全国第三、华东第一，其中垃圾焚烧发电装机 199 万千瓦，接近全省生物质发电总装机的 2/3。

结合江苏省省情来看，垃圾焚烧发电是最适合江苏处理垃圾的手段之一。江苏人口密度大、环境要求高、土地紧张，对比垃圾处理常见的填埋、焚烧和堆肥三种方式，垃圾焚烧的处理能力大、土地需求量少、对环境的影响也较

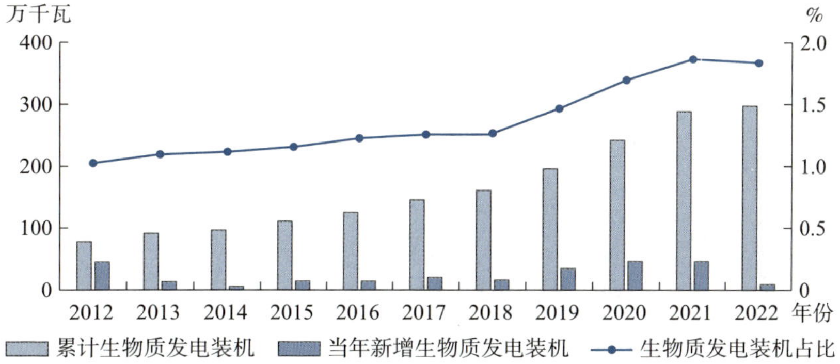

图 3-21　江苏省生物质发电装机

数据来源：国网新能源云。

小，最适合江苏的实际情况。根据江苏住建厅信息，“十三五”期间，江苏共新建生活垃圾焚烧厂 23 座，垃圾焚烧占比超过 80%，位居全国第一。其中，徐州、南通、盐城、镇江、宿迁等 5 个城市已经实现生活垃圾“全量焚烧”。截至 2022 年底，江苏省已建成 62 家生活垃圾焚烧厂，分布于全省 13 个地级市。

从政策支持来看，在生物质发电领域，江苏省对垃圾焚烧发电高度重视。在《江苏省“十四五”可再生能源发展专项规划》中，单独提出要“统筹优化垃圾焚烧电站建设”，并且把生活垃圾处理处置作为打好污染防治攻坚战、支撑城镇化健康发展和生态文明建设的重点路径。此外，针对生活垃圾焚烧造成的大气污染物排放，江苏省制定了全国最严标准，不仅加了“氨”这一排放控制指标，还适当收严了有组织废气污染物排放限值。

第四章

能源新技术应用研究

第一节　海上风电技术

我国海上风能资源丰富，加强海上风电技术研发，加快海上风电项目建设，对于促进沿海地区能源绿色低碳转型、增强我国经济发展动能具有重要意义。

一、海上风电技术简介

目前，已并网运行的海上风电场多为近海风电场，相比于远海风电场，开发难度相对较小、运维成本相对较低，但近海风况受水文气象影响，风力资源不如深远海稳定和丰富。为充分利用更大的海域和更稳定的风力资源，世界各国在加快部署深远海风电开发，向深远海发展海上风电成为重要的发展方向。深远海风电的重要技术突破主要包括四方面（见图 4-1）：一是永磁直驱式风电机组，具有高发电效率、运维简单、电网友好性等优势，在深远海将大量推广应用；二是漂浮式海上风电，在获取深远海域稳定优质风电资源的同时，不影响近岸渔业及其他相关产业活动；三是深远海柔直并网技术，可破解交流送出容量、距离受限难题，是目前百万千瓦、百公里级海上风电并网消纳的最优手段；四是海上智慧运维技术，可有效解决深远海风电运维作业受窗口期制约、可达性差、受恶劣海况影响等痛点。

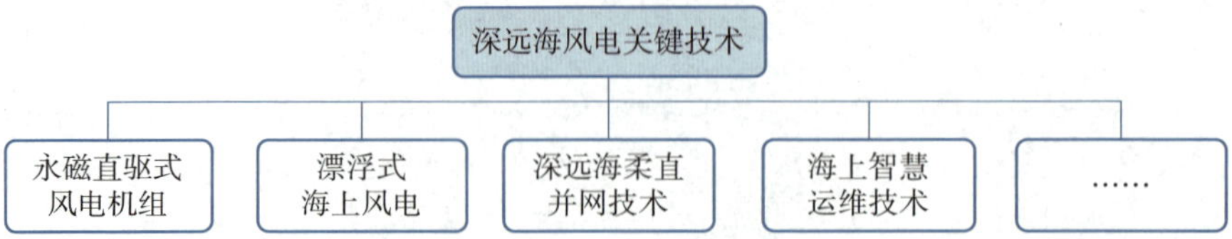

图 4-1　深远海风电关键技术

（一）永磁直驱式风电机组

随着海上风电的需求上升，机组单机容量增大。海上风电机组的类型从早期应用于陆上风电的恒速恒频鼠笼式异步风机发展为变速恒频的高速传动双馈式异步风机，随后出现无齿轮增速箱的半直驱式永磁同步风机和直驱式永磁同步风机大量应用在海上风电场的实例。主流的永磁直驱式风电机组和永磁半直驱式风电机组应用情况详见表 4-1。

表 4-1　国内外永磁直驱式、半直驱式风电机组应用情况

风电机组品牌	容量/兆瓦	风轮直径/米	机组类型	安装国家	样机安装年份
湘电风能	5	115、128	永磁直驱	中国	2011
Siemens-Gamesa	6	154	永磁直驱	美国、俄罗斯、中国	2011
GE-Alstom	6	150	永磁直驱	美国、比利时、中国	2012
金风科技	6.7	154	永磁直驱	中国	2014
金风科技	8	175	永磁直驱	中国	2019
上海电气	8	167	永磁直驱	中国	2020
Siemens-Gamesa	10	193	永磁直驱	荷兰	2019
GE	12	220	永磁直驱	英国	2020
Siemens-Gamesa	14	222	永磁直驱	英国	2021
海装风电	5	127、151	永磁半直驱	中国	2012
东方电气	5、5.5	140	永磁半直驱	中国	2013
Adwen	5	116、128	永磁半直驱	德国	2015
明阳智能	6.5、7.25	140、158	永磁半直驱	中国	2014
MHI-Vestas	8	164	永磁半直驱	英国、丹麦、美国	2014
MHI-Vestas	9.5	174	永磁半直驱	德国	2019
明阳智能	11	203	永磁半直驱	中国	2021

（二）漂浮式海上风电

海上风电支撑结构随水深变化，从固定式支撑结构向漂浮式支撑结构演变，水深大于 60 米的海域一般采用漂浮式基础作为风机的支撑平台。漂浮式海上风电技术研究主要包括稳性校核研究、系泊系统研究、动态海缆研究和动力特性研究。

1. 稳性校核

根据不同阶段，可划分为拖航、安装和使用过程的稳性校核。当前海上漂浮式风机还没有成熟完善的规范指导其稳性计算与校核工作，国内外研究者主要以海洋油气平台的相关规范作为漂浮式风机稳性校核参考。

2. 系泊系统

漂浮式风机作为海上浮式结构物，需要通过系泊系统进行位置和运动的约束。系泊系统设计复杂，受缆绳材料、系泊线结构、锚固装置等因素影响。对于立柱式、半潜式和驳船式海上漂浮式风机，常采用的是悬链线式系泊，系泊线通常为钢链结构；钢链由许多链环连接而成，因其制造成本低、工序简单、强度高等优点，成为运用最广泛的系泊材料。

3. 动态海缆

漂浮式风机由于支撑平台运动具有一定范围，因此电缆近端需要采用动态海缆技术，并且需要利用浮力单元将海缆悬挂成“S”形态，可使海缆在一定的摆动范围内随平台运动，起到缓冲的作用。动态海缆跟随浮体运动的过程中，会受到相对运动的海流作用，因此承受较大的弯矩、剪切和扭矩的综合作用，受力复杂。目前，学术界和工业界对于漂浮式风机的动态海缆研究缺乏系统性和深入性。在漂浮式风机一体化计算过程中，绝大多数采用分离的做法，即浮体运动不考虑海缆的存在，忽略海缆与浮体之间的耦合约束。

4. 动力特性

动力特性研究内容主要包括水动力和气动力。漂浮式风机运行在海洋环境中，同时受到风、浪、流等环境载荷的作用，在水动力特性计算过程中需借鉴海洋工程结构物水动力计算方法，主要有半经验方法，如莫里森法；势流计算方法，如傅汝德—克雷洛夫力计算方法、边界元法和三维面元法；计算流体动力学方法等。

由于漂浮式风机的平台基础约束较弱，风轮的气动载荷存在明显的非线性特征。气动特性研究可大致划分为三方面：一是浮式平台基础对顶部风轮的气动性能的影响；二是风轮气动载荷对平台基础运动的影响；三是气动载荷与结构振动等动力响应的耦合，即气弹性问题。

（三）深远海柔直并网技术

柔性直流送出技术采用直流电缆输电，避免了交流电缆充电功率造成的输送距离受限问题，同时具备有效隔离陆上交流电网与海上风电场的相互影响、可为海上风电场提供稳定的并网电压、系统运行方式调控灵活等技术优势，是深远海风电可靠并网的首选技术方案，也是目前唯一具有工程实践经验的大规模深远海风电并网方案。但深远海风电柔直送出工程仍面临海上平台布局紧张、环境恶劣和运行维护工况复杂等问题，且深远海离岸距离远、风速较大、海洋水流情况复杂，对海上输变电系统设计要求更高。

为实现深远海风电柔性直流送出，亟须突破风电场的组网方式、风电机组电力的直流变换与控制、直流升压变换与海上直流升压站的控制、岸上换流站的并网控制、直流风场的故障隔离与保护等技术难关。

（四）海上智慧运维技术

海上风电智慧运维通常以大数据、5G、可视化、数字孪生等“互联网 +”技术为依托，主要涵盖安全管控、建设管理、运维决策、一体化监控等板块，通过全天候监测设备搭建终端平台，将各类监测设备及分散风机统一为状态可知、精度可控、自主可适和模块可融的整体。海上风电智慧运维技术主要包括以下五个发展方向：

一是故障预警及诊断，基于机器学习和数据分析，对海上风电场的各个设备和组件进行实时监测和数据分析，并结合历史数据，预判设备的故障概率和寿命，给出相应的诊断结果和维修方案，提前进行维护和更换，避免因设备突然故障导致的停机损失。

二是运维计划优化，基于大数据分析和历史运行数据，统筹海上风电场运维计划，并对风速、功率输出、设备温度等运行数据进行实时分析和优化，根据实际情况和需求进行巡检、维护和维修，提高运维效率和资源利用率。

三是资产管理与优化，对海上风电场的各个设备和组件进行全生命周期管理，包括设备的选型、安装、维护和报废，最大程度延长设备的使用寿命并降低运行成本。

四是智能巡检与监控，基于无人机和传感器等技术手段，对海上风电场进行智能巡检和实时监控，及时发现并解决设备故障和安全隐患，减少巡检和维护人员的工作量和风险。

五是人机协同，运维人员可以通过智能终端设备和系统进行远程监控和操作，实时了解风电场运行状态并处理异常情况，提高运维效率和安全性。

海上风电智慧运维需借助智能化技术来实现运维功能，其中，智能感知需通过智能传感技术、边缘计算技术及机器人技术等实现；智能监控需通过数据可视化技术、3D 建模技术和网络安全技术等实现；智能分析需通过模式识别技术、故障预警技术和大数据技术等实现；智能决策需借助专家知识库、人工智能技术和数字孪生技术进行。目前，清华大学、湖北工业大学、上海电气等高校和企业开发了多种海上风电运维管理系统，但多数运维管理产品尚未大规模实际应用，技术和管理水平亟待提高。

二、海上风电技术经济分析

（一）风电机组成本对比

风电机组系统的主要部件包括发电机、控制系统、齿轮箱、塔筒和叶片等。在同样风机容量和风能资源的情况下，比较不同类型风机的总成本、年发电量和度电成本三个指标，以各项指标中不同风机的最大值作为该项指标的基准值，对各项指标进行标准化处理。如图 4-2 所示，通过比较发现，永磁半直驱式风电机组度电成本最低，永磁直驱式风电机组度电成本最高，主要由于发电机和全功率变频器成本较高。

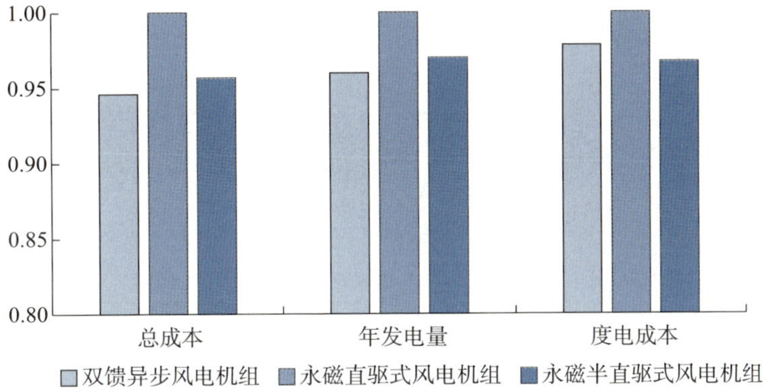

图 4-2 不同类型风机成本对比

（二）漂浮式海上风电建设成本

我国漂浮式海上风电技术开发起步较晚，缺乏商业化项目带来的设计、施工、运营和成本优化经验，成本相对较高。漂浮式海上风电建设投资通常包括风机、浮式基础、系泊及锚固系统、动态海缆、运输及施工和安装等成本。其中，浮式基础成本占比较高，约为 30.8%，且由于工程位置水深较浅，系泊和锚固系统成本反而增高，占比约为 23.1%。由于浮式风机国产化，且浮式基础制造工艺不断提升，预计项目建设投资将由 2022 年的 42971 元 / 千瓦降至 2030 年的 21181 元 / 千瓦，进而下降至 2040 年的 16239 元 / 千瓦，下降幅度分别为 51% 和 23%。同时，平准化度电成本将由 2022 年的 1072 元 / 兆瓦时降至 2040 年的 388 元 / 兆瓦时，降幅较为明显。漂浮式海上风电项目建设投资变化值如表 4-2 所示。

表 4-2 漂浮式海上风电项目建设投资变化值 单位：元 / 千瓦			
项目组成	2022 年	2030 年	2040 年
风机（含塔筒）	3630	2800	2147
浮式基础	9384	5348	4100
系泊及锚固系统	13091	6087	4667
动态海缆	1920	500	383
运输及施工	11000	2500	1917
其他（含海上升压站、送出）	3947	3947	3026
合计	42971	21181	16239

资料来源：刘功鹏等《中欧漂浮式海上风电成本比较与变化趋势研究》。

（三）柔直送出技术成本

柔直海缆单公里成本与交流海缆相近，且单回可承载容量更大，海缆回数下降减少了海缆总长度，因此距离较长时更具成本优势。柔性直流输电方式多适用于海上风电大规模、远距离输送。以离岸距离为 80 千米项目为例，使用 500 千伏柔直电缆仅需 1 回 2 根电缆，电缆总长为 160 千米，总成本约为 5 亿元；而使用 500 千伏交流电缆则需 3 回 3 根电缆，电缆总长为 240 千米，总成本约为 7.4 亿元。柔直海缆、交流海缆成本对比如表 4-3 所示。

表 4-3 柔直海缆、交流海缆成本对比		
项目	柔直电缆	交流电缆
离岸距离（千米）	80	80
电缆总长（千米）	160	240
钢用量（吨 / 千米）	22	21
钢成本（万元 / 千米）	151	145
项目钢成本（万元）	24229	34882
绝缘材料用量（吨 / 千米）	9.5	10
绝缘材料成本（万元 / 千米）	47.6	50

续表

项目	柔直电缆	交流电缆
项目绝缘材料成本（万元）	7619	12000
铅用量（吨 / 千米）	20	20
铅成本（万元 / 千米）	34	34
项目铅成本（万元）	5440	8160
屏蔽层成本（万元 / 千米）	0	0.1
项目屏蔽层成本（万元）	0	24
折旧和制造成本（万元 / 千米）	80	80
项目折旧和制造成本（万元）	12800	19200
总成本（万元）	50168	74346
单公里成本（万元）	313.6	309.8

资料来源：西部证券研发中心及相关网络资料整理。

（四）海上风电运维成本

风电运行维护成本主要包括常规检修费、故障维修费、备品备件购置费、保险费以及管理费。对于一个使用了三年的 600 千瓦风机，约 35% 的运行维护成本来自保险费，28% 为常规检修费，11% 为管理费，12% 为备品备件购置费。海上风电运维成本约为陆上风电的 3 倍，在运维过程中，运输和吊装费远超陆上风电，且由于海上风电场可达性差、运维时间受海洋环境影响大，已受损部件无法及时维护，停电损失增加，间接增大运维成本。据统计，海上风电运维成本约占其全生命周期成本的 40%。

三、典型应用案例

1. 永磁直驱式机组：东方电气 18 兆瓦海上永磁半直驱风力发电机

2023 年 11 月，全新一代 18 兆瓦海上直驱风电机组在福建福清下线，是目前已下线的全球单机容量最大、叶轮直径最大的海上直驱风电机组。该机组由3万余个部件组成，机组轮毂中心高度160米，相当于53层居民楼的高度，风轮扫风面积53000余平方米，相当于7.5个标准足球场。配套的叶片单支长126米，是针对年平均风速每秒10米以上的海域开发的，可抵御风速达每秒80米的超强台风。机组在核心技术的国产化方面实现了跨越式发展，关键部件叶片、发电机、变流器、变压器等完全实现了自主研发制造。首创全国产化集成式的双驱变桨系统，具有更强的稳定性，可有效改善超大型风电机组变桨传动的机械承载；采用超高功率密度发电机，材料利用率高，经济性好，可有效降低输电线路、风电场建设等成本，提升海上风电的经济性。

2. 漂浮式海上风电技术：我国已逐步从科研阶段迈向设计生产阶段

目前，全球已有4个商用浮式风电场投运，合计容量约250兆瓦，均位于欧洲。我国已建成投产的漂浮式海上风电项目有“三峡引领号”“海装扶摇号”“海油观澜号”，仍处于样机示范阶段，无法形成集群效应，主要面临技术难度大和建设成本高的难题，与平价上网目标之间的差距较大。其中，“三峡引领号”是我国自主研发的全球首台漂浮式海上风电机组，相继攻克了抗台风机组、半潜式基础及系泊系统、动态电缆设计、一体化安装及拖航、“风机+平台”一体化就位等漂浮式海上风电关键技术。“海装扶摇号”为目前我国最大的漂浮式风电机组，所有元器件及零件国产化率超过95%，具有环境适应性强、浮式机组功率国内最大、系泊锚固系统可靠性高、智能运维程度高等特点。“海油观澜号”是我国首个深远海（距离海岸线100千米以上，水深超过100米）浮式风电平台，与油田群的4个燃料电站融合成一个整体，实现了风电与油田电能的统一控制和管理，打造了“风电+气电+智慧电网”的一体化供电新模式；可适应超过17级台风的袭击，是全球抗极限风速最强的浮式风电平台；在国内首次采用“万向节+在线张紧器”等创新技术，大大提高了锚泊固定的稳定性；成本已接近欧洲投产的商业化项目，标志着我国的深远海浮式风机相关技术已达到国际先进水平。

3. 柔直送出技术：江苏如东海上风电柔性直流工程

江苏如东海上风电柔性直流工程是我国首个柔性直流海上风电项目，位于江苏省如东县黄沙洋海域，于 2021 年 12 月实现全容量并网发电。负责汇集输出三峡如东 H6、H10 项目（共 80 万千瓦）以及中广核如东 H8 项目（30 万千瓦）总计 110 万千瓦容量生产的电能，通过 ±400 千伏直流海底电缆将电能输送至陆上换流站，陆上换流站通过一回 500 千伏交流线路接入江苏电网。该项目攻克多项技术难题，为世界首例将直流电压等级提升至 ±400 千伏的海上风电柔性直流输电工程，首次采用浮托法进行海上输变电平台安装；陆上换流站则采用电阻集中式耗能装置，即 MMC+ 集中式电阻，实现了模块化设计，在提高可靠性、降低造价的同时，保证直流耗能装置投退过程中系统直流电压波动小于 ±3%；可适应极端恶劣环境，满足设备紧凑轻型化、远程运维、无人值守、高可靠性等特殊要求，有效解决了海上风电场大容量、远距离输电问题。

4. 智慧运维技术：海电运维多功能运维母船

2024 年 2 月 29 日，由福建海电运维科技股份有限公司投资建设的多功能运维母船顺利下水，该船是我国自主设计、建造并拥有完全自主知识产权的大型海上风电多功能运维母船，填补了我国远海海缆铺设和运维领域的空白。海电运维多功能运维母船融风电运维设备、布缆作业甲板、电动缆盘为一体，堪比巨型的“海上移动作业工厂”，船长 98.7 米，型宽 22.8 米，设计排水量 9497 吨，续航力超过 10000 海里，可在全球无限航区执行作业，配置 DP 2 动力定位系统。该船具备海缆抢修、风场内区间缆铺设、风场守护等多项功能，能够在恶劣海况下实现定点定向作业、灵活穿梭和物品定点转移等多项目标。针对深远海风电场存在的海况复杂、距离远等问题，该船配置海上风电智能运维系统，提供深远海运维服务，并搭载智能一体化管理系统，有效提升海上风电运维工作的作业能力和效率。

第二节 核能发电技术

核能发电具有稳定可靠的特点，是我国沿海地区的重要能源品种之一，对于保障国家能源安全具有重要意义。发展稳定、安全、可靠的核能发电技术，有助于推动能源绿色低碳发展战略的实施，对改善能源结构、实现“双碳”目标具有积极意义。

一、核能发电技术简介

当前，核能发电主要是指利用核裂变过程所释放出的热能进行发电。通常将维持可控自持链式核裂变反应的装置称为核反应堆，其结构形式取决于多个因素，包括燃料形式、冷却剂种类、中子能量分布形式以及其他特殊设计。核反应堆按冷却剂类型分为水冷堆、气冷堆、液态金属冷却堆和熔盐堆等。主流的核能发电技术分类如图 4-3 所示，在 2002 年 5 月于巴黎举行的“第四代国际核能论坛”（GIF）研讨会上选定了六种反应堆型作为第四代核电技术优先研究开发对象，包括超临界水冷堆、高温气冷堆、气冷快堆、钠冷快堆、铅冷快堆与钍基熔盐堆。

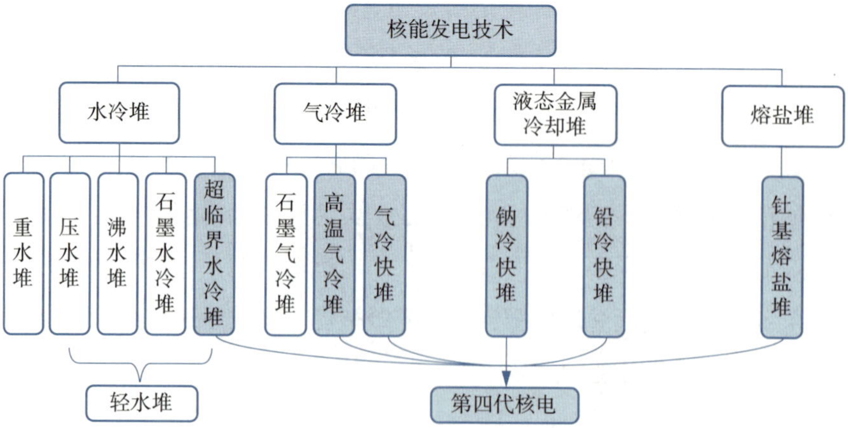

图 4-3 核能发电技术分类

（一）轻水堆

轻水堆核反应堆（Light Water Reactor，LWR）是目前全球最常见和应用最广泛的商业核反应堆类型，在电力生产、核科学研究和其他应用中发挥着重要作用。它以轻水（普通的氧化氢和氢同位素的混合物）作为冷却剂和中子慢化剂，是一种热中子堆。轻水堆核反应堆的特点在于冷却剂和中子慢化剂同为轻水。

轻水堆分为压水堆、沸水堆、石墨水冷堆与超临界水冷堆。

（1）压水堆最初是美国为核潜艇设计的一种堆型，然后逐渐发展到陆地上。压水堆包括两个循环回路：第一回路连接堆芯和第二回路中的蒸汽发生器，该回路内的压力保持在约 150 个大气压，使得第一回路水在此压力下可以加热至约 343 摄氏度而不沸腾。第一回路水通过传热管在第二回路蒸汽发生器中加热第二回路水，使得第二回路水的压力约为 70 个大气压，并在约 260 摄氏度处开始沸腾，形成的水蒸气经过过滤，再通过第二回路送至汽轮机，从而推动涡轮发电机运转。压水堆是世界上在运行的核电站采用的主要堆型，装机总容量约占所有核电站各类反应堆总和的 60% 以上。

（2）沸水堆与压水堆相比有两个不同点：第一是省掉了一个回路，沸水堆不需要昂贵的蒸汽发生器，第一回路的冷却剂通过堆芯加热直接变成水蒸气，经汽水分离并干燥后直接推动汽轮发电机。第二是工作压力可以降低，沸水堆只需加压到 70 个大气压左右即可获得与压水堆同样的蒸汽温度。沸水堆发展初期，其运行稳定性不如压水堆；而且由于它只有一个回路，冷却剂的感生放射性直接进入汽轮机等设备，会使检修人员受到较大辐照剂量；虽然取消了蒸汽发生器，使反应堆内结构复杂化，经济上也未必合算，但随着沸水堆技术的不断改进，性能越来越好，先进沸水堆在经济性、安全性等方面有超过传统压水堆的趋势。沸水堆是目前在役第二多的核电堆型，我国台湾地区的核能一厂、二厂、四厂均采用沸水堆技术。

（3）石墨水冷堆采用石墨作为中子减速剂，苏联是世界上唯一发展石墨水冷堆核技术的国家，但苏联的 RBMK 系列石墨水冷堆在设计上存在缺陷，发生史上最严重核事故的切尔诺贝利核电站采用的就是石墨水冷堆，目前全世界仅有 13 台 RBMK 反应堆在运，都在俄罗斯和东欧（苏联）地区。

（4）超临界水冷堆是一个高温、高压水冷反应堆，运行在水的热力学临界点（374 摄氏度，22.1 兆帕）以上。在六种第四代核能系统中，超临界水冷堆是唯一的水冷堆型。超临界水冷堆是现有水堆技术和超临界火电技术的结合，从 20 世纪 50 年代发展至今。超临界水冷堆从系统效率角度来看是水堆技术的极致，水堆技术的未来就是超临界水冷堆。

（二）重水堆

重水堆按结构可以分为压力管式和压力壳式。加拿大原子能公司发展起来的以天然铀为核燃料、重水慢化、加压重水冷却的卧式压力管式重水堆（CANDU 型），是唯一商业化的重水堆，重水堆的反应堆由一根根独立的压力管构成，每根压力管中放十来根核燃料，这些压力管通过支管连接起来，泡在另一个装满重水的大容器中。压力管中高温高压的重水是冷却剂，压力管外面的大容器中低温低压的重水则是慢化剂。

与轻水反应堆相比，重水反应堆可以使用自然铀或低浓度铀作为燃料，而不需要对铀进行浓缩，降低了燃料制备成本，并使得核能的开发更加经济和可持续。此外，重水反应堆还可以用于产生钚等核燃料，有利于核能循环中的核燃料后处理和再利用。然而，由于重水的制备和处理相对复杂，重水反应堆的建造和运行成本较高。

（三）气冷堆

气冷堆采用气体（通常是氦气或二氧化碳）作为冷却剂，在高温下运行，具有更高的热效率和应用潜力，包括石墨气冷堆、高温气冷堆与气冷快堆。

早期气冷堆以石墨气冷堆为代表，采用石墨为慢化剂，CO_2 气体为冷却剂，天然铀为燃料，不锈钢作为燃料的包壳材料。这种堆型运行情况良好，可利用率高，对核能早期商用化起了很大作用。

高温气冷堆属于第四代核反应堆，具备灵活性，可使用低浓缩铀、高浓缩铀和钍燃料，实现钍—铀燃料循环，其堆芯可采用柱状燃料元件或球形元件。理论上，其高温反应堆的出口温度可达 1000 摄氏度，远高于一般轻水堆。由于其产生的高温条件，该堆型可实现热化学硫—碘循环，用于生产氢气等，在核能技术领域具备重要的应用前景。除了在发电效率上性能卓越，高温气冷堆还具有非常好的固有安全性，共有四道放射性实体屏障：包覆燃料颗粒、石墨燃料元件、第一回路压力边界和反应堆建筑物包容体。高温气冷堆的缺点是功率密度低，以我国石岛湾高温气冷堆为例，在反应压力容器比压水堆的大很多的情况下，单机功率只能做到 10 万千瓦。

气冷快堆是第四代核反应堆中三种快中子反应堆之一，采用氦气冷却、闭式燃料循环，可实现铀 238 的高效转化和锕系核素的处理。除堆芯结构外，气冷快堆与高温气冷堆的回路原理和用途基本相同，冷却剂出口温度将达到 850 摄氏度，同样可以用来发电、热能制氢或其他需要大量热量的工业过程。气冷快堆是第四代核能系统中唯一没有运行经验的堆型，到现在为止还没有一座气冷快堆建成。

（四）液态金属冷却堆

液态金属冷却堆属于第四代核反应堆，使用液态金属作为基本冷却剂。液态金属冷却反应堆最先用于核潜艇，但也正广泛研究如何用于发电，主要包括钠冷快堆与铅冷快堆。

（1）钠冷快堆采用液态金属钠作为冷却剂和中子慢化剂，以快中子进行核反应，具有较高的热效率和换热性能，能够提高发电效率，并有广阔的应用前景。然而，钠冷快中子反应堆也面临一些挑战和安全问题。钠金属在与空气接触时会产生剧烈的化学反应和火灾，需要特殊措施确保反应堆的安全性。此外，钠冷快中子反应堆的技术较为复杂，需要高水平的工程和运行管理。

（2）铅冷快堆采用熔融的铅或铅铋合金作为冷却剂，具有多项优点。首先，无须重新添加核燃料，堆芯可以在运行多年后进行整体更换。其次，即使停机，反应堆仍然能够持续冷却，不依赖电源，具有固有的安全性。此外，铅不与水或空气发生化学反应，不像钠会在空气中燃烧、在水中爆炸，因此允许使用更便宜的容器和热交换器和蒸汽发生器。然而，铅冷快中子反应堆也存在一些缺点，例如铅和铅铋合金的黏稠性较高，增加了系统的重量，因此需要更大的结构支撑和抗震防护，从而增加了建造成本。

（五）熔盐堆

熔盐堆是利用流动的熔盐为载体，将核燃料熔于载体熔盐，进而形成堆芯循环流动的液态燃料反应堆。熔盐堆可使用不同的燃料，包括铀 235、钚 239 和铀 233，而钍基熔盐堆则是熔盐堆的主要堆型，被认为是未来最安全的反应堆技术之一。熔盐堆的液体燃料不需要制造燃料元件，并允许添加钚这样的锕系元素。锕系元素和大多数裂变产物在液态冷却剂中会形成氟化物。熔融的氟盐具有很好的传热特性，可降低对压力容器和管道的压力。然而复合型氟化盐具有强腐蚀性，要求管道在高温、高应力和高辐射环境下保持稳定性，同时耐受复合型氟化盐的腐蚀，这是制约钍基熔盐堆发展的技术难点。

二、核能发电技术经济分析

（一）核电建设投资成本

核电建设投资成本高。建设核电工程项目需要投入高昂的资金成本和耗费数年时间，主要包含前期策划、可行性分析、设计、采购、设备制造、施工安装、调试、运营等一系列工作，从核电站选址到国家审批允许动工就需要 5 年左右的时间，建设工期长达 5~10 年。中国已实现商用的核电站机组多属于“二代半”技术，机组造价基本在 12000~14000 元 / 千瓦，在建的以“华龙一号”为代表的“第三代”技术，造价要比上一代更高，达到 20000 元 / 千瓦，而同期建设的燃煤电厂造价基本为 3500~4500 元 / 千瓦。一座拥有两台百万千瓦机组的核电站，其整体建设投入成本将超过 250 亿元。

（二）核电燃料成本

核电燃料成本较低，这是核电能够在全世界得到大规模商用与推广的重要原因。一座百万千瓦级别的核电站，每年消耗的燃料量（以金属铀为主）只有 50 吨左右。中国当前“二代半”机组的预期换料成本为 65 元 / 兆瓦时，加上乏燃料处理费用 30 元 / 兆瓦时，整体成本仅为 95 元 / 兆瓦时左右，而同期建设的百万千瓦级别的燃煤电厂的燃料投入成本在 250 元 / 兆瓦时左右。

（三）核电乏燃料处理成本

核电具有独特的后端乏燃料处理成本。核燃料并非单次使用后便弃掉，乏燃料组件当中的易裂变元素的含量还很高，能够通过处理、再富集被再度制造为燃料组件，实现循环利用。以低富集铀轻水堆举例，乏燃料当中仍含有 0.8% 的铀 235，对其进行回收利用后能够节省 15%~20% 的天然铀燃料投入，如果加上钚的回收利用，最高可节省 35%~40% 的天然铀。但每提取 1 千克铀的乏燃料处理费用在 7000~12000 元，而且乏燃料处理需要的技术、设备价格极为高昂，一套设备成本高达百亿元人民币。此外，乏燃料处理费用还包含保管与运输方面的投入，而核安全标准非常高，在这方面的价格也不菲。

（四）核电运行维护成本

核电运行维护成本相对偏高。核电生产技术含量较高，对操纵员的技术水平要求非常高，所有人员均须经过专业培训且需要取得从业资格证书才能上岗。一般而言，普通操纵员培训时间在 5 年左右，而高级操纵员则会更久。培训需要配备全范围模拟机，对模拟机的维护也要投入一定的人力、物力与财力。此外，核电站的运行维修、定期大修，都要用到高技术含量的设备与材料，许多设备材料需要进口，涉及采购、运输等投入，也拉高了核电站的总成本。

（五）核电负荷因子对发电成本的影响

核电负荷因子对发电成本影响明显。核电生产投入的总成本包含较高的固定成本与相对偏低的可变成本，在相同区域市场中，核电项目维持盈亏平衡的最低负荷因子需求要比煤电项目高，核电的市场竞争力唯有在高负荷因子条件下才可充分展现出来。现阶段，国家审核批准的核电项目基本上都是按照负荷因子85%（换算年利用时长为7446小时）进行评估，而负荷因子每下降5%，发电成本便会上升约 16 元 / 兆瓦时。

对以上成本类型做进一步的合并归类，可将核电站的成本分为投资成本、燃料成本、运维成本三大类，其中投资建设成本大约占总成本的 60%，燃料成本约占总成本的 20%，剩余的 20% 为运行维护成本，如图 4-4 所示。

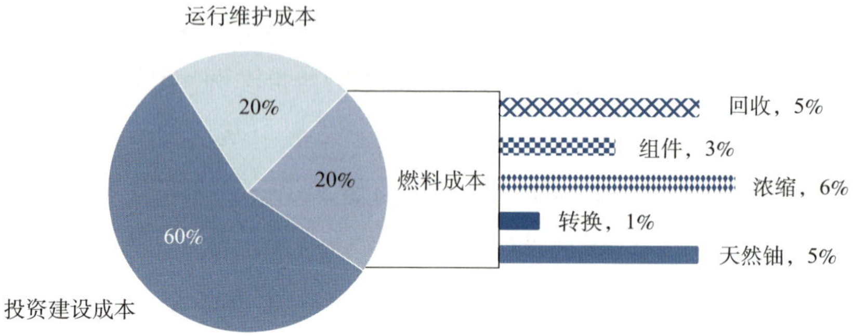

图 4-4　核电站成本结构

三、典型应用案例

1. 第三代核电：华龙一号

华龙一号（代号 HPR1000）是我国自主知识产权的第三代压水堆核电站技术，由中国核工业集团及中国广核集团联合研发。华龙一号设计寿命为 60 年，核心零部件全部实现国产化，首堆工程的设备材料国产化率超过 87%，显示我国在核电技术领域的成熟能力。该技术采用负反馈系统，能够自动引入负的反应性，有效控制反应堆的功率和温度，确保核电站的安全运行。此外，其 1.3 米和 1.5 米厚的双层混凝土外壳也使核电站能够抵御重大自然灾害和外部冲击，提高了核电站的安全性。

我国自主研发的华龙一号技术已经在多个核电站机组得到应用。在福建，福清核电站 5 号、6 号机组是我国最先使用华龙一号技术建设的机组，后续的漳州核电站 1~4 号机组，宁德核电站 5 号、6 号机组也都将采用了华龙一号技术。同时，广东的防城港核电站 3 号、4 号机组和海南昌江核电站 3 号、4 号机组都将采用这一技术。此外，华龙一号技术被出口到巴基斯坦，卡拉奇核电站 2 号机组和 3 号机组采用的就是华龙一号压水堆核电技术，均已投入商业运营。

2. 第三代核电：国和一号

国和一号（代号 CAP1400）是我国拥有完全自主知识产权的第三代核电站技术。该技术是基于西屋公司 AP1000 研究发展的成果，历时 12 年的研发，由国家电力投资集团有限公司成员单位——上海核工程研究设计院负责设计，于 2020 年成功完成了开发。

国和一号技术已经应用于石岛湾核电站项目，该核电站位于我国山东省荣成市。石岛湾核电站包含了“石岛湾高温气冷堆核电站示范工程”和“石岛湾 CAP1400 核电示范工程”。其中，石岛湾 CAP1400 核电示范工程段在日本福岛核事故之后曾一度放缓建设脚步，最终于 2019 年开工建设。

3. 第四代核电：石岛湾高温气冷堆

球床模块式高温气冷堆是我国自主研发的第四代先进核能技术，拥有完全自主知识产权，具有固有安全性好、发电效率高、应用领域广、可模块化建造等优势。2006 年，高温气冷堆被列入国家科技重大专项；2008 年，《高温气冷堆核电示范工程国家科技重大专项总体实施方案》获国务院批准；2012 年，全球首座 20 万千瓦级高温气冷堆核电站示范工程正式开工。习近平总书记在 2018 年两院院士大会上曾指出：高温气冷堆是面向国家重大需求的战略高技术，正进入世界先进行列。

2021 年 9 月 12 日上午 9 点 35 分，石岛湾高温气冷堆核电站示范工程首次达到临界，机组正式进入“带核功率运行”状态，标志着清华大学与华能集团、中核集团共同研发建设的世界首座球床模块式高温气冷堆示范电站正式启动运行。这一关键成就在 2021 年被习近平总书记称为我国科技创新领域三大瞩目成就之一，与登陆火星、载人航天齐名。2023 年 11 月 6 日，石岛湾高温气冷堆核电站示范工程正式并网发电。2023 年 12 月 6 日，高温气冷堆核电站示范工程顺利通过 168 小时持续运行考核，开始商业运行。

第三节　新型储能技术

储能技术的创新发展能够有效提高能源利用效率，将可再生能源、核能等能源转换存储，使能源可以有效、高效地储存和使用，以更好地满足实际生活和工业应用的能源需求。同时，新型储能技术是我国实现能源转型的必要支撑，是实现产业升级、推动经济发展的“新引擎”，也将成为我国在全球能源转型背景下具有发展优势的“新高地”。

一、新型储能技术简介

新型储能是构建新型电力系统的重要技术和基础装备，是实现碳达峰碳中和目标的重要支撑，也是催生国内能源新业态、抢占国际战略新高地的重要领域。“十三五”以来，我国新型储能行业整体处于由研发示范向商业化初期过渡的阶段，在技术装备研发、示范项目建设、商业模式探索、政策体系构建等方面取得了实质性进展，市场应用规模稳步扩大，对能源转型的支撑作用初步显现。我国主流储能技术总体达到世界先进水平，电化学储能、压缩空气储能技术进入商业化示范阶段。氢能及燃料电池技术迭代升级持续加速，推动氢能产业从模式探索向多元示范迈进。

我国新型储能发展十分迅速。中关村储能产业技术联盟数据显示，2022 年中国新型储能市场累计规模突破 13 吉瓦，新增规模突破 7.3 吉瓦，同比增长 128%。保守场景下，预计 2027 年新型储能总装机将达到 97 吉瓦，五年复合年均增长率为 49.3%；理想场景下，总装机将达到 138 吉瓦，五年复合年均增长率为 60.2%（见图 4-5）。

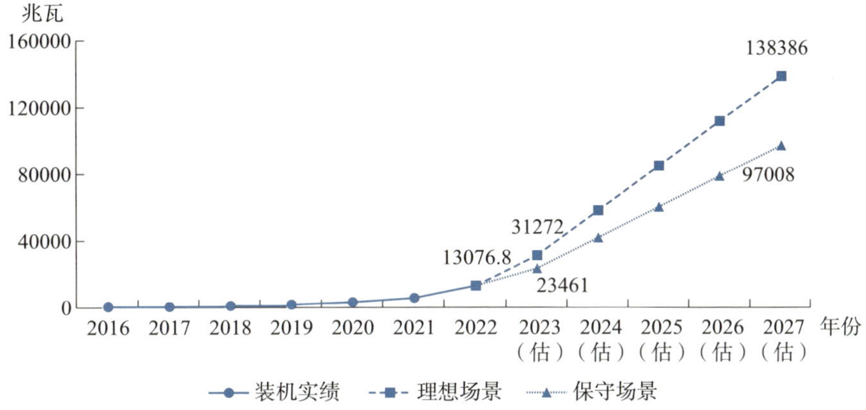

图 4-5 我国储能装机现状及发展预测

资料来源：《储能产业研究白皮书 2023》、CNESA 全球储能项目库。

新型储能是指除抽水蓄能外，以输出电力为主要形式的储能。目前，市场上存在多种储能技术，包括铅酸电池、锂离子电池、液流电池等，如图 4-6 所示。

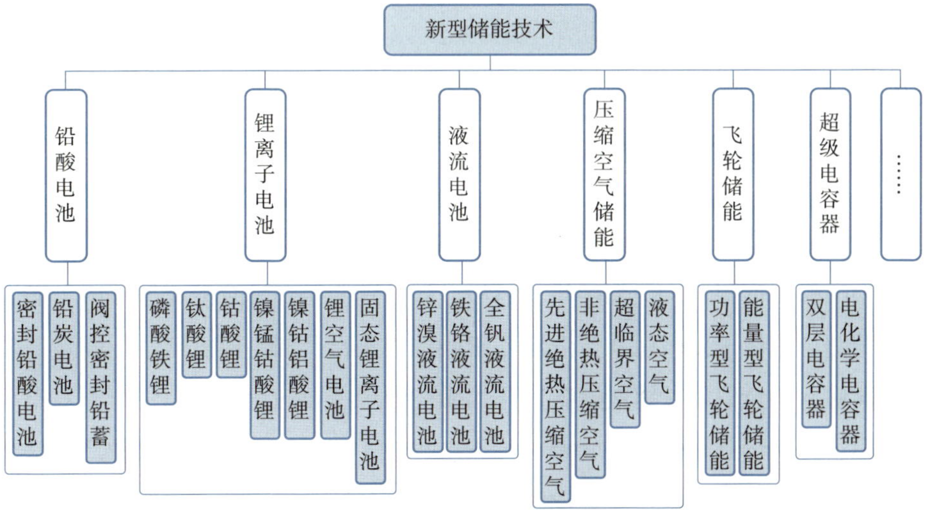

图 4-6 常见的新型储能技术

（一）铅酸电池

铅酸电池是利用铅在不同价态之间的固相反应实现充放电的一种蓄电池。铅酸电池是目前产量最大和在工业、交通、电力系统中应用最广泛的二次电池体系，具有原材料来源丰富、安全可靠、技术成熟、成本低廉、工艺简便、适应性强并可制成密封免维护结构等优点，工作温度要求宽泛，-40~40 摄氏度均可，低温性能较好，在汽车启动电源、UPS 及 EPS（应急电源）等传统领域应用广泛。

（二）锂离子电池

锂离子电池是将电能储存在嵌入（或插入）锂的化合物电极中的一种储能技术，也是目前能量密度最高的实用二次电池（充电电池）。锂离子电池已广泛应用在电力系统的各个环节，包括：在发电侧辅助传统机组动态运行，延缓新建机组投资；参与辅助服务市场，提供调频、备用等服务；在输配侧延缓输配电设施升级，保障输配侧供电可靠性、安全性等；在用户侧帮助用户实现需量电费管理、峰谷价差套利，提高供电可靠性及电能质量等；在大型可再生能源发电场站，帮助平滑新能源发电出力、跟踪计划出力等；以独立储能电站形式提供调峰服务；还可将电动汽车动力电池（或者退役电池）作为一种储能单元，应用于电力系统。

（三）液流电池

液流电池是一种正、负极活性物质均为液体的电化学电池，其液态活性物质既为电极活性材料，又为电解质溶液，被分别储存在独立的储液罐中，通过外接管路与流体泵使电解质溶液流入电池堆内进行反应。液流电池已在较多领域开展应用，全钒和铁铬液流电池作为储能电源主要应用于可再生能源发电平滑输出、跟踪计划发电、削峰填谷、需求响应、延缓电力系统升级改造、偏远地区供电、分布式发电、智能电网与微电网等领域；锌溴液流电池的应用则相对集中于工 / 商业用户、偏远地区、军方等用户侧场景。

（四）压缩空气储能

压缩空气储能（Compressed Air Energy Storage，CAES）技术是目前已经被验证可以与抽水蓄能储能技术相当的可实现大规模储能的储能技术。CAES 通过空气压缩机组把用电低谷期的多余电能以压缩空气的压力势能形式进行存储，当用电需求增加时，释放存储的压缩空气，通过膨胀机将压缩空气储存的能量转变为电能，满足峰电期用电需求。CAES 系统可以实现大规模储能，技术相对成熟，商业化运行的 CAES 电站已经运行将近 40 年。CAES 系统具有很多先天的优点，可以与电网匹配实现大规模储能，投资低，而且环境影响小。

（五）飞轮储能

飞轮储能是一种机电能量转换和储存装置，其基本原理是把电能转化成旋转体的动能进行存储。在储能阶段，电机作电动机运行，从系统吸收能量，通过飞轮转子加速，将电能转化为动能；在释放能量阶段，电机作发电机运行，向系统释放能量，通过飞轮转子减速，将动能转化为电能。飞轮储能功率密度可达 8 千瓦 / 千克以上，在短时间内可以输出更大的能量。飞轮储能的优点是循环次数较高，可达 200 万次左右，能量转化效率一般可达 85%~95%，在运行环境温度中几乎不需要维护；缺点是自放电率高、能量型飞轮储能应用成本高。目前飞轮储能技术已经在电力系统调频、UPS、风力发电、太阳能发电、电动汽车、低地轨道卫星储能等领域得到应用，中小容量的飞轮储能系统已实现商品化。

（六）超级电容器

超级电容器按照储能原理可以分为双层电容器（Electric Double Layer Capacitor）和电化学电容器（Electric Chemical Capacitor）两大类。双层电容器的应用最为广泛，它采用高比表面积活性炭作为电极材料，通过炭电极与电解液的固液相界面上的电荷分离而产生双层电容，在充放电过程中发生的

是电极 / 电解液界面的电荷吸脱附过程，而非电化学反应。电化学电容器又称为法拉第准电容器，采用贵重金属氧化物作电极，在相同电极面积的情况下，其电容量是双层电容的数倍，但瞬间大电流放电的功率特性不如双层电容器。超级电容器的高功率密度特性非常适合用于电动载具的启动阶段。在电力领域，超级电容器可以起到有力支撑、调频等作用。

二、新型储能经济性对比

（一）铅炭电池储能度电成本

铅炭电池同时具有铅酸电池和电容器的特点，既拥有超级电容能瞬间大容量充电的优点，也拥有铅酸电池的比能量优势，充放电性能好，电池寿命也长于铅酸电池。截至 2023 年底，我国已投运铅炭电池储能占所有新型储能装机的 0.5%。按 100 兆瓦 /200 兆瓦时项目初始投资成本 1 元 / 瓦时、年运维成本 0.04 元 / 瓦时、寿命为 5 年、循环次数可达 3000 次以上、残值为 5%、每年运行次数 600 次、放电深度 70%、储能循环效率 75% 等条件，对铅炭电池储能电站进行财务经济性评价建模，测算储能度电成本约为 0.679 元 / 千瓦时。

（二）锂离子电池储能度电成本

截至 2023 年底，我国已投运锂离子电池储能占所有新型储能装机的 97.4%。电池是储能系统的核心组成部分，成本占整个储能系统成本的 50%。中国能建 2023 年度磷酸铁锂电池储能系统集中采购中，入围企业报价大多集中在 0.866~1.45 元 / 瓦时。按 100 兆瓦 /100 兆瓦时项目初始投资成本 1.5 元 / 瓦时、年运维成本 0.06 元 / 瓦时、寿命为 9 年、残值为 5%、每年运行次数 500 次、放电深度 90%、储能循环效率 88%、寿命终止容量 75% 等条件，对锂离子电池储能电站进行财务经济性评价建模，测算储能度电成本约为 0.670 元 / 千瓦时。锂离子电池能效转化率在储能技术中最高，随着技术进步，其寿命将逐步增加，成本也有望继续下降。铁锂电池储能系统循环寿命达到 10000 次，能量效率达到 98%，可与抽水蓄能电站比拟。

（三）钒液流电池储能度电成本

钒液流电池具有寿命长、安全性好、输出功率大、储能容量大且易于扩展等特点，寿命达 15~20 年，适合用于风电、光伏电站储能，满足其频繁充放电、大容量、长时间储能需求。但钒液流电池能量密度低，体积、质量远大于其他电池，需要 5~40 摄氏度的温度环境。我国钒液流电池已在智能电网、通信基站、偏远地区供电、可再生能源及削峰填谷等项目中成功应用，并建成大连 100 兆瓦 /400 兆瓦时的全球最大钒液流储能项目。截至 2023 年底，我国已投运液流电池储能占所有新型储能装机的 0.4%。目前钒电池初始成本约为锂电池的 3 倍，按 100 兆瓦 /400 兆瓦时项目初始投资成本 13 元 / 瓦时、年运维成本 0.065 元 / 瓦时、寿命为 20 年、循环次数可达 12000 次以上、残值为 5%、每年运行次数 600 次、放电深度 100%、储能循环效率 70% 等条件，对钒液流电池储能电站进行财务经济性评价建模，测算储能度电成本约为 0.688 元 / 千瓦时。当前，我国钒电池相关技术储备充足，新增大量大规模储能项目。在电化学储能中，全钒液流电池度电成本与铁锂电池接近，但能量转化效率方面不如锂电池，对布置灵活性、温度环境要求较高，行业处在由示范阶段转向商业化过程中。随着未来技术以及工程进步，其成本会有较大下降空间，能效有望进一步提高。

（四）压缩空气储能度电成本

压缩空气储能系统主要由压缩系统、膨胀系统、发电以及储气罐四大核心部分组成。中国已建成 1.5 兆瓦、10 兆瓦、100 兆瓦先进压缩空气储能示范项目。截至 2023 年底，我国已投运压缩空气储能占所有新型储能装机的 0.5%。按 100 兆瓦 /400 兆瓦时项目初始投资成本 6 元 / 瓦时、年运维成本 0.1 元 / 瓦时、寿命为 30 年、残值为 5%、每年运行次数 400 次、放电深度 100%、储能循环效率 73% 等条件，对压缩空气储能电站进行财务经济性评价建模，测算储能度电成本约为 0.436 元 / 千瓦时。随着技术快速进步，压缩空气储能电站效率已升至 75%，略低于抽水蓄能电站，其度电成本仅略高于抽水蓄能，但远低于磷酸铁锂储能。压缩空气储能投资周期和建设周期较抽水蓄能短，且单体投资规模限制小。另外，抽水蓄能电站一般在 100 万千瓦以上才有较好的经济性，而压缩空气储能电站在 10 万千瓦以上即可具备较好的商业性，项目单体投资小，可进行灵活配置。综合看来，压缩空气储能已具备大规模商业化应用的条件，在能效进一步提升后，有望成为继抽水蓄能电站之后大规模储能电站的重要组成部分。

三、典型应用案例

1. 铅酸电池储能技术应用案例：湖州长兴 10 千伏雉城储能电站项目

湖州长兴 10 千伏雉城储能电站是浙江省首座电网侧储能电站，也是我国第一个电网侧铅炭式储能电站。该储能电站储能功率为 12 兆瓦，最终储能电量为 24 兆瓦时，总容量相当于 40 多万个 10000 毫安时的普通家用充电宝的电量。储能核心单元由站房内两个电池室中的 20160 只铅炭电池组成，每个电池室中分别放有 21 个电池架，每个电池架 8 层，每层装有 60 个单体。储能电站内，电能流过储能变流器、主变压器等设备，从铅蓄式电池内部释放至不远处的 110 千伏金陵变电站 10 千伏出线侧，并入浙江湖州电网，得以实现电能的双向转换流通，满足长兴县县域行政中心、人民医院及周边用户可靠供电。同时，该储能电站还能充当应急发电车的角色，在地区电网故障时可以毫秒级的速度替补上场，为电网接力续航，可以实现快速充放电，具备调峰调频、负荷响应、电网黑启动等多种功能，同时在服务新能源消纳方面也有重要作用。

2. “锂离子 + 超级电容”储能技术应用案例：华能罗源电厂“智慧超级充电宝”项目

华能罗源电厂配套的储能规模达到 20 兆瓦，采用复合储能技术，包括 5

兆瓦超级电容储能系统，以及 15 兆瓦 /7.5 兆瓦时锂电池储能系统。储存的电量可同时满足超过千户居民家庭一天的可靠用电。该项目首次将长寿命、高安全性的超级电容储能技术应用在火电调频领域，有效解决了大容量超级电容储能技术集成与调频应用难题。同时，5 兆瓦超级电容 +15 兆瓦锂电池混合储能系统有效提升了火电厂的调节性能。福建省电力现货市场交易平台公布数据显示，系统投入运行后，华能罗源电厂机组的调频响应时间指标可提高 14 倍以上，调节速率可提升 4 倍以上，调节精度可提升 3 倍以上，机组整体调节性能实现跃升。

3. 液流电池储能技术应用案例：大连液流电池储能调峰电站一期项目

位于辽宁省大连市的大连液流电池储能调峰电站一期工程是全球第一座 100 兆瓦级液流电池储能电站，最多可存放 40 万度电，按照中国居民日常生活每日人均用电 2 度左右计算，可满足 20 万居民一天的用电需求。该储能电站采用国内自主研发、具有自主知识产权的全钒液流电池储能技术，适用于大功率、大容量储能，具有安全性好、循环寿命长、响应速度快、能源转换效率较高、绿色环保等优点。在极端特殊情况下，储能电站还可以作为“黑启动”电源带动无启动能力的发电机组，帮助电网恢复，保障电网运行的安全性和稳定性，也可以作为备用电源，在电网出现故障时，为医院、应急救援等重要部门持续供电 4 小时左右。

4. 飞轮储能技术应用案例：国能灵武电厂磁悬浮飞轮储能项目

国能灵武电厂“22 兆瓦磁悬浮飞轮储能系统”耦合热电联产示范工程是国内第一个全容量飞轮储能与火电联合调频示范工程，拥有 15 分钟的充放电能力，可有效支持大电网的安全稳定运行，为煤炭清洁高效综合利用、辅助新能源消纳提供关键技术支撑。该项目由 36 台 630 千瓦的飞轮储能单体并联组成，采用预制地井安装、纯机械储能，响应时间达毫秒级，充放电次数可达 1000 万次以上，充放电效率超过 90%。项目投运以来，机组一次调频综合合格率由 60%~70% 提升到平均 92%，年综合收益 3000 余万元。

5. 压缩空气储能技术应用案例：江苏金坛盐穴压缩空气储能电站

江苏金坛盐穴压缩空气储能电站是我国首个正式投入商业运营的压缩空气储能电站，也是世界首个非补燃式的压缩空气储能电站。2022 年 5 月，该储能电站正式投运。电站完成一次充电需 8 小时，充满后可放电 5 小时，一次充电可为电网供电 30 万千瓦时。江苏金坛盐穴压缩空气储能电站有一个重要创新点：全球首创“非补燃”技术，即对压缩储气过程中产生的热量进行回收，存储在储热系统中；在释放压缩空气时，再用这些热量来加热空气，利用高温高压的空气释放时产生的能量来发电。相对于补燃式，非补燃技术在压缩空气发电过程中不依赖外部能源燃烧加热，全年可节约标准煤 4 万吨，减少二氧化碳排放超 15 万吨。

第四节　火电减碳技术

二氧化碳过度排放引起温室效应等一系列气候问题，是全世界共同面临的重大挑战。电力部门是我国重要的二氧化碳排放来源，年排放量占比超过碳排放总量的 40%。虽然近年来我国可再生能源装机及发电量快速增长，但是由于火电在保障电网安全稳定方面的重要作用，其仍将在较长时间内占有一定比例。作为高排放型电源，发展减碳技术是实现火电长期可持续发展的重要手段。

一、火电减碳技术简介

目前，火电减碳技术大致可分为三种：一是通过节能降耗方式，削减煤炭用量实现减排；二是通过提升灵活性增加电力系统调节能力，提高可再生能源装机比例，从电力系统层面实现间接减碳；三是通过碳捕集利用与封存（CCUS）技术在末端进行直接减碳。火电不同设备减碳技术重点如图 4-7 所示。

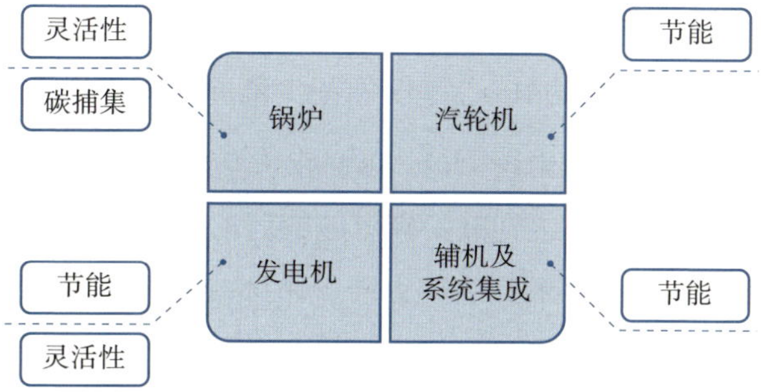

图 4-7 火电不同设备减碳技术重点

（一）节能降耗技术

煤电节能降耗技术是指通过机组技术升级，实现火电机组能效的进一步提升，进而减少碳排放量。主要的技术涉及汽轮机通流改造、高参数改造、供热改造、蓄热供汽改造等。

1. 通流改造技术

通流改造技术是对汽轮机内部流道进行优化的一种技术，其通过改变汽轮机内部流道的结构，使得流体在经过汽轮机内部时能够更加顺畅地流动，从而提高汽轮机的效率和性能。该技术路线通过对汽轮机内部流道的优化，减少流动阻力，提高热效率，从而提高发电机的发电效益，降低机组能耗，减少碳排放。

2. 高参数改造技术

高参数改造技术主要通过对汽轮机的温度和压力进行优化调整，使得汽轮机能够在更加理想的状态下运行。适当提高进汽温度和压力，可以使得蒸汽在汽轮机内的膨胀更加充分，从而提高热效率和发电效率。同时，合理的温度和压力调整还可以减小汽轮机的流动阻力，降低能耗，从而降低机组碳排放。

3. 供热改造技术

供热改造技术主要有低压缸零出力改造、汽轮机抽汽供热改造、高背压改造等。

低压缸零出力改造技术的核心是仅保留少量冷却蒸汽进入低压缸，实现低压转子近“零”出力运行，更多的蒸汽进入供热系统，提高供热能力，降低电负荷，同时降低发电煤耗，达到减少碳排放的目的。

汽轮机抽汽供热改造技术是一种将汽轮机的部分蒸汽抽出，通过供热系统将热量传递给热用户的技术，这种改造技术可以提高汽轮机的热能利用率，同时满足社会的供热需求。

高背压改造技术是将汽轮机的排汽直接引入到热力系统中，如加热器、热力管网或热泵等，以充分利用汽轮机的余热，这样不仅可以提高热能的利用率，还能减少对新鲜燃料的依赖，从而降低能源消耗和碳排放。

4. 熔盐蓄热供汽改造技术

熔盐蓄热供汽改造技术是一种利用熔盐进行蓄热和供热的技术。这种技术通过利用高温抽汽显热或波谷低价电加热熔盐进行高温热量储存，在汽轮机低负荷运行时释放热量加热给水作为工业供汽的稳定性来源，从而实现能源的有效利用和节约，达到减少碳排放的目的。

（二）灵活性提升技术

1. 供热机组灵活性改造技术

供热机组运行时同时产生电力和有用的热量，其在运行过程中受到“以热定电”的约束，运行最小负荷率较高，调峰能力较弱，通过对供热机组进行解耦改造，降低机组最低出力，提高其灵活性。目前常用的供热机组灵活性改造方式有耦合压缩式热泵、吸收式热泵、电锅炉、储热罐以及低压缸改造等。

2. 纯凝机组灵活性改造技术

影响纯凝机组进行深度调峰的关键因素在于机组在低负荷下炉膛内燃料难以稳定燃烧，锅炉水动力稳定性变差，严重影响机组运行安全性，因此纯凝机组灵活性改造的方案主要集中在锅炉制粉系统、燃烧系统、控制系统等部分。常用的改造方案有：燃烧器稳燃改造、低负荷精细化稳燃调整、磨煤机动态分离器改造、煤粉分配器改造、风粉及炉膛监测改造、智能协调优化控制技术等，此外保证低负荷下机组污染物排放达标，还需要进行宽负荷脱硝改造。

3. 快速负荷响应改造技术

煤电机组除了具备深度调峰能力外还需要具有快速负荷响应的能力。由于锅炉热惯性大，响应速度慢，设备的固有特点限制了负荷响应能力的提高，需要辅助技术增加机组的响应能力。目前常用的方法有：给水旁路负荷调节技术、凝结水负荷调节技术、附加高加负荷调节技术、供热抽汽负荷调节技术、提高机组负荷响应速率协调控制技术等，基本为通过热工控制实现热力系统构型调整，从而快速变化燃煤机组内部及外部储热以达到使机组具有快速负荷响应能力的目的。

（三）碳捕集利用与封存技术

二氧化碳捕集、利用与封存（Carbon Capture，Utilization and Storage，CCUS）是指在二氧化碳排放前就对其进行捕捉，输送至合适地点并注入地层以实现二氧化碳永久封存和利用的过程。

碳捕集是将二氧化碳从煤电生产排放的尾气中分离出来，主要形式分为燃烧前捕集、燃烧后捕集和富氧燃烧。

碳输送是指将捕集的二氧化碳运送到利用或封存场地的过程，根据运输方式的不同，分为罐车运输、船舶运输和管道运输。

碳封存是指通过工程技术手段将捕集到的二氧化碳通过压缩注入深部地质储层，实现二氧化碳与大气长期隔绝，达到彻底减排的目的。按照封存位置不同，可分为陆地封存和海洋封存；按照地质封存体的不同，可分为咸水层封存、枯竭油气藏封存等。

碳利用是指将捕集到的二氧化碳进行提纯和实现资源化利用的过程。根据利用手段的不同，可分为地质利用、化工利用和生物利用等。其中，地质利用是将二氧化碳注入地下，强化能源生产、促进资源开采，如提高石油与天然气的采收率、抽取地热及深部咸水、开采铀矿等。化工利用是通过化学方法使二氧化碳和其他物质发生反应生成目标产物，主要包括两种途径：一是用于生成尿素、二氧化硅等无机产品，二是用于合成碳酸酯、水杨酸等有机化合物。生物利用是通过森林、农作物、微藻等的光合作用，将二氧化碳用于食品、饲料、肥料等生物质的合成。

二、火电减碳经济性对比

（一）节能降耗改造综合成本

通流改造的成本与实际情况和具体改造方案密切相关。单台机组不增容方案的投资水平：300 兆瓦等级机组通常在 5000 万 ~6000 万元，600 兆瓦等级机组在 8000 万 ~9000 万元，改造成本较高，300 兆瓦等级机组和 600 兆瓦等级机组单位千瓦改造成本分别在 166~200 元、133~150 元。典型的 300 兆瓦等级机组通流改造综合成本如表 4-4 所示。

表 4-4　300 兆瓦等级机组通流改造前后综合成本对比

项目	改造前	改造后
机组容量	350 兆瓦	
单位容量投资造价	4394 元 / 千瓦	
年运行小时数	5000 小时	
标准煤价格	800 元	
运维费率	2%	
人员成本	117（人）×5（万元 / 年·人）×1.6	
材料及其他费用	18 元 / 兆瓦时	
排污费	二氧化硫：166 万元 / 台·年；氮氧化物：158 万元 / 台·年；烟尘：7 万元 / 台·年	

续表

项目	改造前	改造后
机组剩余寿命	10 年	
单位容量改造成本	0	183 元 / 千瓦
煤耗率	340 克 / 千瓦时	330.5 克 / 千瓦时
年化投资成本	13660.8 万元	14615.3 万元
运维成本	7161.8 万元	7161.8 万元
燃料成本	47600 万元	46270 万元
环境成本	367.8 万元	367.8 万元
年总成本	68790.4 万元	68414.9 万元
年排放量	148.3 万吨	144.2 万吨

高参数改造主要有小幅提温运行技术、“亚改超”技术。机组小幅提升蒸汽温度运行技术的主要出发点是充分利用各部件在设计、制造等阶段的安全余量，在不进行改造或者较少改造量的情况下提升蒸汽初始温度，该方案收益较小，但其相应的资金投入几乎可忽略。“亚改超”技术是将机组主、再热蒸汽的运行温度由亚临界等级的 538 摄氏度提升至超临界等级的 566 摄氏度，机组运行压力保持不变，改造单位容量投资 366.7~666.7 元 / 千瓦，降低机组供电煤耗 10 克 / 千瓦时以上。典型的 300 兆瓦等级机组高参数改造综合成本如表 4-5 所示。

表 4-5　300 兆瓦等级机组高参数改造前后综合成本对比

项目	改造前	改造后
机组容量	350 兆瓦	
单位容量投资造价	4394 元 / 千瓦	
年运行小时数	5000 小时	
标准煤价格	800 元	

续表

项目	改造前	改造后
运维费率	2%	
人员成本	117（人）×5（万元/年·人）×1.6	
材料及其他费用	18元/兆瓦时	
排污费	二氧化硫：166万元/台·年；氮氧化物：158万元/台·年；烟尘：7万元/台·年	
机组剩余寿命	10年	
单位容量改造成本	0	488.9元/千瓦
煤耗率	340克/千瓦时	（340−14）克/千瓦时
年化投资成本	13660.77万元	16210.89万元
运维成本	7161.8万元	7161.8万元
燃料成本	47600万元	45640万元
环境成本	367.78万元	367.78万元
年总成本	68790.35万元	69380.47万元
年排放量	148.33万吨	141.23万吨

供热改造包括热力系统及蒸汽管路的改造及增加、热网系统建设、换热站建设及设备购置，水处理系统改造以及热工控制系统改造包含项目繁多，并且对于不同的机组、不同场景改造成本差别较大，且与其热负荷密切相关，经计算，单位供汽负荷的改造成本在10万~19.35万元/吨。不同等级机组供热改造综合成本如表4-6所示。

表4-6 不同等级机组供热改造综合成本对比

项目	300兆瓦级	600兆瓦级	1000兆瓦级
供汽量	150吨/小时	200吨/小时	250吨/小时
单位改造成本	15万元		

续表

项目	300 兆瓦级	600 兆瓦级	1000 兆瓦级
设备维护费率	2.5%		
燃料价格	800 元 / 吨		
年利用小时数	5000 小时		
初始投资成本	2250 万元	3000 万元	4500 万元
全寿命周期成本	70600 万元	94200 万元	141000 万元
燃料成本占比	95.85%	95.85%	95.85%

（二）灵活性改造成本

机组灵活性改造主要结合机组类型、机组参数和调峰需求综合确定，通常为各类技术的综合性改造。其中供热机组主要采用热电解耦技术，纯凝机组主要采用深度调峰技术。不同技术路线的改造成本如表 4-7、表 4-8 所示。

表 4-7　供热机组热电解耦不同技术路线改造成本对比

序号	技术路线	改造费用 / 万元	技术特点
1	压缩式热泵	4000~5000	除对凝汽器冷却系统的改造外，对热系统的改造较少；压缩式热泵出口热水温度较低
2	吸收式热泵		价格较为昂贵
3	电锅炉	6000	系统简单、易于控制、自动化程度高；系统与热电联产机组汽轮机并联运行，并无汽水物质交换，若发生故障可直接解列，安全性高；占地面积较小；对热系统的改造较少
4	储热罐	6000	对机组原热力系统的改造较少，供热经济性较好；不足之处在于储热装置占地面积大，对于长期连续调峰的适应性较差
5	低压转子光轴	2700	需购买光轴转子；需切除部分低压加热器，对于汽轮机回热系统的改造较大；需新增连通中压缸和低压缸的管道

表 4-8 纯凝机组深度调峰不同技术路线改造成本对比

序号	技术路线	改造费用 / 万元	技术特点
1	等离子点火装置	700 左右	可在锅炉稳燃过程中实现无油
2	微油点火系统	370 左右	以逐级燃烧的形式进行点火燃烧，降低引燃能量
3	省煤器外部烟气旁路	200~400	调节灵活，放挡板卡塞
4	省煤器内部烟气旁路	100~200	调节灵活，放挡板卡塞，防磨损
5	省煤器水侧旁路	100~200	调节灵活，防省煤器气化
6	热水再循环	600~800	调节灵活，改善水动力
7	分级省煤器	600~800	调节不灵活，须兼顾高低负荷

（三）碳捕集利用与封存技术成本

近年来，全球 CCUS 项目发展迅速，相关技术成熟度快速提高，系列项目落地运行，但仍然面临高成本的挑战。按当前技术水平测算，不同容量等级的燃煤机组加装碳捕集系统后度电成本增加 0.27~0.40 元，具体如表 4-9 所示。

表 4-9 燃煤机组加装碳捕集系统后成本对比

参数	常规燃煤机组			常规燃煤机组 + 碳捕集系统		
	300 兆瓦级	600 兆瓦级	1000 兆瓦级	300 兆瓦级	600 兆瓦级	1000 兆瓦级
容量（兆瓦）	350	660	1000	350	660	1000
单位造价（元 / 千瓦）	4394	3650	3317	10425	7956	6859
年利用小时数（小时）	5000					
煤价（元 / 吨）	800					
捕集率	—			0.9		
机组寿命（年）	30					

续表

参数	常规燃煤机组			常规燃煤机组 + 碳捕集系统		
	300 兆瓦级	600 兆瓦级	1000 兆瓦级	300 兆瓦级	600 兆瓦级	1000 兆瓦级
折现率	0.08					
平准化度电成本（元 / 千瓦时）	0.3787	0.3280	0.3067	0.7764	0.6334	0.5729
度电排放量（克 / 千瓦时）	847.6	737.9	703	107.5	91.9	85.8

三、典型应用案例

1. 节能降耗技术应用案例：黄金埠电厂汽轮机通流部分提效改造项目

国能黄金埠发电有限公司位于江西省余干县黄金镇工业园区，厂内 1 号、2 号机组是由上海汽轮机有限公司（STC）与西门子西屋（SWPC）联合设计制造的超临界、一次中间再热、单轴、三缸四排汽、双背压、凝汽式汽轮机。黄金埠电厂于 2019 年和 2020 年对 1 号、2 号机组分别实施通流部分提效改造。改造工作主要包括：汽轮机通流部分重新设计；更换高中低压汽轮机转子、高中低压内缸；轴承座及轴承利旧；原 1 号、2 号瓦无顶轴油，此次更换新轴承并增加了顶轴油。改造后除调节级外高压增加 2 级、中压增加 1 级、低压增加 2 级。压力级总级数由 11+9+4×7 = 48 级变为 13+10+4×9 = 59 级。在保留原有高中压、低压缸外缸、高中压导气管、低压缸联通管、轴承支承方式不变，凝汽器中心位置不变的条件下，拆除旧的内部结构，更换全新的汽轮机转子提升机组效率。改造后机组效率提高，达到了节能降耗的目的，降低了机组的度电碳排放。1 号机组改造前后技术指标对比如表 4-10 所示。

表 4-10 黄金埠电厂 1 号机组改造前后技术指标对比				
项目	单位	THA	75%THA	50%THA
改造后数据				
电功率	兆瓦	650	487.5	325
热耗率	千焦 / 千瓦时	7557.5	7668.1	7863.8
供电煤耗	克 / 千瓦时	289.1	292	302.6
改造前数据				
电功率	兆瓦	600	420	300
热耗率	千焦 / 千瓦时	7895	8038.6	8195.5
供电煤耗	克 / 千瓦时	301.3	309.9	320.0

2. 灵活性提升技术应用案例：临河热电厂、大连庄河发电厂项目

临河热电厂 1 号机组是国家能源局灵活性改造示范机组，火电机组灵活性及控制改造升级专项工作已于 2016 年 12 月 15 日完成。主要工作包括：汽轮机侧凝结水变负荷调节控制改造、高加旁路变负荷调节控制改造、增设附加高加改造、凝结泵变频改造；锅炉侧低负荷稳燃试验、磨煤机高效动态分离器改造、风机单双侧运行经济性对比试验和精细化调整试验等；热控控制与保护逻辑优化、脱硝优化控制改造和深度调峰智能燃烧优化控制改造等。机组改造实现了 25%ECR 工况下稳定运行以及变负荷平均速率提高至 2% 额定功率 / 分钟。

辽宁大连庄河发电厂 2×600 兆瓦机组进行灵活性改造，改造内容包括：末级叶片改造；增加锅炉壁温监测点；磨煤机动态分离器改造；增加等离子点火系统；改造控制系统；省煤器烟气旁路及省煤器给水旁路改造等。机组改造后最低负荷率由原来的 45% 降低至 30%。

3. 国外火电 CCUS 技术应用案例：加拿大 Boundary Dam 项目

该项目由加拿大能源公司 Sask Power 主导，于 2011 年起对 3 号机组（装机容量 13.9 万千瓦）进行升级改造，同时配套建设 CCUS 工程，是全球

第一座商业化运营的燃煤发电厂 CCUS 项目。通过销售二氧化碳、硫酸和粉煤灰等三种副产品，可以部分抵消碳捕集所需的成本。

该项目仍然采用主流的化学溶剂吸收法，其特别之处在于前端二氧化硫也采用相同的吸收工艺，因此被称为二氧化硫—二氧化碳联合捕集工艺，该技术由壳牌 CANSOLV 公司提供。二氧化碳吸收塔采用陶瓷鳞片防腐的水泥填料塔，长 11 米，宽 11 米，高 54 米；二氧化碳解析塔则采用 304 不锈钢填料塔，直径 8 米，高 43 米。捕集所得的二氧化碳经脱水后纯度达到 99%，由功率为 1.45 万千瓦的压缩机压缩至 17 兆帕的超临界状态。超临界二氧化碳通过管道被送往两个地方：一是送至 70 千米外的 Weyburn 油田，注入 1.7 千米深的油井用于强化采油；二是送至附近 2 千米远的 Aquistore 碳封存研究基地，注入 3.4 千米深的咸水层进行永久地质封存。

该机组改造与 CCUS 项目总体投资约 14.7 亿加元，其中 50% 左右用于 CCUS 装置与厂房建设，超过 35 亿元人民币。该项目于 2014 年 10 月正式投入运营，截至 2021 年已累计捕集二氧化碳 415 万吨。其中，2018 年捕集 63 万吨，2019 年捕集 62 万吨，2020 年捕集 73 万吨，2021 年上半年捕集 34 万吨。

4. 国内火电 CCUS 技术应用案例：华能长春热电厂 CCUS 项目

华能长春热电厂建成了我国燃煤电厂 1000 吨 / 年相变型捕集装置。中试试验系统位于长春热电厂脱硫岛东北侧，占地约 100 平方米，由设备室和控制室组成。其中吸收塔、再生塔和烟气预处理塔立于室外，其他设备均布置于室内。中试装置以电厂 1 号、2 号脱硫塔脱硫后的净烟气为气源，经风机引入预处理塔和吸收塔，烟气流量约 500 标准立方米 / 小时。该捕集装置吸收塔采用了中间冷却工艺，有效提升了溶液二氧化碳的吸收率，降低了溶液循环量；再生塔采用了机械式闪蒸再压缩（MVR）工艺，有效回收再生塔底部贫液余热，提高系统再生热效率，降低系统能耗。该项目采用自浓缩相变型二氧化碳吸收剂，吸收剂负载二氧化碳后可自动分层为两相，其中几乎所有的二氧化碳都集中于富相层，再将富相层的二氧化碳送去再生塔再生。实验表明，该项目所使用的吸收剂的吸收速率和平衡负载高于单乙醇胺溶液。分层后的二氧化碳富相解析可进一步降低 20%~30% 的再生能耗。该技术可实现烟气中二氧化碳捕集率达 90%，同时再生溶液量减少 40%~50%，社会和经济效益显著。如果应用于燃煤电厂 100 万吨 / 年二氧化碳捕集装置，相较于传统乙醇胺溶液吸收法，每年可减少蒸汽热耗成本约 5000 万元。

第五节　工业降碳技术

工业作为我国经济发展的重要支柱，是我国碳排放的主要源头之一，肩负着极为艰巨的节能降碳使命。特别是对于钢铁、建材、化工等高排放、高耗能行业，深化节能降碳技术的研究与推广应用显得尤为迫切和关键，不仅有助于降低碳排放，更能推动企业实现可持续发展。在实施碳达峰战略的过程中，应以“高效、绿色、循环、低碳”发展理念为导向，积极推动现代工业体系的建立和完善，通过工业领域的节能降碳实践，为建设美丽中国、促进全球环境治理贡献积极力量。

一、钢铁领域节能降碳

作为全球主要的能源消费和碳排放巨头，随着可持续发展理念的不断深化，以及国际社会对气候变化问题的日益关注，钢铁行业面临迫切转型压力。为此，钢铁行业需寻找和探索低碳发展的新路径与前沿技术，在保障经济效益的同时，实现与环境的和谐共生。

作为世界上最大的钢铁生产国和消费国，我国钢铁行业的节能降碳举措对全球气候变化具有重要影响。习近平总书记指出，必须以新时代中国特色社会主义生态文明思想为指导，推动绿色发展、循环发展、低碳发展，建设美丽中国。2022 年，工业和信息化部、国家发展和改革委员会、生态环境部三部门联合印发《关于促进钢铁工业高质量发展的指导意见》，提出要以推动高质量发展为主题，以深化供给侧结构性改革为主线，以改革创新为根本动力，充分发挥市场在资源配置中的决定性作用，更好发挥政府作用，加快推进钢铁工业质量变革、效率变革、动力变革，保障产业链供应链安全稳定，促进质量效益全面提升。当前，钢铁行业节能降碳的技术手段主要包括大型转炉洁净钢高效绿色冶炼技术、高炉煤气余压回收透平发电技术，以及基于绿氢的低碳炼铁技术等。

（一）大型转炉洁净钢高效绿色冶炼技术

大型转炉洁净钢高效绿色冶炼技术有多种实现的形式，例如引入顶底复合吹炼、高效脱磷、少渣量、低氧化性、低喷溅及热损耗等先进的工艺措施。该技术不仅可以提高冶炼效率和稳定性，实现原辅料、合金和炉渣的源头减量和循环利用，大幅提升资源利用率，还可以提高钢水的纯度和均匀性，降低钢水中的碳、硫、氮、氧等有害元素的含量，增强钢材的强度、韧性和耐腐蚀性，全面优化产品质量。

大型转炉洁净钢高效绿色冶炼技术具有广泛的适用性，能够满足不同规模和类型的钢铁企业，尤其是追求生产高品质、低含碳和低含杂质的洁净钢的企业。该技术能够与现有的转炉工艺相结合，助力企业逐步实现技术改造与升级。迄今为止，该技术已经在全球多个钢铁企业进行了试验或示范应用，并取得了显著成效。以马钢 300 吨转炉升级项目为例，其通过引入该技术，成功实现了 40% 炉渣的循环利用，并减少了 20% 的炉渣产生量。此外，其通过创新的改质方法，成功摒弃了发烟改质剂的使用，有效提高了复吹寿命，降低了辅料和合金的消耗量。

（二）高炉煤气余压回收透平发电技术

高炉煤气余压回收透平发电是一种余压能高效回收利用技术，技术原理是利用电力驱动透平膨胀机，将高压煤气引入膨胀机内部进行膨胀做功，将压力能转化为机械能，进而驱动发电机发电。该技术不仅可以实现高炉煤气余压能的有效利用，还可以降低钢铁生产过程中的碳排放和能耗，提高能源利用效率和经济效益。该技术适用于不同规模和类型的高炉，尤其是采用干法或半干法除尘的高炉，目前已在国内外众多钢铁企业得到广泛应用和验证，展现出了较高的可靠性和稳定性。此外，该技术还具备出色的工艺灵活性，能够根据不同的高炉规模、工况和需求进行设计和调节，以实现最优的运行参数和效果。

高炉煤气余压回收透平发电技术已在全球多个钢铁企业取得了显著的示范应用成效。例如，中国宝钢集团的多个分厂通过引入该技术，每年可产生 19.8 亿千瓦时发电量的经济效益，同时每年可节约标准煤 120 万吨，减少二氧化碳排放量 300 万吨；印度贾姆舍德布尔钢铁厂的透平发电装置的装机容量为 30 兆瓦，年发电量为 2.4 亿千瓦时，每年可节约标准煤 6.5 万吨，减少二氧化碳排放量 16.5 万吨；德国萨尔兰钢铁厂的透平发电装置的装机容量为 15 兆瓦，年发电量为 1.2 亿千瓦时，每年可节约标准煤 3.3 万吨，减少二氧化碳排放量 8.3 万吨。

（三）基于绿氢的低碳炼铁技术

基于绿氢的低碳炼铁技术是一种新型的钢铁生产技术，它可以显著地减少二氧化碳排放。技术核心在于以利用可再生能源制作的氢气作为主要的还原剂和能源，将铁矿石还原为海绵铁，然后通过电弧炉或转炉将海绵铁熔化为钢。这一技术的独特优势在于完全避免了化石燃料的使用，可大幅节省能源和原材料，并且可以捕集高纯度的二氧化碳或固态碳作为副产品。尽管该技术目前仍处于试验或示范阶段，尚未实现大规模商业化，但其巨大的潜力和前景不容小觑。

目前，已有多家钢铁企业在实施或筹划基于绿氢的低碳炼铁技术的试验或示范工程。例如，瑞典的 SSAB 钢铁公司的 HYBRIT 项目，用氢气取代传统工艺的煤和焦炭，计划到 2045 年实现零碳钢铁生产；德国的 Salzgitter AG 钢铁公司的 SALCOS 项目，使用直接还原铁法来还原铁矿粉，计划到 2050 年将二氧化碳排放降低 95%；卡斯特兰萨—特诺恩与河钢集团合作开展氢能源开发和利用工程，由于使用含氢量约 70% 的补充气源，河钢集团的工厂将以 1 吨直接还原铁仅产生 250 千克二氧化碳的指标，成为全球最绿色的直接还原厂之一。

二、建材领域节能降碳

建材行业是我国重要的基础产业，也是能源消耗和碳排放的重点行业。根据工业和信息化部、国家发展和改革委员会、生态环境部、住房和城乡建设部联合印发的《建材行业碳达峰实施方案》，建材行业的二氧化碳排放主要集中在水泥、平板玻璃、陶瓷等行业。为实现建材行业的节能降碳目标，必须加快推进产业结构调整，优化用能结构，促进节能技术创新及其应用。以水泥行业为例，目前节能技术包含新型干法水泥生产技术、水泥粉磨技术、燃料或原料替代技术等。

（一）新型干法水泥生产技术

新型干法水泥生产技术采用先进的干法窑炉系统，通过悬浮预热、预分解、回转窑煅烧和高效冷却等关键环节，实现水泥制造的高效、低耗和低排放。在悬浮预热阶段，该技术充分利用高温窑尾气与生料进行热交换，显著提升了传热效率和余热利用率。预分解过程中，生料部分碳酸盐得以分解，并可适时添加燃料，有效减轻了窑内热负荷，进而提高了产量。在回转窑内，生料经高温煅烧转化为水泥熟料，随后的冷却过程中则通过快速冷却技术保持其结晶相和物理性能的稳定。该技术不仅显著提升了窑系统的运行稳定性，同时大幅降低了能耗和排放，进而确保水泥产品的优越质量和出色性能。

新型干法水泥生产技术已经在我国多个水泥厂得到应用和推广。例如，华新水泥股份有限公司长沙厂采用了新型干法水泥生产技术，建成了年产 450 万吨水泥的大型水泥生产线。该生产线通过配备四级悬浮预热器、五级分解炉、4.8×72 米回转窑、四级冷却机等设备确保水泥制造全过程的高效、低耗与低排放。据统计，该生产线的单位产品能耗比国家标准降低了 10%，单位产品二氧化碳排放量比国家标准降低了 15%，单位产品二氧化硫排放量比国家标准降低了 50%，单位产品氮氧化物排放量比国家标准降低了 30%。

（二）水泥粉磨技术

目前水泥粉磨技术领域中的三种主要节能技术包括辊压机预粉磨技术、CKP 立磨预粉磨技术和 O-Sepa 高效选粉技术。①辊压机预粉磨技术通过对入管磨机前的水泥熟料进行连续碾压预粉磨，降低入磨物料的粒度，提高系统的产量。该技术的工作原理是通过辊压机的高压碾压使物料在短时间内达到所需的粒度分布，从而达到降低能耗、提高生产效率的目的。② CKP 立磨预粉磨技术由日本秩父小野田与川崎重工联合开发。这种技术系统配套于管磨机，通过连续碾压预粉磨，降低磨物料粒度，进而提升整体产量。该系统的主要工作原理是通过高效的物料碾压和分级，实现优化的粒度分布，从而降低能耗并提高生产效率。③ O-Sepa 高效选粉技术应用于第三代空气选粉机，其特点是能进行有效的分散、分级和收集操作。这种选粉机的工作原理是通过高效的气流分级和粉尘收集，确保高质量的产品分级和低能耗的粉尘收集。

当这些技术被应用到实际生产中时，其节能效果和经济效益显著。例如，一些水泥企业在引入辊压机预粉磨技术后，系统的产量可以增加 100%~200%，节电幅度达到 30%~40%。CKP 立磨预粉磨系统也带来了类似的效果，系统的产量提高 50%~100%，节电 20%~30%。而采用 O-Sepa 高效选粉机的水泥企业，通过优化产品分级和提高粉尘收集效率，也取得了显著的节能效果。

（三）燃料或原料替代技术

在水泥行业中，为了降低二氧化碳排放，已经提出并实践了多种技术，包括使用替代燃料、开发新型熟料和实施电能替代等。替代燃料包括生物质燃料和工业废弃物等，这些燃料在燃烧过程中产生热能，为水泥生产过程提供动力，有效地替代煤炭，减少二氧化碳的排放。新型熟料是一种环保型熟料，其生产可以利用各种废弃物，如废钢铁、废铝等，能够有效减少二氧化碳的排放。电能替代技术是指在水泥生产过程中，部分或全部使用绿色电力替代传统的化石燃料，从而有效减少二氧化碳的排放。

在应用实践层面，部分水泥生产企业已经开始积极尝试应用这些技术。例如，爱尔兰的老城堡水泥厂替代燃料使用率的平均水平已经达到了30%，最高可达60%。尽管这一比例在国内尚未实现，但已有一些企业开始探索使用低品质替代燃料。部分位于南欧和北非等新能源富集地区的水泥厂的水泥生产过程已经用上了清洁的绿色电力。

三、化工领域节能降碳

化工产业作为我国国民经济的支柱产业之一，对国家经济的整体格局有着深远的影响，同时也与环境和气候变化关系密切。近年来，化工行业的绿色转型与节能减排已被提升至国家战略层面，我国政府在环境保护和绿色发展方面持续加大力度，通过出台一系列相关政策和措施，积极推动化工等高能耗、高排放行业绿色低碳转型。其中，“十四五”规划明确提出，要推进能源生产和消费革命，构建清洁低碳、安全高效的能源体系，提高能源利用效率，推动重点行业绿色低碳转型。

在企业发展和政府宏观政策双重推动下，化工行业的节能减排技术研发和应用取得了显著的进展。如化工反应系统压力控制技术可精准控制吸热反应温度，提高转化效率，进而有效降低化工生产的能耗，提高能源利用效率。同时，行业内还通过改进生产技术、优化生产设备、应用新的生产和分离技术（如精馏技术），显著减少了能源消耗和环境污染。然而要实现化工行业的绿色可持续发展，仍需深入探索，持续优化生产流程、提高设备性能，以及增强和提升全行业节能减排的意识和能力。

（一）化工反应系统压力控制技术

化工反应系统压力控制技术是通过严谨的科学计算方法确定化工反应的最优压力条件，进而采取针对性措施确保反应稳定高效进行，并降低电机系统在输送反应物时的能耗。该技术的原理在于利用烟气脱硫技术或污泥处理处置技术等方法，对化工反应过程中产生的废气或废水进行净化处理，从而降低反应系统的外部压力。该技术不仅显著提升了化工反应的效率与质量，更在节能降耗、资源利用以及环境保护方面表现出色。凭借其较高的成熟度，该技术已在化工生产各环节得到了广泛应用，有效降低了安全风险。

根据不同的化工反应类型，可以选择不同的烟气脱硫技术或污泥处理处置技术，以降低外部压力。例如，在含有硫化物或氮氧化物等有害气体的化工反应中，可以采用湿法、半干法、干法等烟气脱硫技术，利用石灰石、活性炭、电子束辐射等吸收剂或催化剂，将烟气中的二氧化硫和氮氧化物转化为无害或可回收利用的物质，从而降低烟气对化工反应系统的压力。在含有大量有机物质或重金属等污染物的化工反应中，可以采用厌氧消化、好氧发酵、深度脱水、热干化等污泥处理处置技术，利用微生物、药剂、机械设备等，将污泥中的有机物质分解或稳定化，将水分与固体分离或干化，从而降低污泥对化工反应系统的压力。

（二）吸热反应温度控制技术

吸热反应温度控制技术通过控制反应温度，尽可能降低吸热反应温度，达到降低整个化工工艺供热量的目的，提高其他设备的热能利用率。该技术的原理在于利用换热器或冷却剂等，对吸热反应器进行有效的冷却，使反应器内部的温度保持在一个合理的范围内，以防止过高的温度对反应速率和产物质量造成不良影响。该技术不仅有助于节约能源消耗，提高生产效率和经济效益，还能减少环境污染和安全隐患。目前该技术已经在各种需要大量热量的化工反应过程中得到广泛应用。

通过选择不同的换热器或冷却剂，可以有效控制反应温度。例如，在甲醇合成过程中，可以采用多管壳式换热器，利用水蒸气或水作为冷却剂，对甲醇合成反应器进行冷却，使反应器内部的温度保持在 250~300 摄氏度。在硝酸合成过程中，可利用氨气冷却剂，通过与空气混合后进行预冷却，对硝酸合成反应器进行高效冷却，使反应器内部的温度保持在 800~900 摄氏度。

（三）化工反应转化效率提升技术

化工反应转化效率提升技术通过科学运用催化剂及优化反应器设计，有效减少副产物的生成，进而提升化工反应的能量利用率，并降低副反应及化工产品分离所带来的能耗。该技术的原理是利用催化剂或反应器设计等，对化学反应进行精准的调控，使反应达到最佳的动力学和热力学条件，提高反应速率和选择性，降低反应温度和压力。该技术的特点是能够减少原料消耗，提高产品质量和收率，降低废弃物排放和环境污染。该技术的成熟度较高，已经在各种涉及多项、多组分、多步骤的复杂化工反应过程中得到广泛应用。

根据不同的工艺流程，可以选择不同的催化剂或反应器设计来实现提高反应效率的目的。例如，在甲醇制合成气过程中，可以采用铜锌铝基催化剂，利用其较高的活性和选择性，对甲烷进行蒸汽重整或部分氧化，生成富含氢气和一氧化碳的合成气。在乙烯制聚乙烯过程中，可以采用流态床气相聚合法，利用其较好的传质和传热性能，对乙烯进行均匀分散和快速冷却，生成具有较窄分子量分布和较高结晶度的聚乙烯。

第六节　交通低碳技术

交通领域是重要的二氧化碳排放领域，对气候和环境的影响不容忽视。近年来，我国新能源汽车关键技术日渐成熟，新能源汽车市场蓬勃发展。通过大力推进电动车关键技术和交通可再生燃料关键技术的研发与应用，不仅可以推动交通行业降碳，有效减少温室气体的排放，遏制全球气温上升，还能促进新能源、智能交通等绿色产业发展，为经济增长注入新动力。

一、新能源汽车发展趋势

当前，全球新能源汽车市场正迎来迅猛增长。研究机构 EVTank 联合伊维经济研究院共同发布的《中国新能源汽车行业发展白皮书（2024 年）》显示，2023 年全球新能源汽车销量达到 1465.3 万辆，同比增长 35.4%。全球新能源汽车销售仍旧主要由中国、欧洲和美国三大市场所引领。其中，中国稳居领先地位，拥有全球约 60% 的新能源汽车销售份额；美国作为第二大市场，在 2023 年实现了 18.3% 的新能源汽车销售增速，销售份额占 20% 左右；欧洲的新能源汽车销售量在 2023 年增长了 48%，销售份额为全球市场的 1/10。

我国在新能源汽车技术的创新和市场应用方面已取得了举世瞩目的进步，稳坐全球新能源汽车市场的头把交椅。2022 年，我国新能源汽车销量占全年新车总销量的 25.6%，这意味着提前三年达成了“2025 年新能源汽车销量占 20%”这一宏伟目标。为持续推进新能源汽车产业的繁荣发展，我国多个省份已制定了具体的发展目标，并出台了一系列的配套支持举措。例如，比亚迪为深圳市提供了大部分的电动公交车和出租车，这充分展现了深圳市对于新能源汽车发展的雄心壮志，即到 2025 年，新增新能源和清洁能源动力汽车的比例达到 60% 左右。

新能源汽车在应用中也面临一系列的挑战。首要问题是电池技术及其标准化。电池是新能源汽车的核心部分，市场上动力电池种类繁多，但各制造商在电池安全设计及技术指标上差异显著，特别是在电动卡车领域，电池更换面临巨大的挑战。为了满足多样化车型和应用的需求，电池标准化势在必行。此外，换电技术在我国得到了广泛的关注和应用，特别是在政策支持和技术发展方面。我国已经成为换电技术的先驱，并在多个城市进行了技术示范试点。尽管我国在 2021 年发布了第一个关于换电的标准，并选择了 11 个城市进行技术示范，但这些标准仍在不断完善中，尚未最终确定。还有一个引人注目的挑战就是无线充电技术的商业化落地。虽然这一技术为新能源汽车带来了全新的充电模式，但其普及仍需时日。特别是在高速公路场景下，无线充电技术面临着供电能力不足的难题，目前还难以实现在高速行驶过程中为新能源汽车提供稳定、持续的电能补给。

二、新能源汽车关键技术

（一）动力电池技术

动力电池技术是新能源汽车技术的核心组成部分。如何使动力电池系统满足复杂多变的车辆工况要求，保证整车性能优良、动力安全可靠，消除由电池系统带来的安全隐患，提升新能源汽车产品的竞争力，是动力电池系统要解决的关键技术问题。目前动力电池分为三元聚合物锂电池、磷酸铁锂电池和氢燃料电池。其未来发展趋势将以能量密度高、充电速度快、安全性强、成本低等为主线。

三元锂电池是使用镍钴锰酸锂或者镍钴铝酸锂三元复合正极材料的锂电池，三元复合正极材料是以镍盐、钴盐、锰盐为原料，镍钴锰的比例可以根据实际需要调整。三元材料做正极的电池相对于钴酸锂电池安全性更高，目前广泛应用于移动和无线电子设备、混合动力和电动交通工具等领域。其主要特点是能量密度较高，意味着动力电池单位体积内存储的电量更多，因此具有较好的续航能力，同时也具有抗低温性能，冬季电量衰减少，适合北方地区。其缺点是稳定性较差，容易热失控，在快速充电中存在自燃风险，从而对其他性能要求苛刻。

随着电池技术的进步，电动汽车的能量密度和续航里程也得到了显著提高。例如，早期的电动汽车续航里程仅为 100 公里左右，而现在多数高端电动汽车的续航里程已经超过 500 公里。这主要得益于锂离子电池能量密度的提高和电池管理系统的优化。

（二）充电技术

新能源汽车的充电技术正加快升级。目前，慢速充电主要利用家用电源如 110 伏或 220 伏电源进行充电，这通常需要数小时到一天的时间。尽管其充电速度较慢，但这种方式仍然适用于家庭或夜间充电，例如早期的 Nissan Leaf 就提供了此种充电方案。相较之下，快速充电使用 240 伏电源，其充电速度明显加快，只需几小时即可完成，深受公共充电站和家庭用户的欢迎，Tesla 的家用充电器和众多公共充电站都采用了这种快速充电技术。而更为先进的超快速充电则采用直流电进行，能在短短几十分钟内为新能源汽车充满电，随着新能源汽车的普及，这种充电站在高速公路和城市中心的需求量也在增加。无线充电技术通过电磁场进行充电，不用插入充电头，尽管这种技术目前仍处于初级阶段，但 BMW 的 i3 和 i8 已经提供了这种充电选项。此外，换电技术逐渐出现在大众生活中，其无须充电，而是直接更换电池。这种技术在某些地区已得到应用。总的来说，随着技术的进步和新能源汽车市场的扩大，未来的充电技术将持续创新和发展。

充电技术的核心是为新能源汽车电池安全、高效地充电。在交流充电过程中，新能源汽车的内部充电器会将交流电转换为直流电进而存储于电池中。相较之下，直流快速充电则通过外部充电器直接为电池提供直流电，大大加快了充电速度。以 Tesla 为例，其超级充电器使用直流快速充电技术，可以在约 30 分钟内为 Model S 提供约 80% 的电量。此外，CHAdeMO 作为一种广泛应用的直流快速充电标准，在日本备受欢迎，充电功率最大可达 62.5 千瓦。

（三）电机驱动技术

新能源汽车采用电动机取代传统的内燃机作为动力输出部件。随着新能源汽车对驱动电机宽调速范围、高功率密度、高效率等性能要求的提高，永磁同步电机逐渐取代直流电机、感应电机等作为新能源汽车的主流驱动电机。目前，特斯拉在其 Model S 和 Model X 中使用了交流感应电机，而在 Model 3 中则采用了永磁同步电机。此外，日产 Leaf 和雪佛兰 Bolt 也采用了永磁同步电机。

再生制动技术是新能源汽车电机驱动中的一项关键技术，它作为一种能量回收机制，通过将移动车辆或物体的动能转化为可以立即使用或存储的能量，有效减缓了电能消耗速率。该技术可以减少机械部件的快速磨损，不仅提升了车辆的整体效率，同时也显著延长了制动系统的使用寿命。以特斯拉为例，其车辆均配备了先进的再生制动系统，制动能量回收率高达 60%。宝马 i3 和雪佛兰 Bolt 也采用了类似的技术，从而显著提高了城市用车场景下车辆的续航里程。

三、交通可再生燃料技术

随着全球对环境和能源安全问题的日益重视，可再生燃料技术应运而生。这种技术旨在利用可再生资源生产燃料，以替代传统的非可再生燃料，从而减少温室气体排放，提高能源安全性，并减少对化石能源的依赖。在低碳交通领域，可再生燃料的种类繁多，主要包括生物燃料和氢燃料。其中，生物燃料是一种通过生物碳固定过程得到的燃料，包括从生物质转化得到的固体生物质、液体燃料和各种生物气体，例如，生物乙醇通过发酵从糖或淀粉作物中生产得到；氢燃料则是以氢气作为能量载体，可以通过生物途径或物理化学方法生产，其中通过太阳能、风能等可再生能源发电直接制取的氢能被称为绿氢。

（一）生物燃料技术

生物燃料技术在低碳交通领域的应用主要聚焦于构建绿色低碳交通服务体系、新能源汽车推广普及，以及长距离重型货运、航空和海运等难以实现电气化的交通场景。作为可再生能源，生物燃料如生物柴油、生物乙醇和生物甲醇能有效替代化石燃料，减少温室气体排放。特别在电气化难度较大的交通领域，生物燃料展现出其低碳的优势，为新能源汽车提供更长续航和快速加油，同时在航空和海运中作为低碳解决方案，保证良好的性能和经济效益。

生物燃料是从生物质中获取的可再生能源，其转化过程通常涉及化学、生物和热工艺等技术手段。生物燃料的主要来源包括植物、动物和微生物。与化石燃料截然不同，生物燃料的可再生性源于其产自现存生物体，而非数百万年前的生物遗骸。目前，生物燃料在全球范围内得到了广泛的应用，特别是在交通、工业和家庭供暖领域。鉴于全球对减少温室气体排放和替代化石燃料的迫切需求，生物燃料技术的研发和应用也在持续加强。典型的生物燃料包括生物柴油、生物乙醇、生物甲烷和生物氢等。

（1）生物柴油：生物柴油是通过植物油或动物脂肪进行酯交换反应制得的。其原料主要来源于油菜籽、大豆、棕榈油等植物油，以及动物脂肪。制备过程包括酯交换、分离和提炼等步骤。

（2）生物乙醇：生物乙醇是通过糖类或淀粉类原料进行发酵制得的。常见的原料包括玉米、甘蔗和小麦等。制备过程主要包括破碎、糖化、发酵和蒸馏等步骤。

（3）生物甲烷：生物甲烷是通过有机物质在厌氧条件下进行微生物发酵制得的。常见的原料包括农业废弃物、动植物残渣和污水处理厂的污泥等。制备过程主要包括预处理、厌氧发酵和气体净化等步骤。

（4）生物氢：生物氢是通过微生物分解有机物质制得的。常见的原料包括农业废弃物、食品工业废弃物和污水处理厂的污泥等。制备过程主要包括预处理、生物发酵和气体净化等步骤。

生物燃料技术的共性优点包括：可再生、减少温室气体排放、提供农业和农村就业机会等。共性缺点包括：可能与食物生产竞争、生物多样性损失、水资源消耗等。

典型生物燃料的优缺点见表 4-11。

表 4-11 典型生物燃料的优缺点

生物燃料技术	优点	缺点
生物柴油	适用于现有的柴油引擎，减少硫和颗粒物排放	原料价格波动大，可能与食物生产竞争
生物乙醇	可与汽油混合使用，减少尾气排放	需要大量的水资源，可能导致土地退化
生物甲烷	高热值，低排放	技术复杂，投资成本高

生物柴油技术在全球范围内持续得到广泛的关注和研究。自其初代技术问世以来，已经历多次迭代与升级，目前发展至第三代，被广大研究者和产业界视为未来的主流发展方向。在原料选择方面，主要以棕榈油、大豆油、菜籽油和废弃油脂为主。需要关注的是，尽管废弃油脂在 2020 年的全球生物柴油原料中所占比例仅为 15%，但这一比例预计在未来还将继续增长，这也反映了生物柴油技术在全球范围内的巨大应用潜力。欧盟在生物柴油技术与应用方面已取得显著进展，特别是由油脂与醇类经转酯作用获得的单烷基脂肪酸酯类生物柴油，其物化性质已被证明与石化柴油相近，因此可以直接替代石化柴油作为现有发动机系统的燃料。

生物燃料不仅具有替代石油作为车用燃料的潜力，还可用作航空燃料。2008 年 2 月，英国维珍航空公司与通用电气公司合作，在一架波音 747 飞机上使用了 80 ：20 比例的 Jet A1 和棕榈油 / 巴巴苏油的混合燃油进行飞行试验。这项飞行试验为评估生物燃料在当代商用发动机中的适用性提供了重要的数据支持，并推动了后续更多相关试验的开展。此外，大陆航空公司在装有 CFM-56 发动机的 737-800 飞机的一个发动机中测试了以 50 ：50 比例配成的藻类油 + 麻风树油和 Jet A1 的混合燃油。结果表明，生物燃料混合物的加入并未对发动机性能产生不利影响，甚至可能使发动机燃烧更为经济。然而，尽管进行了一些试验以评估乙醇和生物柴油等生物燃料在喷气发动机中的适用性，但由于技术限制，这些燃料可能无法大规模应用于飞机动力系统。为了应对这一挑战，航空业正积极寻找适用于喷气发动机的替代燃料。其中，由 Fischer-Tropsch 反应制造的以秸秆为原料的液体生物燃料 BTL 和经过加氢处理的植物油等燃料备受关注。

（二）氢燃料电池技术

氢燃料电池是真正的“零碳排放”的清洁能源，基本原理就是电解水的逆反应，把氢和氧分别供给阴极和阳极，氢通过阴极向外扩散和电解质发生反应后，放出电子通过外部的负载到达阳极，只会产生水和热。氢燃料电池的优势体现为电池能量转换效率高，而且无污染、无噪声。立足长远来看，氢燃料电池必将是动力电池行业的重点发展方向。但现阶段，氢燃料电动车仍存在许多问题，如氢气储存不便、造价成本过高。

自 1839 年由 William Grove 发明氢燃料电池以来，这项技术就已经在诸多领域得到应用，例如为商业、工业和住宅建筑提供主要和备用电源，尤其适用于偏远或难以接入电网的地区。在低碳交通领域，氢燃料电池技术的应用尤为广泛，涉及从小型乘用车到大型公共汽车和火车等各类交通工具。由于氢燃料电池只排放水蒸气，它们被视为一种低碳、环境友好的能源解决方案。随着技术的进步，氢燃料电池车辆的续航里程和充电速度也在持续提高，使其成为一种越来越受欢迎的交通工具选择。此外，为减少碳排放和空气污染，许多城市都开始考虑将氢燃料电池公共汽车纳入公共交通系统。

氢燃料电池基于其工作原理可分为多种类型，但其核心结构均由阳极、阴极和允许离子移动的电解质组成。根据使用的电解质类型和启动时间的差异，氢燃料电池可细分为质子交换膜燃料电池（Proton Exchange Membrane Fuel Cell，PEMFC）和固态氧化物燃料电池（Solid Oxide Fuel Cell，SOFC）。

质子交换膜燃料电池：主要用于交通运输，以及作为固定燃料电池和便携式燃料电池。其特点包括较低的温度范围（50~100 摄氏度）和特殊的质子传导聚合物电解质膜。在质子交换膜燃料电池工作过程中，氢气被输送到膜电极的阳极侧。在阳极侧，它在催化剂的作用下被分解为质子和电子。新形成的质子通过聚合物电解质膜渗透到阴极侧。与此同时，氧气被输送到膜电极的阴极侧。在阴极侧，氧气分子与渗透通过聚合物电解质膜的质子以及通过外部电路到达的电子反应，形成水分子。

固态氧化物燃料电池：一种通过氧化还原反应产生电能的电池，使用固态金属氧化物作为电解质。固态氧化物燃料电池可以在高温（500~1000 摄氏度）下工作，这使得它可以使用天然气、生物气体、煤气或氢气作为燃料。在固态氧化物燃料电池的工作过程中，氧气从空气中通过电解质的阴极侧输送，然后在阴极与电子结合形成氧离子。这些氧离子通过固态氧化物电解质迁移到阳极。在阳极，氧离子与氢气或其他燃料反应生成水，并释放出电子。这些电子通过外部电路返回到阴极，从而形成电流回路。由于固态氧化物燃料电池在高温下工作，因此它具有较高的燃料灵活性和电效率，并且可以与其他热电设备（如燃气轮机）结合，进一步提高发电效率。

典型氢燃料电池技术的共性优点在于其具有高效率及持续供电能力，仅需燃料和氧气供应便能持续产生电能，特别适用于缺乏外部电源的偏远地区；共性缺点在于氢燃料电池的成本相对较高，需要稀有材料如铂作为催化剂，此外，它们的工作温度通常较高，可能需要额外的冷却系统。

典型氢燃料电池的优缺点见表 4-12。

表 4-12 典型氢燃料电池的优缺点

燃料电池类型	优点	缺点
质子交换膜燃料电池	快速启动，低温运行，适合移动应用	需要纯净的氢气，对杂质敏感
固态氧化物燃料电池	可以使用多种燃料，高温下效率高	启动时间长，需要高温运行

随着全球环保和可持续发展意识的提升，氢燃料电池汽车的发展得到了政府、企业和研究机构的支持和推动。例如，美国、日本、韩国、欧洲等国家和地区都制定了一系列政策和计划，鼓励企业和研究机构开展氢燃料电池技术和汽车的研究和开发。其中，美国能源部在 2016 年启动了“联合能效”计划，与美国各大汽车制造商、能源供应商、研究机构等合作，共同开展氢燃料电池技术和汽车的研究和开发，旨在推动氢燃料电池汽车的发展和应用。同时，美国政府还在加利福尼亚州、新泽西州、康涅狄格州等地建立了多个加氢站，为氢燃料电池汽车的推广和应用提供了基础设施支持。欧洲也在氢燃料电池汽车的发展方面进行了积极的探索和实践。例如，德国和法国政府在 2017 年共同启动了“国际氢能城市”计划，与德国戴姆勒、法国雷诺等汽车制造商合作，共同开发和推广氢燃料电池汽车，旨在推动氢燃料电池汽车在城市中的应用和普及。

近年来，我国政府和企业也加大了对发展氢燃料电池汽车的支持和投入。例如，国家发改委、国家能源局在 2016 年发布了《能源技术革命创新行动计划 2016—2030 年》，提出加快推进氢燃料电池汽车的发展和应用。此外，各地政府也出台了一系列政策和计划，鼓励企业和研究机构开展氢燃料电池技术和汽车的研究和开发。同时，国内一些大型汽车制造商也在积极布局氢燃料电池汽车市场。例如，上汽集团、北汽集团、长安汽车、东风汽车等都已经推出了各自的氢燃料电池车型，并且正在逐步扩大生产和销售规模。另外，我国在氢燃料电池技术的研发方面也取得了一定的进展。例如，我国科学家在质子交换膜燃料电池的研究方面取得了一系列成果，成功开发出了高性能、低成本的质子交换膜燃料电池。这些技术的进步和突破将为我国氢燃料电池汽车的发展和应用提供有力的支撑和保障。

第五章

能源新产业新业态研究

第一节　能源装备制造产业

随着全球能源需求的不断增长和能源结构的持续优化，能源装备制造业迎来了前所未有的发展机遇。在新一轮的发展浪潮中，我国能源装备制造业，尤其是在风电装备、太阳能设备、锂电池制造领域，取得了举世瞩目的成就，为我国能源行业的转型升级和高质量发展奠定了坚实基础。

一、风电装备制造产业

（一）中国风电制造产业

我国风电装备制造产业受到各级政府的高度重视和国家产业政策的重点支持，近年来国家出台了多项政策，鼓励风力发电行业发展与创新。2020 年 12 月，国务院新闻办公室发布《新时代的中国能源发展》白皮书，提出要以风电的规模化开发利用促进风电制造产业发展，风电制造产业的创新能力和国际竞争力不断提升，产业服务体系逐步完善。2021 年 12 月，国家能源局发布《关于组织拟纳入国家第二批以沙漠、戈壁、荒漠地区为重点的大型风电光伏基地项目的通知》，要求以省为主体推动项目开发建设，坚持先进高效开发，鼓励采用设备技术先进、发电效率高的风电机组和光伏组件，项目按时建成后将授牌“国家大型风电光伏基地项目”。2023 年 3 月，国家发展改革委等九部门联合印发《关于统筹节能降碳和回收利用加快重点领域产品设备更新改造的指导意见》，提出加快增补风电、光伏等领域发电效率标准和老旧设备淘汰标准空白；为新型产品设备更新改造提供技术依据；完善产品设备工艺技术、生产制造、检验检测、认证评价等配套标准。相关产业政策为风力发电制造行业的发展提供了明确、广阔的市场前景，为企业提供了良好的生产经营环境。

风电行业产业链的上游为风电发电设备原材料、零部件以及其他配套设备制造，中游为风电机组整机、风电设备制造，下游为风电场开发、建设运营及风电售电等，如图 5-1 所示。在政策鼓励下，我国的风电产业发展飞快，由此诞生了一批优秀的龙头企业。如上游叶片环节的中材科技、株洲时代等，风电铸件环节的日月重机、华锐重工等，塔筒环节的天顺风能、大金重工等，主控系统环节的南瑞科技、禾望电气等，发电机环节的中电电机、中车株洲等；中游整机环节的金风科技、明阳智能、远景能源、联合动力、上海电气等，风电电缆环节的中天科技、东方电缆等，风电运维环节的大唐集团、中广核等；下游风电总包环节的华仪电气、特变电工等，风电开发建设环节的国电集团、龙源电力等，风电运营环节的国电投、三峡集团、华能集团等。

图 5-1　风电装备制造产业链

根据伍德麦肯兹风电研究团队发布的最新研究报告——《2022 年全球风电整机企业市场份额排名》，在 2022 年全球风电新增装机榜单前 15 名中，我国风电整机企业有 10 家，分别是金风科技、远景能源、明阳智能、运达股份、三一重能、中国海装、中国中车、电气风电、东方电气、联合动力。其中，金风科技 2022 年新增装机容量为 12.5 吉瓦，首次排名全球第一；远景能源新增装机容量 8.8 吉瓦，排名全球第五。排名前五的风电整机企业占据全球近 60% 的市场份额。

（二）省域风电制造产业

我国的风电装备制造业具有典型的地域集中性特点，主要集中在具有丰富风能资源和良好工业基础的省份，如江苏、山东、福建、广东等。这些地区的风能资源丰富，设备搭建和维护成本相对较低，同时工业基础较好，有利于风电装备制造业的发展。下面以江苏、广东、山东、福建为代表，介绍我国省域风电制造产业集群。

1. 江苏

作为我国最早发展海上风电的省份之一，江苏省有着其他省份难以比拟的区位优势以及制造业优势，省内常州、苏州、无锡等城市均为全国有名的制造业基地。近年来，江苏省一直坚持将绿色低碳作为调整能源结构、推动能源转型的主攻方向，发展风电产业，助力双碳目标的实现。目前江苏省风电装备已经形成了以整机制造为核心、各类零部件为补充的全产业链发展格局，如风电叶片材料领域的九鼎材料、恒神股份、天晟新材等，叶片领域的天顺风电、中复连众等，主控系统领域的国电南瑞、科远智慧等，发电机领域的明阳风电、中电电机等，风电铸件领域的吉鑫风能、高精传动、高速齿轮、高精齿轮等，塔筒领域的天顺风能，风电涂料领域的中海油，风电电缆领域的中天科技、亨通光电、大丰海缆等。江苏省正抓住当前国家风电政策的机遇和现有资源优势，促进风电产业集群发展，形成布局完善、产业集聚的发展格局。

2. 广东

广东省已初步形成了集海上风电研发、装备制造、工程设计、施工安装、运营维护为一体的海上风电产业链。其中，阳江全产业链基地基本形成，粤东海工、运维、科研及整机组装基地加快建设，汕头国际风电创新港、汕尾海工基地、揭阳运维基地协同并进，中山海上风电机组研发中心建成投运。广东省海上风电产业在海上风电整机、叶片、塔筒等环节具有较强竞争优势，但在风机零部件（主轴承、齿轮箱、主控系统）、海上升压站等装备制造环节基础仍薄弱，制造企业数量有限；大兆瓦风机主轴承、叶片芯材、变流器 IGBT 器件等关键核心设备材料以及部分风机设计和工程设计软件需从国外引进。目前，广东省内拥有或入驻明阳智能、金风科技、上海电气等重点企业，已建成先进能源科学与技术广东省实验室（阳江分中心）、广东省风电技术工程实验室等创新平台。2023 年 5 月 24 日，广东省发改委发布《广东省能源局关于印发广东省推进能源高质量发展实施方案的通知》。该通知提出，打造万亿新能源产业集群，做大做强优势产业，做大做强海上风电装备制造业，加快形成融整机制造与叶片、电机、齿轮箱、轴承等关键零部件制造，以及大型钢结构、海底电缆等加工生产为一体的高端装备制造基地，提前布局海上风电运维基地。

3. 山东

山东省是我国制造业大省，也是我国风能资源最丰富的地区之一，风能资源的规模化开发极大地带动了山东风电装备产业的发展。目前，山东已拥有和入驻一批风电高端装备制造业领军企业和“隐形冠军”。例如，天能重工、天顺风能、泰胜风能、大金重工被称为中国风电塔筒领域的“四小龙”；通裕重工已经成为国内最大的兆瓦级风电主轴生产企业；双一科技在风电机舱罩和风电复合材料领域皆处于行业前茅，是国内领先的风电配套设备生产企业。山东省人民政府发布的《能源发展“十四五”规划》提出，在风电装备产业方面，打造烟台蓬莱和海阳、滨州惠民、德州禹城、东营河口、潍坊高密、威海乳山、菏泽鄄城等风电装备制造基地。2023 年 5 月 12 日，山东海上风电装备制造产业乳山基地的首台风机正式下线，这标志着乳山市千亿级海上风电产业集群建设迈出里程碑式的一步。

4. 福建

福建依托丰富的海上风能资源，乘风而上、化风为宝，大力发展绿色低碳新能源产业。近年来，福建省坚持以资源开发带动产业发展，不断延伸风电装备制造、安装运维等产业链，建设福州江阴等海上先进风电装备园区，并以风电成套机组设计和组装为核心，带动风电关键零部件产业发展，加快开发生产海上风电大部件更换运维平台、海上风电运维服务船、风机塔筒、海上风电钢结构、风电机组等产品。福建积极推动三峡海上风电国际产业园等项目建设，培育发展海上风电装备产业，建设高端海上风电装备制造基地。在产业发展成就方面，以福建三峡海上风电国际产业园为例，园区已经逐步形成了风机、电机、叶片、结构件等海上风电大部件产业链，聚集了一大批海上风电运维、大件物流、人才服务、电力供应等专业服务单位，具备年产 300 万千瓦以上风机及主要零部件生产、配送、售后服务等能力。2023 年 11 月 10 日，中国自主研制、拥有完全自主知识产权的全新一代 18 兆瓦海上直驱风电机组在福建福清下线。这是目前已下线的全球单机容量最大、叶轮直径最大的海上直驱风电机组，标志着我国海上风电大容量机组在高端装备制造能力上实现重要突破，达到国际领先水平。2023 年 6 月，全球首次海上风电无淡化海水原位直接电解制氢技术海上中试在福建兴化湾海上风电场获得成功；未来可进一步培育氢燃料电池产业。

二、光伏设备制造产业

（一）我国光伏制造产业

随着光伏发电在能源供应体系中占据越来越重要的地位，我国光伏设备制造产业日益壮大，已形成了从高纯度硅材料、硅锭 / 硅棒 / 硅片、电池片 / 组件、光伏辅材辅料、光伏生产设备到系统集成和光伏产品应用等完整的产业链条。光伏产业链包括硅料、硅片、电池片、组件、光伏电站（逆变器、控制器和储能）等环节。具体来看，光伏产业链上游包括高纯度多晶硅材料、单晶硅和多晶硅的制造，硅片的生产；中游包括光伏电池、光伏组件以及逆变器制造环节；下游为光伏电站应用及运营和维护，如图 5-2 所示。经过多年的发展，中国光伏产业已成为具备国际竞争优势、实现端到端自主可控，并有望率先成为高质量发展典范的战略性新兴产业，也是推动中国能源变革的重要引擎。目前中国光伏产业在制造业规模、产业化技术水平、应用市场拓展、产业体系建设等方面均居全球前列。PV Tech 数据显示，2022 年，全球光伏组件前十的供应商分别为隆基股份、晶科能源、晶澳太阳能、天合光能、阿特斯阳光电力、东方日升、正泰太阳能、第一太阳能、韩华、东磁太阳能，这十家公司中有八家的总部位于中国，包括全部的前七名，合计出货量 245 吉瓦，占全球出货量的 75% 以上。

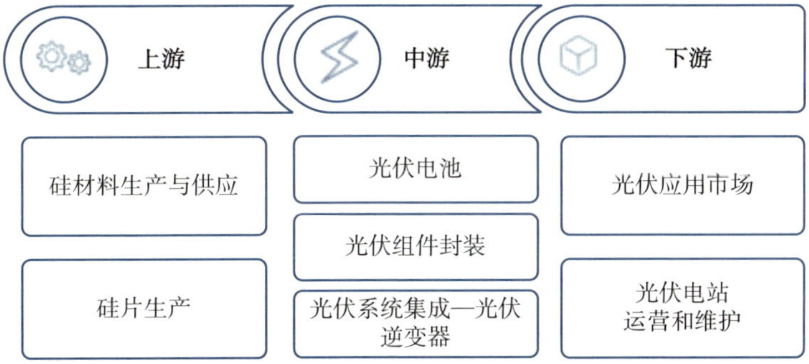

图 5-2　光伏制造产业链

近年来，国家践行“双碳”目标，出台光伏相关政策，涵盖新能源配储、“十四五”可再生能源发展规划、整县推进、光储安全、光伏产业链供应链协同发展、新能源发电项目等多个方面的内容。2022 年 2 月，国家发改委、国家能源局两部门发布《关于完善能源绿色低碳转型体制机制和政策措施的意见》，要求大力支持新能源电力能建尽建、能并尽并、能发尽发；2022 年 3 月，国家能源局印发了《2022 年能源工作指导意见》，明确继续实施整县屋顶分布式光伏开发建设；2022 年 6 月，国家发展改革委、国家能源局等九部门联合印发《“十四五”可再生能源发展规划》，提出加快推进以沙漠、戈壁、荒漠地区为重点的大型风电太阳能发电基地建设。

近年来，我国光伏行业成绩亮眼。根据工业和信息化部消息，2022 年全年光伏产业链各环节产量再创历史新高，全国多晶硅、硅片、电池、组件产量分别达到 82.7 万吨、357 吉瓦、318 吉瓦、288.7 吉瓦，同比增长均超过 55%，行业总产值突破 1.4 万亿元人民币。国内主流企业 P 型 PERC、N 型 TOPCon 电池平均转换效率分别达到 23.2%、24.5%，硅异质结太阳能电池转换效率达到26.81%，刷新当时的世界纪录，钙钛矿及叠层电池研发及中试取得新突破。全年光伏产品出口超过512亿美元，光伏组件出口超过153吉瓦，有效支撑了国内外光伏市场增长和全球新能源需求。

（二）省域光伏制造产业

从当前我国光伏产业链分布情况来看，主要聚集分布在三个地区：一是产业链完备及具备先发优势的江苏、浙江、安徽等华东地区；二是大型风光基地建设前沿内蒙古、青海、宁夏等西北地区；三是靠近上游原料产地且绿电资源丰富的四川、云南等西南地区。这些省份在光伏产业链的不同环节有着较强的实力和优势，形成了较为完整的光伏装备制造产业集群。

1. 江苏

江苏省的光伏装备制造业在全国处于领先地位，拥有众多知名的光伏企业和先进的生产线，产品涵盖光伏组件、逆变器、支架等。江苏省内各地区光伏产业发展各有侧重，具体来看，常州、苏州、无锡三市仍保持产业发展优势；盐城、宿迁在骨干企业带领下，光伏电池和组件生产规模不断扩大；徐州、扬州、泰州、淮安、镇江、南通、连云港等市光伏招商引资力度加大、步伐加快；南京在光伏系统设计、EPC总承包、电站建设与运营、投资管理和服务等方面具有较强实力。从全省光伏设备制造产业运行情况来看，截至2022年底，江苏光伏制造企业约450家，覆盖了硅料、硅片、电池、组件、辅材辅料、装备制造和光伏应用系统等领域，全省规上光伏企业共完成营收6159.2亿元，同比增长86%。全年主要光伏产品出口191亿美元，同比增长59.1%，其中光伏组件出口额约占全省出口总额的80%，主要出口市场为欧洲和东南亚。盈利水平表现突出的环节为硅料和生产装备，净利润率分别为41.2%和14.4%；盈利水平较好的环节为逆变器和辅材辅料，净利润率分别为10.1%和5.6%。

2. 内蒙古

内蒙古可再生能源资源丰富，近几年风光大基地开发项目加速落地，为全区光伏产业蓬勃发展创造了历史性机遇。为推动光伏全产业链、集群式发展，内蒙古加强顶层设计，优化空间布局，致力于将包头市打造成“世界绿色硅都”，短短几年间，便集聚了通威、协鑫、大全等 40 多家光伏企业。晶硅光伏产业已成为包头市增长最快、集中度最高、创新优势最明显、区域竞争力最强、发展后劲最足的主导产业之一。2022 年，内蒙古包头市晶硅光伏产业产值突破千亿元，成为全国首批光伏产业产值超千亿元城市，多晶硅、单晶硅产能遥遥领先。2023 年上半年，包头进一步形成多晶硅 33.5 万吨、单晶硅 138.8 吉瓦、切片 25 吉瓦、组件 12 吉瓦的产能。作为全国乃至全球硅产业重要集聚地，包头正在逐步扩大晶硅产业规模，集中力量引进硅片、电池片、组件企业，实现全产业链一体化发展；持续提升产业协同配套能力，围绕上中下游生产及应用各环节，加快引进配套企业，切实提升本地配套率，打造全国乃至全球产业规模最大、产业链最完整、配套率最高的万亿级晶硅产业集群。

3. 云南

云南是我国光伏产业发展的先驱省份之一，始建于 1977 年的云南半导体器件厂是我国最早从事太阳能电池片、电池组件、光伏发电系统及配套产品研究制造的国有高新技术企业，是晶体硅太阳能电池专业制造企业。20 世纪 90 年代，云南省太阳能的研究、利用，以及产业化发展欣欣向荣，产值、产量、销售收入均位居全国第一。在能源结构加速转型的背景下，新能源领域蓬勃发展，云南凭借着硅矿藏量超过 30 亿吨的资源优势，光伏产业链迅速壮大。2022 年，云南省光伏产业链产值突破千亿元，达 1073 亿元，占全国光伏产业产值比重为 7.7%。

三、锂电池制造产业

（一）中国锂电池制造产业

随着人类对能源需求的不断增长和环保意识的日益增强，能源转型已成为全球共识。在这个过程中，锂电池以其独特的优势，正成为引领未来能源革命的关键。全世界十大锂电池生产商，七家在中国，产能超过全球的50%。锂电池制造产业链上游主要是正极材料、负极材料、电解液和隔膜等原材料供应商。中游包含储能、动力和消费电池三个领域，其中储能电池涵盖通信储能、电力储能、分布式能源系统等；动力电池主要应用于动力领域，服务的市场包括新能源汽车、电动叉车等；消费电池涵盖消费与工业领域，包括智能表计、智能安防、智能交通、物联网等。下游主要包含新能源汽车、电动自行车、消费电子、电动工具、储能等领域。如图 5-3 所示。

图 5-3　锂电池制造产业链

近年来我国颁布了一系列政策支持锂离子电池产业发展。2021 年 7 月，工信部发布《新型数据中心发展三年行动计划（2021—2023 年）》，提出支持探索利用锂电池、储氢和飞轮储能等作为数据中心多元化储能和备用电源装置，加强动力电池梯次利用产品推广应用；同月，国家发改委、国家能源局发布《关于加快推动新型储能发展的指导意见》，提出坚持储能技术多元化，推动锂离子电池等相对成熟的新型储能技术成本持续下降和商业化应用。2022 年 11 月，工信部、国家市场监督管理总局发布《关于做好锂离子电池产业链供应链协同稳定发展工作的通知》，旨在保障锂电产业链供应链协同稳定，提出坚持科学谋划，推进锂电产业有序布局等五项政策举措。诸多政策为锂电产业发展进一步打开了市场需求、规范了市场竞争。

工信部数据显示，2022 年中国锂电池产量持续快速增长。锂电产业规模不断扩大，全年全国锂离子电池产量达 750 吉瓦时，同比增长超过 130%，其中储能型锂电池产量突破 100 吉瓦时；正极材料、负极材料、隔膜、电解液等锂电材料产量分别约为 185 万吨、140 万吨、130 亿平方米、85 万吨，增速均超 60%；行业总产值突破 1.2 万亿元。2022 年，锂电池在新能源汽车领域以及风光储能、通信储能、家用储能等储能领域加快应用并迎来增长窗口期，全国新能源汽车动力电池装车量约 295 吉瓦时。锂电池出口总额 3426.5 亿元，同比增长 86.7%，为新能源高效开发利用和全球经济社会绿色低碳转型做出积极贡献。从市场个体来看，2022 年我国锂离子电池领域形成了宁德时代、比亚迪等一批龙头企业，培育了专精特新“小巨人”企业近 260 家。

（二）省域锂电池制造产业

随着全球能源结构的转型和新能源汽车市场的不断扩大，锂电池市场规模持续增长，福建、广东、江西等省域锂电池先进制造业集群快速发展，基本形成了链条完备、产销量巨大的产业格局。

1. 福建

锂电池行业是福建省千亿产业集群行业，经近年迅猛发展，锂电产业规模居全国前列，2022 年全省锂电产业营业收入 3386 亿元，增长 84.1%。在“专精”企业培育方面，宁德时代、厦钨新能、海辰储能等优秀企业持续夯实技术积累、优化生产工艺，不断推出具有市场竞争力的产品，引领行业发展。其中，宁德时代动力及储能电池出货量居全球第一，年产能近 1000 吉瓦时；2023 年 4 月，宁德时代推出了新研发的凝聚态电池，能量密度超 500 瓦时 / 千克，高于市场上常规锂离子电池的能量密度，同时凝聚态电池还有快速充电的能力，可在数分钟内完成充电。厦钨新能三元材料出货量居全国前十，三元材料年规划产能超30万吨。海辰储能作为储能电池领先企业，年规划产能近100吉瓦时。在产业分布方面，已形成以宁德市、厦门市为重点区域的锂电产业集群。据不完全统计，福建拥有锂电产业基地约30个，其中，宁德市锂电产业基地最多，达11个；厦门市7个，紧随其后。自2011年宁德时代落户以来，宁德市锂电新能源产业高速发展，已成为全球最大的聚合物锂离子电池生产基地。同时，宁德累计引进卓高、杉杉、厦钨、青美、邦普等80多个产业链项目，覆盖正极、负极、隔膜、电解液等关键材料和电池构件、机械设备、包材等配套项目，“龙头”集聚效应初显。

2. 广东

广东省作为国内3C电子商品制造消费大区，其锂电产业基础雄厚，拥有最完善的锂电产业链，涵盖了从上游金属矿产资源、电池材料，到中游电芯制造及PACK组装，再到下游锂电池应用及回收利用的全产业链。从城市产业布局来看，广州主要布局储能电池、储能控制产品及系统集成、先进装备制造等产业；深圳重点布局储能电池、锂电硅碳负极材料、储能控制产品及系统集成、先进装备制造等；珠海布局储能电池、锂电隔膜、电解液等；东莞布局储能电池、锂电硅碳负极材料、锂电隔膜、储能控制产品及系统集成、先进装备制造等产业。在全产业链产能规划方面，截至2022年10月，广东地区三元材料及前驱体规划产能约40万吨，磷酸铁锂及磷酸铁前驱体规划产能约47万吨，负极材料规划产能约42万吨，电解液规划产能约14万吨，隔膜规划产能约64亿平方米，铜箔规划产能约13万吨，动力及储能电池规划产能约280吉瓦时。

3. 江西

江西省锂矿资源丰富，是国内锂电新能源产业起步较早的省份之一。近年来，江西依托丰富的锂矿资源，大力招引锂电头部企业，加快推进锂电产业全链条在宜春、新余、赣州、上饶等地集群式布局发展，取得了显著成效。在产业规模方面，2022年，全省锂电新能源产业实现营业收入2352.8亿元，同比增长 183.6%；实现利润总额 520.5 亿元，同比增长 337.1%。在企业实力方面，2022 年，全省拥有锂电新能源产业规模以上企业数量 228 家，占规模以上工业企业数量的 1.39%，并拥有赣锋锂业、孚能科技等多家具有行业影响力的龙头企业。其中，2022 年营业收入超 100 亿元的企业有 6 家，50 亿元至 100 亿元的企业有 6 家，10 亿元至 50 亿元的企业有 28 家。在行业地位方面，江西省在电池材料领域拥有较强的竞争优势，锂盐、负极材料、电解液、隔膜、铜箔等产量都居国内前列，其中碳酸锂、氢氧化锂产量排名全国第一，锂盐总产量占全国的近一半。在产业链建设方面，已形成从上游锂矿开采到锂盐、正 / 负极材料、电解液、隔膜四大材料及铜箔等电池材料生产，电池制造环节动力电池、消费类电池和储能电池各种产品谱系齐全，再到下游新能源汽车等应用的完整产业链，是全国产业链最为齐全完整的省份之一。

第二节　新兴业态模式

随着科技水平的快速提升，各种新技术如“互联网 +”智慧能源、新型储能、车网互动、综合能源服务等纷纷涌现。这些技术的应用不仅改变了能源行业传统的运作方式，也催生了一大批新业态新模式。根据国家统计局的定义，新业态是指顺应多元化、多样化、个性化的产品或服务需求，依托技术创新和应用，从现有产业和领域中衍生叠加出的新环节、新链条、新活动形态，具体表现为以互联网为依托开展的经营活动，创新商业流程、服务模式或产品形态，以及提供更加灵活快捷的个性化服务；新模式是指为实现用户价值和企业持续盈利目标，对企业经营所需的各种内外要素进行整合和重组，形成高效并具有独特竞争力的商业运行模式，具体表现为将互联网与产业创新融合，把硬件融入服务，以及提供一站式服务等。进入新发展阶段，创新业态模式将是能源行业推动自身转型升级的重要抓手。

一、能源新业态新模式主要特征

能源产业作为国民经济的基础产业之一，在创新业态模式的过程中，既要与时俱进，运用新技术持续提升用能效率；又要坚持公共服务事业的初衷，统筹能源转型与能源安全。随着互联网的蓬勃发展，数字化技术不断成熟，并逐步渗透到社会的各行各业；同时，“双碳”目标的提出，进一步要求能源行业加快绿色低碳、高效协同转型。因此，综合技术变革与能源转型等发展方向来看，能源行业新业态新模式具备数字化智慧化、绿色化低碳化、综合化协同化三个特征。

（一）数字化智慧化

党的二十大报告提出要“加快发展数字经济，促进数字经济和实体经济深度融合”。随着新一代信息技术的蓬勃发展和能源科技创新的深入推进，数字化转型在能源行业的必要性和重要性不断上升。能源产业数字化智慧化升级的进程正在加快，“云大物移智链边”等现代信息技术加快与能源产业深度融合。无论是在煤炭、石油、天然气等传统化石能源领域，还是在风电、光伏等新能源领域，新一代信息技术的应用正在快速推广，数字化智慧化已经成为趋势。电力领域是数字化起步较早的领域，智慧电厂、智能电网等发展正为新型电力系统建设提供驱动力和支撑。数字化也正在深刻改变能源领域的生产运行过程，数字新型基础设施的建设、生产环节智能化改造、数字化与管理流程的融合等举措显著提升了能源领域的生产效率。同时，能源企业借助数字技术，也在积极拓展新市场，孵化新生态，进行裂变式创新，智慧园区、智慧社区、智慧建筑等领域的综合能源服务、智慧用能模式等大量涌现。数字经济贯通能源“产供储销”价值链，并开启了更长产业链资源优化配置的新业态。在数字化浪潮下，能源领域正在发生巨大变革，现代信息技术与能源产业的深度融合推动着新业态的形成。

（二）绿色化低碳化

当前，绿色化低碳化已经成为全球能源发展大势，而新能源快速发展是能源绿色低碳转型的关键途径。中国、欧盟、美国、日本等 130 多个国家和地区提出了碳中和目标，世界主要经济体积极推动经济绿色复苏，以新能源产业为代表的绿色产业已成为热点，这也催生了能源产业新业态的发展。我国也在加快培育新能源、新能源装备制造、节能环保、新能源汽车等绿色产业，绿色产品供给能力显著提升。2022 年，光伏产业链各环节产量再创新高，光伏组件产量、多晶硅产量、光伏累计装机分别连续 16 年、12 年、8 年居全球首位。2023 年 9 月，科技部发布《国家绿色低碳先进技术成果目录》，包括在节能减排与低碳领域的多项先进技术成果。2023 年 3 月，国家发展改革委组织修订形成《绿色产业指导目录（2023 年版）》（征求意见稿），适应绿色发展新形势、新任务、新要求，对绿色产业进行了新的梳理。绿色化低碳化相关的能源技术创新和产业变革是能源新业态的重要特征，推动着能源行业向可持续发展的方向转变。

（三）综合化协同化

当前能源系统形态正在发生深刻变革，多元化迭代蓬勃演进，分散化、扁平化、去中心化的趋势特征日益明显。过去，煤炭、石油、天然气、电力、热力等能源品种均自成体系，彼此之间以竞争和替代关系为主，缺乏统筹规划和互补协同。而随着多元化的新能源蓬勃兴起，分布式能源也在快速发展，能源生产逐步向集中式与分散式并重转变，系统模式也由以大基地、大网络为主，向与微电网、智能微网并行转变。未来，面对能源低碳转型加速变革、新技术新模式不断涌现的新要求，各能源品种必须一体化系统发展，才能提供更高效便捷安全的能源服务。这使得各能源品种由过去相对独立发展，向综合化协同化演进，如生产侧的风、光、水（火、储）一体化发展模式，终端用户侧的电、热、氢、气等一体化综合服务。当前能源系统的变革趋势使得各能源品种的发展呈现出百花齐放、相互补充的趋势，促进了技术创新与新业态新模式的探索。多能融合和供需融合则为能源系统的综合化协同化提供了机遇和创造了更高价值的途径。多能融合使得不同能源之间的价值链融合，通过价值链互补的方式创造更高的价值，进而开启新业态。供需融合使得分布式电源与能源需求融合，形成有源负荷，开创了能源供需平衡由全局转变为与局部相结合的微电网新业态。

二、能源新业态新模式发展环境

为鼓励能源领域新技术、新业态、新模式的培育和发展，我国出台了一系列政策措施，从战略规划层面予以引导，从政策层面予以支持。

（一）数字化智慧化相关政策

能源电力数字化智慧化转型作为能源产业转型升级的重要内容，相关政策体系不断健全。在“双碳”目标下，我国对通过数字化转型助推能源领域碳减排和产业变革的重视程度也明显上升。中共中央、国务院出台了《关于积极推进“互联网+”行动的指导意见》《国家信息化发展战略纲要》等重要文件。“十四五”规划纲要在第五篇“加快数字化发展　建设数字中国”中提出，要“促进数字技术与实体经济深度融合，赋能传统产业转型升级，催生新产业新业态新模式，壮大经济发展新引擎”。

在能源发展战略规划、产业政策等的制定过程中，能源产业数字化智慧化发展也得到越来越多的重视，国家发展改革委和国家能源局作为行业主管部门，出台了一系列政策文件。《能源生产和消费革命战略（2016—2030）》提出，要促进能源与现代信息技术深度融合，重塑产业链、供应链、价值链。在煤炭、电力、可再生能源发展规划中都提到了产业数字化相关内容。《“十四五”现代能源体系规划》提出，要加快能源产业数字化智能化升级，并给出推动能源基础设施数字化、建设智慧能源平台和数据中心、实施智慧能源示范工程等方面的具体举措。此外，《关于推进“互联网+”智慧能源发展的指导意见》《关于加快煤矿智能化发展的指导意见》等专项政策也提出了能源细分领域数字化具体措施。

此外，工信部围绕推动产业结构战略性调整和优化升级、推进信息化和工业化融合等，也提出促进能源数字化智慧化发展。2016 年发布了专项规划《信息化和工业化融合发展规划（2016—2020）》，推进产业数字化、网络化和智能化发展；2020 年发布了《关于工业大数据发展的指导意见》，对促进工业数字化转型，激发工业数据资源要素潜力提出具体要求。科技部、人民银行等部门也从科技创新、金融支持等方面出台了支持数字化转型的相关政策。地方层面，能源数字化智慧化越发受到重视，如 2022 年贵州省印发了《贵州省能源数字化“十四五”规划》《贵州省能源数字化“十四五”规划实施方案》等文件。企业层面，数字化转型是国有企业发展的重要方向，《关于加快推进国有企业数字化转型工作的通知》从硬件基础、数字化创新、数字产业化、转型示范等方面提出多项举措。数字化转型也是中小企业创新发展的重要途径，各地促进“专精特新”中小企业高质量发展的政策文件也将数字化转型列为重点措施之一。

（二）绿色化低碳化相关政策

近年来，随着碳达峰碳中和目标愿景的提出，绿色化低碳化成为能源发展的重要趋势。在碳达峰碳中和“1+N”政策体系不断完善的背景下，能源绿色化低碳化相关政策也不断丰富，双碳“1+N”政策体系为能源领域扎实推进碳达峰碳中和提供了指引。2021 年，《中共中央　国务院关于完整准确全面贯彻新发展理念做好碳达峰碳中和工作的意见》《2030 年前碳达峰行动方案》相继发布，作为“双碳”战略的顶层设计文件，明确了时间表、路线图、施工图。此后，能源、工业等重点领域实施方案陆续出台，行业相关指标和任务更加细化、实化、具体化。

《“十四五”现代能源体系规划》将“绿色低碳”作为基本原则之一，将“能源低碳转型成效显著”作为“十四五”时期现代能源体系建设的主要发展目标之一；同时在第四章“加快推动能源绿色低碳转型”中，提出了大力发展非化石能源、推动构建新型电力系统、减少能源产业碳足迹、更大力度强化节能降碳等方面的具体举措。

可再生能源是能源绿色化低碳化发展的关键。《“十四五”可再生能源发展规划》从可再生能源的“大规模开发”“高比例利用”等方面，提出了重点举措。其中，在“大规模开发”方面，提出了风电光伏基地化开发、风电光伏分布式开发、水风光综合基地一体化开发、生物质能多元化开发、地热能规模化开发、海洋能示范化开发等多品种开发模式；在“高比例利用”方面，提出了提升存储能力、促进就地就近消纳、推动外送消纳、加强多元直接利用、推动可再生能源规模化制氢利用、扩大乡村可再生能源综合利用等多种利用模式。而在培育可再生能源发展新模式新业态方面，则提出了推动可再生能源智慧化发展、大力发展综合能源服务、推动可再生能源与电动汽车融合发展、创新推动光伏治沙规模化发展等模式业态。

（三）综合化协同化相关政策

随着能源体系的建设和能源事业的发展，我国基本形成了多能源品种共同构成的、多元清洁的能源体系，能源品种之间的联系也日益密切，综合化协同化成为新的发展趋势。

2021 年，国家发展改革委、国家能源局印发了《关于推进电力源网荷储一体化和多能互补发展的指导意见》，提出了系统观念下的源网荷储一体化实施路径和多能互补实施路径。其中，多能互补实施路径包括常规电源、储能和新能源的统筹配置，各类灵活调节资源的作用发挥，各类电源规模的优化配比等。该指导意见还提出了风光储一体化、风光水（储）一体化、风光火（储）一体化等多能互补模式，旨在提升可再生能源消纳水平。

近年来，综合能源服务也得到政策层面越来越多的重视。《“十四五”现代能源体系规划》明确提出，要培育壮大综合能源服务商等新兴市场主体，以多能互补的清洁能源基地、源网荷储一体化项目、综合能源服务、智能微网、虚拟电厂等新模式新业态为依托，实施智慧能源示范工程等措施。而在《“十四五”可再生能源发展规划》中，对“大力发展综合能源服务”予以更详细的阐述，提出建设区域综合能源系统，其特征是冷热水电气一体供应。智能配电网、城镇燃气网、热力管网等能源网络，综合可再生能源、储能、柔性网络等先进能源技术和互联通信技术，是综合能源服务的两大基础性支撑。基于分布式能源发展趋势，综合能源服务将着力发展与大规模分布式可再生能源相适应的专业化、网格化运行维护服务体系。

三、能源新业态新模式实践

近年来，能源行业不断融合数字化、低碳化、协同化技术，创新业态模式。其中，福建省作为数字中国的思想源头和实践起点，在我国数字化发展的进程中阔步向前；同时，福建省电源品种丰富，拥有“教科书般”的电源结构，是创新低碳化、协同化能源发展模式的绝佳实践地。福建省在能源领域新技术新业态创新培育方面积累了丰富的实践经验，形成了一批具有代表性的典型案例。下面以福建省为例，具体介绍能源领域新业态新模式的具体实践。

（一）数字化智慧化实践

电力行业数字化智慧化发展起步较早、发展水平较高，是能源行业中数字化发展的“排头兵”。2021 年以来，国家电网有限公司以电网为基础助力构建新型电力系统，融合应用先进信息通信技术、控制技术和能源技术，着力建设具有清洁低碳、安全可控、灵活高效、智能友好、开放互动等特征的智慧能源系统。国网福建省电力有限公司立足福建能源资源禀赋，着力打造“数字闽电”，以数字化技术支撑福建新型电力系统省级示范区建设。具体而言，国网福建电力的“数字闽电”工作包括以下主要内容：

一是运用数字技术促进新能源发展和能源清洁低碳转型。针对新能源间歇性和波动性的特征，国网福建电力探索利用先进数字技术支撑对新能源发电的全息感知、精准预测，统筹协调系统灵活调节能力，从而支撑高比例新能源并网和高效利用。国网福建电力打造了一批“配—微”电网融合发展综合示范项目，运用数字技术支撑新能源并网和高效利用。国网厦门供电公司基于大德记开关站，建设集光伏建筑一体化、台区柔性互联、分布式储能、直流供电于一身的“光储直柔”示范项目。泉州光伏微网示范项目则通过交流电网与光伏发电系统、充电桩、储能等直流负荷的协同控制和统一管理，构建低压电网能源互联与能源微循环架构，实现配电台区功率的灵活互济和分布式光伏发电高比例消纳。

二是运用数字技术提升能源的生产运行效率。例如，国网福建电力着力打造“电网智能操作云平台”，推动“人工智能＋物联网”技术与“人员、设备、流程”等要素深度融合，通过云平台构建各级电网计划检修、故障异常及新建变电站送电的“一键顺控”场景；基于全网络设备在线互联，打造统筹设备、电网、网络的“系统级安全防误体系”，从而推动“人工经验”模式向“数字驱动、机器决策”新模式升级。“电网智能操作云平台”已覆盖福建 80% 的 110 千伏及以上变电站，设备操作时长由“小时级”向“分钟级”飞跃，效率提升 30 倍。

三是运用数字技术提升电能服务水平，优化用户侧用电体验，支撑智慧城市的业态创新。国网福建电力推动电网信息“全网络”贯通，实时汇聚 34 万台配变采集终端、1175 万用户 HPLC 智能电表信息，大幅提升了用电质量的感知能力；将福州市长乐区打造为覆盖输、变、配、用的数字孪生电网，助力福州滨海新城的智慧新城建设；运用数字化手段推动“网上国网”APP 实现企业“一证办电”、居民“刷脸办电”，推进“水电气网”一站式联办，提升客户体验。运用数字技术将城市的公共服务系统集成贯通，有助于提升资源运用的效率、优化城市管理和服务、改善市民生活质量。

四是运用数字技术挖掘能源电力大数据价值，助力政府和行业治理。例如，福建省人民政府和国网福建电力共同建设“东南能源大数据中心”，接入了涵盖政务、能源、经济、气象等多个领域的数据，基于数据开发了环保监测、特色产业等多种类型的数据产品，为福建省智慧制茶、智慧烤烟等特色产业提供数据服务。同时，运用数字化智能化技术也能更好地服务政府科学决策、行业监管和社会便捷高效用能。例如，国网福建电力与福建省发改委、省工信厅、省生态环境厅等政府部门开展“电力大数据＋”政企合作，构建电力看经济、电力助应急等数据应用体系，服务数字政府建设和数字经济发展。

（二）绿色化低碳化实践

福建省坚持生态强省战略，生态资源丰富，生态优势突出，在绿色低碳发展方面推进了各项创新实践，取得了亮眼的成绩。2023 年 7 月，生态环境部在“全国低碳日”主场活动上发布《国家低碳城市试点工作进展评估报告》，厦门入选评估结果为优良的城市。2023 年 6 月，生态环境部公布了 2022 年绿色低碳典型案例征集活动获选名单，福建省有 3 个案例入选，分别是“坚持高质量发展，打造象屿零碳综合保税区”“常口村‘两山’路径的生动实践”“福山郊野公园绿色低碳实践基地”。

福建厦门积极开展低碳试点示范创建工作，构建全方位、多层次的低碳试点体系。2021 年，厦门先后开展了后溪工业组团、官任社区、市植物园等 20 个低碳园区、低碳社区、低碳景区试点创建工作。2022 年，厦门进一步梳理开展 25 个低碳试点示范工程创建、新创鼓浪屿低碳岛等 10 个工程、提星集美后溪工业组团等 14 个工程，实施厦门马拉松等大型活动碳中和试点。2023 年，厦门开展 ABB 工业中心等 24 个低碳试点示范工作创建，其中，东坪山近零碳排放试点示范工程在 2021 年入选生态环境部绿色低碳典型案例的基础上，成功创建东坪山零碳景区；鼓浪屿完成二星级近零碳景区创建，成为福建省首个成功创建成为近零碳排放景区的世界文化遗产地；象屿综合保税区打造全国首个实现零碳排放的综合保税区，入选 2022 年生态环境部绿色低碳典型案例。

具体来看，象屿综合保税区在能源绿色化转型措施方面，坚持多管齐下、多措并举，充分利用闲置的仓库顶面空间，持续引进分布式光伏发电、储能电站等减排项目，持续优化园区用能结构，实现碳减排。在能源绿色化转型成效方面，象屿综合保税区积极建设分布式光伏，园区内 7 座仓库铺设光伏总面积约 5.5 万平方米，每年可节约标准煤 2750 吨，实现二氧化碳减排约 8713 吨，二氧化硫减排约 1.4 吨，二氧化氮减排约 1.6 吨，碳粉尘减排约 279 千克，能源总消耗下降约 20%，实现园区内部碳排放与碳吸收平衡。在储能电站方面，象屿综合保税区园区通过配置 100 千瓦 /500 千瓦时的储能电站以及即将建成的 3.5 兆瓦储能电站，实现园区用电的“调峰填谷”，真正实现园区内绿色电能源的自给自足，打造国内领先的“能源自平衡零碳园区”。2023 年 2 月，工信部、住建部等五部门将象屿综保区及其光伏项目列入全国第三批智能光伏试点示范企业和示范项目。

（三）综合化协同化实践

源网荷储一体化和多能互补发展改变了传统电网单一的运行方式，取而代之的是更加有效平衡的模式。在这一模式下，不同能源之间充分互补，提升了能源供给与需求的弹性。同时，源网荷储高度协同融合了能源产业间、企业内部与外部价值链，开启了资源优化配置的新业态。这种综合化协同化驱动的新业态不仅是能源行业和电力行业坚持系统观念的内在要求，也是能源电力系统创新变革的重要表现。福建省在推进源网荷储一体化和多能互补发展方面同样积累了一些有特色和亮点的经验。

国网福建电力建设了“水电与新能源时空互补运营平台”，以数字化技术为支撑，全覆盖接入全省 5 万余座分布式光伏和 5000 余座小水电数据，实现了小电源可观可测；应用高精度的 3×3 千米的数值天气预报，开展闽江流域 10 天来水预测，实现新能源功率预测周期由 7 日增至 10 日；通过构建跨流域清洁供能“调节池”，实现水电与新能源时空互补。

福建省水口闽江流域水光蓄储多能协同项目亮点突出。国网福建电力将闽江作为流域级示范区，开展闽江流域水光蓄储多能协同项目建设，通过构建新一代水新云集控平台，利用网格气象数据预报模型，融合北斗定位、5G 通信、数字孪生等技术构建智慧航运系统等手段，打造多能互补清洁供能调节池，通过能源的梯级利用极大地提升了一次能源的利用效率，形成多能互补、多能联调、流域互济的发展模式。水口集团公司下属的五座水电站，库容大、启动灵活、反应迅速，向智慧电网输送绿色清洁能源，并肩负着福建电网调峰、调频、事故备用重任。2023 年 4 月，福建水口发电集团“基于数字孪生技术的闽江水能综合利用”成果案例亮相第六届数字中国建设峰会数字中国建设成果展览会，通过三维建模技术、可视化渲染，将闽江流域所有的数据信息在数字世界进行同步，建设“数字闽江”，提升闽江流域水调系统预测预报精度和调度调控准度，结合发电机组的运行状态，保证最大的水能利用率。

第三节　产业电能替代

能源的产业化发展离不开全社会各产业对于清洁用能的基本需求，其中电能是一种高效、清洁的优质能源，在“双碳”背景下，全社会清洁用能需求逐渐转化为对清洁电能的需求，因此当前发展能源产业，最大一部分的市场需求来自全社会电气化水平的提升。电气化又称为电能替代，是指在终端能源消费领域，使用清洁电能替代散烧煤、燃油等的新型能源消费方式。大力推广电能替代，有助于大量减少石油煤炭的终端使用，改善环境污染问题，对我国能源结构和经济发展具有积极作用。从某种意义来说，社会各产业电能替代水平不断提升是促进能源产业化发展的先导条件之一，这是因为社会各产业的电能替代需求既存在通用性，也存在差异性，只有集约技术和设备资源，因地制宜地高质量发展能源产业，才能更好服务不同产业清洁用能的本质要求，避免社会资源的浪费。因此，想要高质量发展能源产业，必须进一步挖掘社会各产业的电能替代潜力，通过扩大各产业用电需求，为能源产业发展开拓新的市场。

进入 21 世纪，新一轮能源革命蓬勃兴起，电力在能源结构中的地位和作用日益凸显。新一轮能源革命中，我国协调推进新型能源体系建设，核心要义在于能源发展方式的绿色转型。从供给侧看，需立足我国能源和资源禀赋，加强多能互补的集成优化，实现新旧能源互为支撑、有序替代，构建清洁能源多元化供应体系。从消费侧看，大力实施电能替代是其中的关键环节，是加快形成绿色低碳生产生活方式的关键，也是终端能源消费绿色化、清洁化的重要途径。

一、产业电能替代重点领域

自 2013 年起，我国逐步开展电能替代工作，为节能减排做出了巨大贡献。

2015 年，我国实现电网全覆盖、地域全供电，成为全球唯一一个全面普及用电设备的国家。2016 年，国家发展改革委等 8 部委联合印发《关于推进电能替代的指导意见》，将电能替代定位为国家落实能源战略、治理大气污染的重要举措。2022 年 3 月，国家发展改革委等 10 部委联合印发《关于进一步推进电能替代的指导意见》，要求拓宽电能替代领域，发展综合能源服务，持续提升电能占终端能源消费比重。从国家发布的文件来看，农业、工业、交通、建筑是我国电能替代的重点领域。

（一）农业领域

在农业生产领域，主要是推广普及农田机井电排灌、高效节能日光温室和集约化育苗，发展生态种植。在种植、粮食存储、农副产品加工等领域，推广电烘干、电加工，提高生产质效。在水果、蔬菜等鲜活农产品主产区和特色农产品优势区，发展田头预冷、贮藏保鲜、冷链物流。在畜牧、水产养殖领域推进电能替代，提高养殖环境控制、精准饲喂等智能化水平，聚焦畜牧饲养、水产养殖企业，推广应用电温控、智能电养殖技术。

（二）工业领域

在工业领域，深入钢铁、建材、有色、石油化工等重点行业及其他行业铸造、加热、烘干、蒸汽供应等环节，加快淘汰不达标的燃煤锅炉和以煤、石油焦、渣油、重油等为燃料的工业窑炉，推广电炉钢、电锅炉、电窑炉、电加热等技术，开展高温热系、大功率电热储能锅炉等电能替代，扩大电气化终端用能设备使用比例。加快工业绿色微电网建设，引导企业和园区加快厂房光伏、分布式风电、多元储能、热泵、余热余压利用、智慧能源管控等一体化系统开发运行，推进多能高效互补利用。推广电动皮带廊替代燃油车辆运输，减少物料转运环节的大气污染物和二氧化碳排放。

（三）交通领域

在交通领域，推动公路交通、水上交通电气化发展，助力构建绿色低碳的综合立体交通网。加快推进城市公共交通工具电气化，在城市公交、出租、环卫、邮政、物流配送等领域，优先使用新能源汽车。大气污染防治重点区域港口、机场新增或更换车辆设备，优先使用新能源车辆。大力推广家用电动汽车，加快电动汽车充电桩等基础设施建设。积极推进厂矿企业等单位内部作业车辆、机械的电气化更新改造。加大绿色船舶示范应用和推广力度，推进内河短途游船电动化，并配建充电设施；研究探索其他具备条件的内河船舶电动化更新改造的可行性。以长江流域、珠三角流域为重点，加快提升内河港口、船舶的岸电覆盖率和使用率，稳步协同推进沿海港口、船舶岸电使用。优化完善机场岸电设施，提高飞机辅助动力装置（APU）替代设备使用率。推动电动飞机创新应用。

（四）建筑领域

在建筑领域，持续推进清洁取暖，在现有集中供热管网难以覆盖的区域，推广电驱动热泵、蓄热式电锅炉、分散式电暖器等电采暖，同步推进炊事等居民生活领域“煤改电”，助力重点区域平原地区散煤清零。在市政供热管网末端试点电补热。鼓励有条件的地区推广冷热联供技术，采用电气化方式取暖和制冷。鼓励机关、学校、医院等公共机构建筑和办公楼、酒店、商业综合体等大型公共建筑围绕减碳提效实施电气化改造。充分利用自有屋顶、场地等资源条件，不断扩大自发自用的新能源开发规模，提高终端用能中的绿色电力比重。

二、产业电能替代省域实践

在推动产业电能替代的进程中，国家鼓励各省综合考虑自身资源禀赋、生态环境、基础设施、供电能力、产业结构等因素，明确电能替代发展目标和实施路径。从替代成效来看，近年来各省在推进电能替代的工作中，积极结合自身省情，打造出本省电能替代特色实践案例。

1. 福建

福建实行“一市一行业、一行业一标杆、一县一特色”电能替代推广策略，在开展电能替代特色产业的近 70 个区县中，超过 40 个区县的特色产业集中在农业、轻工业领域。在农业领域，电制茶覆盖率已达 90% 以上，品种覆盖乌龙茶、红茶、白茶、茉莉花茶等多茶种，形成杀青—摇青—揉青—烘焙全流程电制茶生产；农产品全电烘干涵盖范围较广，投运电烤菌菇、电烤笋、电制莲、电烤莲设备数千套，年替代电量超 4000 万千瓦时。在工业领域，推动部分工业燃煤锅炉进行改造或淘汰，改造冶金电炉新增容量超 80 万千伏安，除工艺需要外，全省已基本淘汰分散型工业燃煤燃油窑炉；同时，在泉州德化瓷都推动“电烧瓷”、在中国香都永春推动“电制香”，为地区特色产业注入新动能。此外，在商业领域，推出“佛跳墙”全工艺电制作，在福州“三坊七巷”景区的达明路美食街投运近 70 辆电动餐车；开展“空调进校园”“明厨亮灶进校园”等专项行动，全省八成以上学校已实现全电气化；在平潭、湄洲岛、鼓浪屿、东山岛 4 个岛屿开展了全域电气化建设。福建省产业电能替代典型领域如图 5-4 所示。

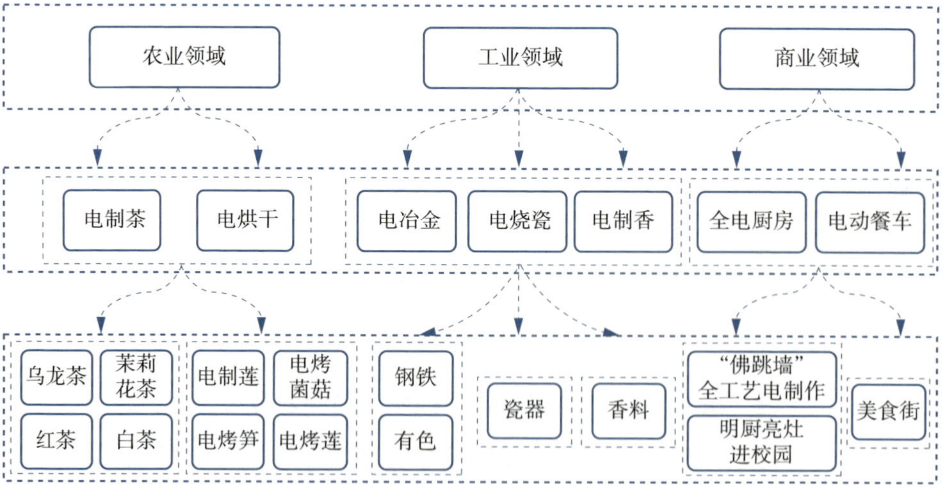

图 5-4 福建省产业电能替代典型领域

2. 江苏

江苏坚持将生态文明建设摆在突出地位，加速推进清洁能源替代与电能替代，助力提升全社会综合能效，赋能美丽江苏建设。在交通领域，江苏是我国航运大省，近年来，江苏省采取一系列措施助力港口岸电建设与推广应用，率先在全国实现岸电系统“江、河、湖、海”全覆盖，累计建成各类岸电系统超过 3000 套；国网江苏电力着力推动“陆电登机”，在全省 8 个机场实现全覆盖，推动廊桥机位的桥载电源设备安装；积极服务电动汽车充换电站和充电桩建设，在全国率先实现充电桩乡镇全覆盖。在建筑领域，江苏苏州同里湖嘉苑被住建部科技与产业化发展中心和德国能源署共同认证为首个高能效建筑——“被动式低能耗建筑示范项目”。该项目在保持恒温恒湿条件下，提升能效达 40%，不仅实现了建筑“零能耗”目标，还可每年将少量富余电送入电网。江苏省产业电能替代典型领域如图 5-5 所示。

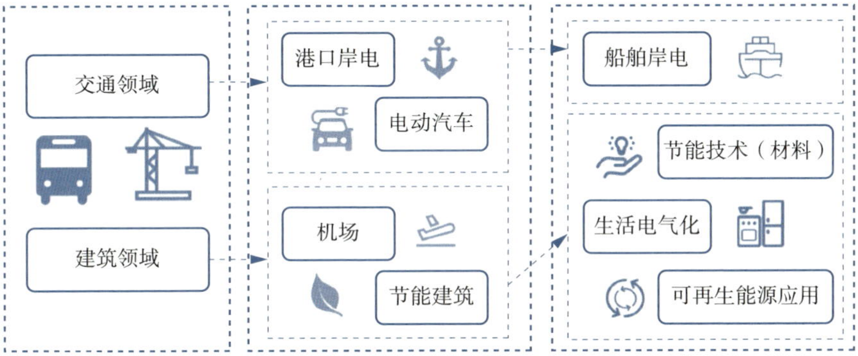

图 5-5　江苏省产业电能替代典型领域

3. 河南

河南省在推进全省电能替代工作中，积极出台创新举措，在全国率先推出电能替代“打包交易”模式，即由国网河南节能服务有限公司作为第三方，通过电力交易平台组织交易，每千瓦时可降低供暖成本 0.1 元左右，让中小企业客户有更多机会、更强意愿参与电能替代，并享受相应电价、业务办理等优惠。在农业领域，重点打造了豫西南电烤烟、信阳电制茶、漯河木材电烘干、三门峡苹果冷库保鲜等一批电能替代示范基地，推动智能灌溉系统取代柴油拖拉机；在工业领域，全面推广蓄热电锅炉、电窑炉、热泵以及分散电采暖等技术，大力实施燃煤锅炉、燃煤窑炉、燃煤自备电厂等电能替代项目“打包交易”；在建筑领域，推动应用电热膜、发热电缆、碳晶、空气源热泵等分散式电采暖技术。河南省产业电能替代典型领域如图 5-6 所示。

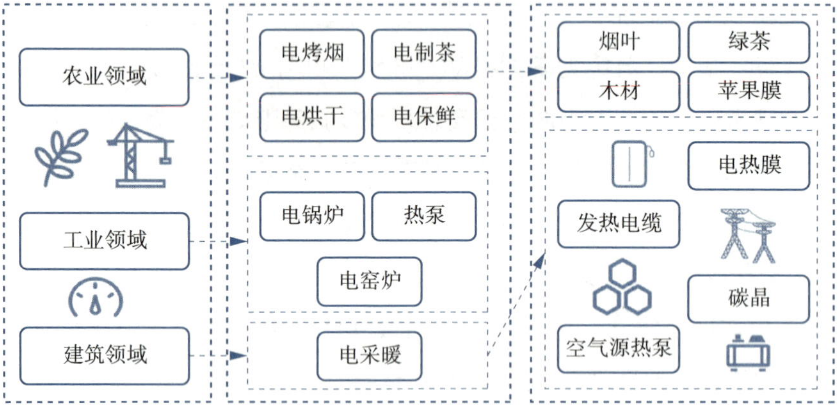

图 5-6　河南省产业电能替代典型领域

三、产业电能替代展望与思考

随着各领域不断挖掘电能替代潜力、电能替代工作持续推进，产业电能替代面临新挑战，具体包括：

一是成熟领域替代潜力已得到充分挖掘，未来替代领域需进一步拓展。商业和居民用能结构相对简单，电气化进程推进最快；但随着地区天然气公司加快县域、乡镇的天然气管网建设，作为较为清洁电源对电能替代进程有所影响。建筑业和农业电气化率提升依赖于电气化设备的发展。工业电气化率提升受限于部分生产原材料无法实现电能替代。交通运输业对石油消费依赖较高，飞机、大型轮船等燃料消费难以被电能替代，电气化率提升空间有限。

二是电能替代相关政策及执行机制不够完善，部分领域技术标准仍存在空白。政策支持多属于规划指导类、环保约束类，资金补贴类政策相对较少，部分补贴政策时限不确定，且已有补贴政策呈“退坡”趋势，用户存在后顾之忧，返煤风险一直存在。部分环保政策软约束较多，政策出台后执行强制力不够，处罚取证难，约束效果有限。电能替代技术标准仍不完善，造成电能替代市场标准不统一、操作不规范。

三是企业面临电能替代改造投资门槛高、用能成本增加的实际问题，实施意愿不强，影响电能替代重点领域的可持续推广。根据对部分地区电能替代特色产业用户的走访调研结果，多数用户对改造成本比较敏感，认为电能替代设备成本较高、政策支持奖励导向不足，改造意愿较低；有的用户仍存在传统观念，对电能替代新技术、新设备认知较少，且从业人员技能不足，专业素养有待提升；部分用户认为相关技术不成熟、设备质量无法满足要求，且认为改造后存在停电风险；还有一部分用户认为优惠电价取消后电能较油、气不具备价格优势，不愿实施替代。总体来看，电能替代一次改造成本仍是制约用户改造意愿的主要因素。

针对上述电能替代面临的形势与挑战，建议从政策补贴、完善规范、降低设备成本三个方面进一步开展工作。

一是合理配置财政补贴，推进电能替代项目。在推进《关于推进电能替代的指导意见》等已出台政策措施落地实施的同时，建议出台港口岸电、电烤烟、电制茶、电厨房等多项具体支持政策，加大对燃煤锅炉改造、分散电采暖等领域的补贴力度，对符合条件的电能替代项目给予奖补支持。同时，借助政府宣传环保政策的战略窗口，积极开展电能替代相关宣传。

二是完善相关规范，统一市场标准。电能替代的实施尚无统一的标准体系，构建一套完整的电能替代标准体系对加快推进电能替代工作具有重要意义。建议针对既有标准和规范，制定电能替代相关设备制造、建设、检测、运营等方面的国家标准，建立健全电能替代基础设施标准体系，完善技术标准和准入制度，促进电能替代规范有序发展。

三是降低设备成本，提升用户认知。目前，电能替代设备持续推广主要受应用成本、支持力度等瓶颈制约，若要真正让老百姓愿意承受，还需推动电能替代装备改造升级，引导社会力量积极参与电能替代技术、业态和运营等创新。此外，还要因地制宜、稳步有序地推进经济性好、节能减排效益佳的电能替代项目，形成示范项目；推介电能替代新技术、新设备，普及环保和电能替代知识，增强全社会对电能替代的认同感，有效引导居民改变消费习惯。

第六章

能源新政策新机制研究

第一节　能源政策发展

习近平总书记提出的“四个革命、一个合作”能源安全新战略，要求推动能源体制革命，打通能源发展快车道。能源政策机制是能源发展的重要保障，通过构建有效竞争的能源市场、建立主要由市场决定价格的机制、创新能源科学管理模式、建立健全能源法治体系等，逐步推进能源治理现代化。在新形势和新要求下，创新和完善能源政策机制，是全面释放发展活力、助力能源高质量发展的重要措施。

一、能源政策发展趋势

当前能源体系正发生深刻变革，绿色低碳、数字智能等新趋势日益明显。建立在原有体系之上的政策机制如若无法适应和顺应新型能源体系的发展要求，就需要进行相应调整。一方面，主体能源逐步从化石能源向非化石能源转变，非化石能源占比不断提升且增量组合呈现多种可能，不同能源品种相关政策机制需要及时迭代更新。另一方面，能源体系不断升级演进，新型电力系统、氢能系统等新的二次能源系统和化石能源零碳化利用系统正在构建，多能互补、供需互动、源网荷储一体化等新的系统形态逐步形成，而原有的政策体系对于这些方面考虑不足，需要进一步丰富和完善政策机制来适应和支持其快速发展。

当前，新能源占比逐渐提高已成为能源体系变革的重要特征，正深刻影响能源结构和系统形态。新型电力系统建设正在稳步推进，高比例可再生能源和高比例电力电子设备的“双高”特性日益凸显。与此同时，煤炭、石油、天然气等传统能源正稳步推进绿色低碳转型，传统能源在能源体系中的功能和定位也正在调整。在能源体系重塑过程中，新能源的发展和传统能源的转型都面临着诸多新任务，这也相应地需要能源政策机制给予支撑。同时，随着系统转型的推进，原有的体制机制不适应、不协调等问题将逐渐凸显，亟待创新和完善政策机制，进一步深化能源体制机制改革，来适应能源体系出现的新特征新趋势。例如，随着新能源的快速发展，其低边际成本、高系统成本的特征，就要求对电力市场建设和电价改革进一步深化和完善。

随着新一轮技术革命和产业变革深入推进，能源领域新技术、新业态、新模式不断涌现、蓬勃发展。在供应侧，煤、油、气、电、核、可再生能源多轮驱动的能源供应体系不断完善，促进新材料、新装备、新能源等产业链供应链不断创新。在需求侧，新型负荷日益多元化、规模化，低碳零碳负碳技术装备大规模推广应用，虚拟电厂、车网互动、综合能源服务等新业态新模式也在积极探索建立中。数字化智能化已经成为能源系统转型的大趋势，新一代信息技术、数字技术与能源系统深度融合，驱动能源领域新业态的形成和商业模式的创新。面对这些新兴领域，亟须加快建立促进能源高质量发展的政策机制，加强引导和支持，健全要素市场化配置体系，激发经营主体的积极性和创造力，从而更好推动新旧动能的转换。

二、省域能源政策研究与思考

近年来，我国在经济社会、能源电力等重要规划中对能源发展提出了设想和安排，明确了其发展方向和目标。与此同时，秉持绿色发展理念，致力于持续深化生态文明建设，国家在碳达峰碳中和、节能减排、生态环保等领域也出台了一系列重要的政策，为推动绿色发展提供了有力的引导与支持。从省域层面来看，我国各省响应国家政策，结合自身的特点和实际情况制定了相关能源规划和政策，进一步推动能源发展和转型。这些政策的出台不仅为其他地区提供了借鉴，也为全国范围内的绿色发展和生态建设注入了强大动力。

（一）能源政策概览

1. 能源规划和产业政策

以福建、广西为例，两省份围绕能源电力领域，均出台了专项规划和产业政策，为省内能源电力的发展提供了引导和支持。福建省能源种类多样，提出了具有福建特色的“十四五”能源发展专项规划，为福建省能源发展提供了清晰的蓝图；广西在能源绿色低碳转型体制机制和政策措施的实施意见中，紧紧结合地区的经济和自然资源优势，提出了深化中国—东盟绿色能源全方位合作的具体措施，为广西在能源领域的发展开辟了更广阔的空间。

（1）《福建省“十四五”能源发展专项规划》

2022 年 5 月，福建省人民政府办公厅印发了《福建省“十四五”能源发展专项规划》。作为“十四五”福建省能源发展的指导性文件，立足本省能源发展现状和需求，提出了 2021—2025 年的能源发展目标和主要任务，为福建能源相关政策、行业规划的制订及重点项目建设投资的安排提供了基本依据。表 6-1 对比了国家《“十四五”现代能源体系规划》和《福建省“十四五”能源发展专项规划》的发展目标和主要任务。

表 6-1 福建省“十四五”能源发展目标、主要任务及其与国家规划的对比

	“十四五”现代能源体系规划	福建省“十四五”能源发展专项规划
发展目标	能源保障更加安全有力 能源低碳转型成效显著 能源系统效率大幅提高 创新发展能力显著增强 普遍服务水平持续提升	能源结构进一步优化 电源结构进一步合理 电网保障能力进一步增强 碳减排和需求侧管理力度进一步加大
主要任务	增强能源供应链稳定性和安全性 加快推动能源绿色低碳转型 优化能源发展布局 提升能源产业链现代化水平 增强能源治理效能 构建开放共赢能源国际合作新格局	保障能源储运供给，提高安全风险应对能力 优化能源结构布局，着力推动供给增优减劣 推动能源通道建设，构建能源互联互通体系 加快清洁能源建设，推进能源绿色低碳转型 创新智慧用能模式，推进能源消费节约高效 深化体制机制改革，构建能源现代治理体系 强化科技创新支撑，促进能源装备产业发展 推进能源区域合作，探索两岸融合共享发展

从发展目标看，福建省根据国家能源发展规划和目标，结合本省实际和特征，从能源结构、电源结构、电网保障、碳减排、需求侧管理等方面提出了发

展目标和量化目标指标，构建了“十四五”福建能源发展概貌，如表 6-2 所示。

表 6-2 “十四五”福建能源发展主要目标指标

	指标	2025 年目标值	指标	2025 年目标值
能源生产	一次能源生产总量	5400 万吨标准煤	一次电力及其他	1552 亿千瓦时
	其中：煤炭	865 万吨标准煤	能源自给率	31.3%
能源消费	能源消费总量	以国家下达指标为准	一次电力及其他	4732 万吨标准煤
	其中：煤炭（原煤）	11000 万吨标准煤	非化石能源比重	27.4%
	煤炭消费占比	48.2%	全社会用电量	3300 亿 ~3436 亿千瓦时
	人均综合用电量	7667 千瓦时	用电最高负荷	5600 万 ~5815 万千瓦
			需求侧响应幅度	5%
能源设施	电力装机	8500 万千瓦	可再生能源装机	3225 万千瓦
	天然气管网长度	2700 千米	清洁能源装机比重	58.5%
	成品油管道长度	600 千米	LNG 接收站能力	1500 万吨
节能环保	单位 GDP 能耗降低	以国家下达指标为准	单位 GDP 二氧化碳排放降低	以国家下达指标为准
	火电供电煤耗	小于 305 克标准煤 / 千瓦时	全社会电网综合线损率	小于 4.4%

（2）《完善广西能源绿色低碳转型体制机制和政策措施的实施方案》

为适应新形势下广西能源绿色低碳转型需要，深入贯彻落实国家、自治区关于碳达峰、碳中和的重大战略决策部署，广西壮族自治区发展和改革委员会组织编制了《完善广西能源绿色低碳转型体制机制和政策措施的实施方案》。

在具体的体制机制和政策措施方面，该方案提出要深入推动能源消费革命、供给革命、技术革命、体制革命，全方位加强能源合作，统筹发展与安全、稳增长和调结构，深化能源领域体制机制改革创新，加快构建清洁低碳、安全高效的能源体系。如表 6-3 所示。

表 6-3 广西完善能源绿色低碳转型的体制机制和政策措施

领域	体制机制和政策措施
完善能源战略和规划实施的协同推进机制	强化能源规划的引导约束作用 建立能源绿色低碳转型监测评价机制 健全能源绿色低碳转型组织协调机制
完善引导绿色能源消费的制度和政策体系	完善能耗“双控”目标制度 完善可再生能源电力消纳保障机制 建立健全绿色能源消费促进机制 完善工业领域绿色能源消费支持政策 完善建筑绿色用能政策 完善交通运输领域能源清洁替代政策
建立绿色低碳为导向的能源开发利用新机制	构建以清洁低碳能源为主体的能源供应体系 创新农村可再生能源开发利用机制 建立清洁低碳能源开发利用的国土空间管理机制
完善新型电力系统建设和运行机制	加强新型电力系统顶层设计 完善适应可再生能源局域深度利用和广域输送的电网体系 健全适应新型电力系统的市场机制 完善灵活性电源建设和运行机制 完善电力需求响应机制 探索建立区域综合能源服务机制
完善化石能源清洁高效开发利用机制	完善煤炭清洁开发利用政策 完善油气清洁高效利用机制
健全能源绿色低碳转型安全保供体系	健全能源预测预警机制 构建电力系统安全运行和综合防御体系 健全能源供应保障和储备应急体系
建立支撑能源绿色低碳转型的科技创新体系	建立清洁低碳能源重大科技协同创新体系 建立清洁低碳能源产业链供应链协同创新机制 完善能源绿色低碳转型科技创新激励政策
建立能源绿色低碳转型财税金融政策保障机制	落实支持绿色低碳发展的财税政策 完善多元化投融资机制 完善金融支持政策
促进能源绿色低碳转型国际合作	深化中国—东盟绿色能源全方位合作
完善能源绿色低碳发展相关治理机制	健全能源法律法规和标准体系 深化能源领域“放管服”改革 加强能源领域监管

2. 碳达峰碳中和政策体系

为落实国家“双碳”目标，各省积极推动碳达峰、碳中和行动。以山东、河南为例，山东省是东部沿海的主要制造业大省，拥有强大的能源、工业和农业部门；河南省作为中部地区工业大省，是我国传统能源产能结构调整的头号阵地。为了确保如期实现碳达峰，两个省份均制定了相应的碳达峰实施方案。

（1）《山东省碳达峰实施方案》

为深入贯彻党中央、国务院关于碳达峰碳中和重大战略决策部署，有力有序有效做好碳达峰工作，2022 年 12 月，山东省根据国家《2030 年前碳达峰行动方案》和山东省《贯彻落实〈中共中央　国务院关于完整准确全面贯彻新发展理念做好碳达峰碳中和工作的意见〉的若干措施》，制定《山东省碳达峰实施方案》，分“十四五”和“十五五”两个阶段，明确了山东省碳达峰的主要目标。如表 6-4 所示。

表 6-4　山东省碳达峰能源发展主要目标

时间	指标	目标
到 2025 年	单位地区生产总值能耗	比 2020 年下降 14.5%
	单位地区生产总值二氧化碳排放	比 2020 年下降 20.5%
	非化石能源消费比重	13% 左右
	煤电机组正常工况下平均供电煤耗	降至 295 克标准煤 / 千瓦时左右
	电解铝吨铝电耗	下降至 12500 千瓦时左右
到 2030 年	重点耗能行业能源利用效率	达到国内先进水平
	非化石能源消费比重	达到 20% 左右
	单位地区生产总值二氧化碳排放	比 2005 年下降 68% 以上
	可再生能源发电装机容量	光伏发电、风电、核电、生物质发电装机分别达到 9500 万千瓦、4500 万千瓦、1000 万千瓦和 500 万千瓦
	城市建成区每年新增和更新的城市公共汽车（除应急救援车辆外）新能源车辆比例	100%
	大宗固废年利用量	达到 2 亿吨
	全省森林覆盖率	完成国家下达任务

该方案明确提出完善碳排放统计核算制度、强化经济政策支持、建立市场化机制、完善价格调控机制和开展碳达峰试点建设等政策保障措施，并提出要实施碳达峰“十大工程”，包括能源绿色低碳转型工程、工业领域碳达峰工程、节能降碳增效工程、城乡建设绿色低碳工程、交通运输低碳转型工程、循环经济助力降碳工程、绿色低碳科技创新工程、碳汇能力巩固提升工程、全民绿色低碳工程、绿色低碳国际合作工程等。

（2）《河南省碳达峰实施方案》

2023 年 2 月，中共河南省委、河南省人民政府印发《河南省碳达峰实施方案》，提出了河南省碳达峰工作的主要目标和重点任务。其中，主要目标如表 6-5 所示。

表 6-5　河南省碳达峰能源发展主要目标

时间	指标	目标
到 2025 年	单位地区生产总值能耗	下降 15% 以上
	单位地区生产总值二氧化碳排放	完成国家下达任务
	非化石能源消费比重	比 2020 年增加 5 个百分点
	森林覆盖率	26% 以上
	森林蓄积量	22269 万立方米
到 2030 年	重点耗能行业能源利用效率	达到国内先进水平
	单位地区生产总值能耗	持续下降
	单位地区生产总值二氧化碳排放	持续下降
	可再生能源发电装机容量	超过 8000 万千瓦
	营运交通工具单位换算周转量碳排放强度	比 2020 年下降 13% 左右
	城市生活垃圾资源化利用比例	提升至 60% 左右
	二氧化碳排放量	顺利实现碳达峰目标

该方案明确了统筹规划、协同推进，稳妥有序、安全降碳，目标引领、分类施策，政府引导、市场推动的总体工作原则，并进一步提出能源绿色低碳转型、工业领域碳达峰、城乡建设绿色低碳发展、交通运输绿色低碳发展、节能

降碳增效、碳汇能力提升、减碳科技创新、绿色低碳招商引资、绿色低碳招才引智等碳达峰九大行动。

3. 节能减排和生态环保相关政策

长期以来，节能减排与生态环保是能源政策的主要方向之一。"十四五"时期，各省继续在节能、环保方面出台引导性政策文件。以浙江、青海、安徽为例，浙江省作为经济和工业大省，发布了"十四五"节能减排综合工作方案；青海省地处"三江之源"，担当起建设美丽中国的青海责任，提出了"十四五"生态文明建设规划；安徽省位于长江经济带，以长三角区域生态修复和环境治理作为重点任务和特色工作，提出了安徽省"十四五"生态环境保护规划。

（1）《浙江省"十四五"节能减排综合工作方案》

为贯彻国务院《"十四五"节能减排综合工作方案》部署，2022 年 8 月，浙江省人民政府印发了《浙江省"十四五"节能减排综合工作方案》，提出了浙江省"十四五"节能减排工作的主要目标和内容。在节能减排目标方面，浙江省提出到 2025 年，全省单位生产总值能源消耗比 2020 年下降 14.5%，超过国家方案中 13.5% 的目标，如表 6-6 所示。

表 6-6　浙江省"十四五"节能减排主要目标及其与国家方案的对比

年份	国家"十四五"节能减排综合工作方案	浙江省"十四五"节能减排综合工作方案
2025	全国单位国内生产总值能源消耗比 2020 年下降 13.5%；能源消费总量得到合理控制	全省单位地区生产总值能源消耗比 2020 年下降 14.5%；能源消费总量得到合理控制，煤炭消费总量比 2020 年下降 5% 左右，控制在 1.24 亿吨左右
	化学需氧量、氨氮、氮氧化物、挥发性有机物排放总量比 2020 年分别下降 8%、8%、10% 以上、10% 以上	氮氧化物、挥发性有机物、化学需氧量、氨氮重点工程减排量分别达到 5.50 万吨、4.76 万吨、5.43 万吨、0.36 万吨

浙江省结合本地经济产业发展实际，在该方案中提出实施节能减排重点工程，包括工业节能降碳工程、重大平台节能环保提升工程、城镇建筑节能提升工程、交通物流节能减排工程、农业农村节能减排工程、公共机构能效提升工

程、重点领域污染物减排工程、煤炭清洁高效利用工程、挥发性有机物综合整治工程等。这些重点工程覆盖全面，包括行业、园区、城镇、交通物流、农业农村、公共机构、重点领域、基础设施等方面。

此外，在体制机制方面，该方案还提出要完善节能减排制度体系，包括优化完善能耗双控制度、健全污染物排放总量控制制度、坚决遏制高耗能高排放项目盲目发展、健全标准体系、完善经济政策、完善市场化机制、加强统计监测能力建设、强化节能减排数字赋能等。

（2）《青海省“十四五”生态文明建设规划》

为全面筑牢国家生态安全屏障，打造生态文明高地，推进青藏高原生态保护和高质量发展，2021 年 11 月，青海省人民政府印发了《青海省“十四五”生态文明建设规划》，明确“十四五”时期青海省生态文明建设总体要求、重点任务和保障措施，为新时期青海坚持建设生态省战略提供行动指南。

在建设目标方面，明确了指导思想、基本原则、2025 年的规划目标以及 2035 年远景目标，明确了国土空间布局持续优化、生态系统功能显著增强、生态经济体系渐成规模、综合环境质量争创一流、生态文明制度更加健全等五个维度的目标，并据此确定了 6 大领域 26 项考核指标组成的指标体系，提出到 2035 年全面建立更加完善的，具有中国特色、青海特点的生态安全体系、生态文化体系、生态经济体系、生态制度体系和生态目标责任体系的远景目标。同时，该规划提出七个重点任务：一是提升空间开发保护水平；二是坚决筑牢生态安全屏障；三是加快提升生态经济质量；四是着力强化资源节约利用；五是持续深化综合环境整治；六是全面培育生态文化理念；七是统筹推进生态制度改革。此外，该规划还从加强组织领导、完善规划衔接、实施监测考核、推进执法监督、完善要素支撑等五个方面提出了落实保障措施。

（3）《安徽省“十四五”生态环境保护规划》

2022 年 1 月，安徽省人民政府办公厅印发了《安徽省“十四五”生态环境保护规划》，提出了“十四五”生态环境保护规划指标，以及“十四五”时期生态环境保护总体目标，将全面绿色转型发展、长江经济带生态修复和环境治理、新能源和节能环保产业发展、实施长三角区域共保联治等作为重点任务和特色工作。在重点任务方面，该规划提出全面推动绿色转型发展，从加快产业结构转型升级、推动能源结构优化、构建绿色交通运输体系、壮大新能源和节能环保产业、践行绿色低碳生产生活方式等五个方面着力。同时，该规划还聚焦生态环境保护的重点领域，如大气、水、土壤、农业农村、生态安全、环境风险、应对气候变化等，提出具体举措：一是推进长江经济带生态修复和环境治理工作；二是推动减污降碳协同增效；三是深入打好蓝天碧水净土保卫战，持续稳步改善大气、水生态、环境，保障土壤环境安全；四是加强农业农村生态环境保护，强化农业面源污染治理；五是筑牢生态安全屏障，建立完善风险防控和环境健康管理体系。此外，规划还从协同实施区域共保联治、加快推进生态环境治理体系与治理能力现代化等方面提出保障措施。

（二）能源政策思考

1. 加强规划引领，完善政策体系框架设计

推进能源高质量发展，加快规划建设新型能源体系，需要一个与之相适应的、新的能源治理体系。进一步完善能源政策机制，需要结合各省能源高质量发展的总体要求和重点领域，加强目标导向和问题导向，从服务“全国一盘棋”出发，因地制宜，基于本地实际完善能源发展相关政策体系的总体思路和框架设计。具体而言，加快研究能源高质量发展所需的能源、电力规划，更好发挥规划的引领作用；同时要完善政策体系的框架设计，在综合性规划的引领下，丰富和完善能源领域政策体系，特别是围绕新能源发展、传统能源转型、能源产业升级等重点领域，进一步夯实政策的支撑保障作用。

2. 厚植绿色底色，加强能源和生态环保政策协同

能源发展与生态环境保护密切相关，实施建设生态省战略，深化国家生态文明试验区建设，努力建设美丽中国，是各省能源发展的底色。目前生态环保相关政策较为丰富，建议各个省份后续进一步加强能源政策与生态环保政策之

间的协同，例如，在发展目标方面，加强指标的科学设置和相互衔接；在工作内容方面，要将生态环保政策措施融入能源政策体系之中，并作为重要的专题予以体现。特别重要的是，党的二十大报告提出要积极稳妥推进碳达峰碳中和，为了更好地在“双碳”工作中体现各个省份的担当和作为，建议加强对碳达峰行动时间表、路线图和施工图的研究编制，细化完善分领域分行业碳达峰行动计划，在有条件的地区积极探索碳达峰试点示范等。

3. 突出各省份特色，加强能源发展和经济产业政策协同

能源是经济社会发展的重要物质基础，能源高质量发展与经济产业高质量发展密切相关。完善各省份的能源政策机制，需要加强能源发展和经济产业等政策的协同，提高各类资源要素的配置水平，提升经营主体的创新动力和发展活力。一方面，要科学研究和把握能源与产业的关系，协同推进产业结构和能源结构的调整升级，在能源消费、节能减排等领域，重视产业政策的作用并加强政策间的衔接，更好地促进能源利用效率的持续提升。另一方面，要基于各省份产业基础和特点，在能源科技创新、装备制造、产业应用等方面，加强和丰富政策研究和支撑保障，通过政策引导提高能源产业核心竞争力，同时更好地发挥能源对各省份产业发展的支撑。

4. 坚持重点突破，围绕新能源、新型电力系统等领域加快完善相关政策

围绕各省份能源高质量发展的重点任务和重大工程，加强调查研究，突出重点，找准具体工作实践中的堵点淤点难点，有的放矢优化和完善相关政策措施。特别是对于新能源、新型电力系统等重点领域，需要深入贯彻落实国家战略规划和政策部署，结合各省份实际，加快研究和完善政策体系，强化相关配套政策与体制机制探索创新。对于清洁能源发展壮大、基础能源提质增效、电网网架优化完善、能源消费节约集约、能源绿色智慧创新、能源装备制造拓展等重大工程，需进一步加强要素保障和政策支持，助力重大工程重大项目落地见效。

第二节　能源市场与价格机制

建设完善能源市场是推进能源高质量发展，实现“双碳”目标的重要举措。近年来，我国积极推动能源市场建设，在电力市场、碳排放权交易市场以及用能权交易市场等的建设方面取得了令人瞩目的进展。同时，相关市场价格配套机制不断完善，为进一步调动各参与主体积极性、优化市场运行提供了重要抓手。

一、能源市场机制

（一）电力市场建设运行概况

2015 年 3 月 15 日，中共中央、国务院印发《中共中央　国务院关于进一步深化电力体制改革的若干意见》（中发〔2015〕9 号），旨在进一步深化电力体制改革，解决制约电力行业科学发展的突出矛盾和深层次问题，促进电力行业又好又快发展，推动结构转型和产业升级。由此，正式拉开我国电力史上第四次改革大潮。此后，国家发展改革委相继发布《关于进一步深化燃煤发电上网电价市场化改革的通知》（发改价格〔2021〕1439 号）以及《关于组织开展电网企业代理购电工作有关事项的通知》（发改办价格〔2021〕809 号），电力市场建设进入了加速推进的新阶段。2022 年 1 月，中央深改委第二十二次会议审议通过的《关于加快建设全国统一电力市场体系的指导意见》发布，为下一步深化电力市场体系建设指明了方向。随着新型电力系统加快构建，发用电计划进一步放开，电力市场交易规模不断扩大，加之一次能源价格波动等因素影响，电力市场建设和运营呈现“五大”新的特点。

一是市场规模逐步扩大，市场化程度提高。2022 年，全国各电力交易中心累计组织完成市场交易电量52543亿千瓦时，同比增长39%，占全社会用电量的比重为60%，同比提高15.4个百分点。其中，省内交易电量合计为42181亿千瓦时，省间交易电量合计为10362亿千瓦时，绿电交易电量228亿千瓦时，绿证交易969万个。煤电交易电量超过4万亿千瓦时，交易价格0.449元/千瓦时，较全国平均基准价上浮18%。北京、广州电力交易中心组织完成市场交易电量10362亿千瓦时，其中北京电力交易中心组织完成省间交易电量9609亿千瓦时，广州电力交易中心组织完成省间交易电量753亿千瓦时。

二是参与市场的经营主体显著增加且逐步成熟。2021年10月，按照国家政策要求，各地取消工商业用户目录电价，工商业用户通过直接从市场购电或由电网公司代理购电方式全部进入市场。截至2022年底，我国各电力交易平台累计注册市场主体57.9万家，其中发电企业2.6万家、电力用户54.8万家、售电公司0.5万家。各类主体的市场参与度和能力不断提升，对于交易规则的理解更加透彻，在中长期市场、现货市场使用不同交易品种和机制，根据实际情况调整合同、减少偏差、争取收益，有序参与市场交易。售电公司通过建立科学有效的经营体系、提供丰富多样的服务项目、提升精细化管理水平来提升竞争实力。电力用户充分结合自身用电特性，调节用电行为，甄选零售套餐，降低用能成本。

三是交易模式和交易品种日益丰富。从交易品种上看，电力交易已形成电能量交易、辅助服务交易等多交易品种。同时为促进清洁能源发展，开发出清洁能源替代交易、绿色电力交易、绿色电力证书交易等市场化交易品种。从覆盖地理范围上看，分为省内市场和省间市场。从交易周期上看，中长期市场覆盖多年、年度、多月、月度、月内交易，交易频次的提升更好地满足了市场主体灵活响应供需变化和清洁能源消纳的需求。

四是各类型、各层次市场功能逐步清晰。在中长期市场方面，持续向连续运营目标推进，有效发挥稳定市场预期的基础作用。中长期交易电量占总交易电量的比重维持在90%以上，在保障电力供应、稳定价格方面充分发挥了“压舱石”和“稳定器”的作用。月内交易周期不断缩短，最小交易周期由月、旬（周）缩短至日（多日）。通过向连续运营目标推进，中长期交易结果更加贴近实际运行，形成了分时段的交易机制和价格信号，改变以往只确定电量电价的方式，明确电力曲线，引导市场主体发现电力的真实价格。在现货市场方面，通过稳步推进建设，已初步建立反映实时电力供需的价格机制。首批8个电力现货试点——南方（以广东起步）、蒙西、浙江、山西、山东、福建、四川、甘肃均已启动连续结算试运行，第二批6个试点也陆续开展了模拟试运行。各试点省现货市场形成了初步反映实时供需的市场价格信号，价格波动符合电力供需规律，能够一定程度上反映电力不同时段的价值。

五是新能源市场化消纳机制建设积极推进。当前全国新能源电量平均市场化率约30%。全国有1/3的省份超过30%，主要集中在中西部地区。新能源市场化消纳主要采取“保障性消纳 + 市场化交易”结合的方式，市场交易机制各有特色。

（二）碳排放权市场建设运行概况

碳排放权交易市场（以下简称碳市场）作为碳减排的市场化途径，通过配额管理制度，设置相应的经济激励机制，推动企业加强碳排放管理，是以最具成本效益的方式实现减排目标的重要政策工具。

我国碳市场建设始于试点碳市场。2011年10月，按照“十二五”规划纲要关于“逐步建立碳排放交易市场”的要求，中国在北京、天津、上海、重庆、湖北、广东、深圳两省五市，分别启动了碳排放权交易试点工作，并于2013—2014年陆续开市。2016年9月，福建省成为国内第八个开展碳排放权交易试点工作的区域，并于同年12月开市。2017年12月，国家发展改革委印发了《全国碳排放权交易市场建设方案（电力行业）》，标志着中国碳排放交易体系完成了总体设计并正式启动。2021年7月16日，全国碳排放权交易市场启动上线交易，标志着中国从碳交易市场试点建设迈向全国统一碳市场建设。首批共2162家火电企业和自备电厂发放配额约45亿吨，该数据占2022年全国总排放量的35.1%左右。目前，我国碳市场的发展取得了长足进步，全国碳市场已成为全球覆盖碳排放量最大的碳市场。但与国际上起步较早的碳市场相比，我国碳市场仍处于发展培育期，存在很大的发展空间。

2023 年，全国碳市场进一步稳中有序发展，第二个履约周期的碳配额分配方式得到了优化，清缴工作有序展开，同时市场扩容、数据管理和评估核查体系建设、碳排放权交易立法等工作也取得了积极和显著的进展。相较于 2022 年，2023 年全国碳市场交易呈现量价齐升的态势，全年 CEA 成交量和成交额分别达 2.1 亿吨和 144.4 亿元，年末 CEA 的收盘价达 79.4 元 / 吨，较前一年度大幅上涨。CCER 项目备案和减排量签发的重启工作取得重大成果，《温室气体自愿减排交易管理办法（试行）》正式施行，全国统一的 CCER 交易市场的注册登记和交易结算等重要机制及基础设施建设也取得显著成果，CCER 重启进程加速。2023 年第四季度，市场对 CCER 需求大幅上升，带动年内总体成交量达 1530 万吨，较 2022 年大涨 92%，全国 CCER 预期价格也在年末升至逾 65 元 / 吨。地方试点碳市场的整体成交量在 2023 年也较前一年出现显著反弹，达 7012 万吨，但各试点市场的成交量和成交价呈现显著分化走势，福建、湖北和重庆的成交量增幅最大但成交价有所下降；广东、深圳和上海的成交量跌幅最大，但成交价均有不同程度的上涨。2023 年，多个地方的试点碳市场也在交易制度创新、市场扩容、碳交易生态体系建设方面进行了积极探索。

（三）用能权市场建设运行概况

用能权交易是国家在加快生态文明建设、贯彻落实生态文明体制改革的背景下提出的重要举措，其充分借助市场化手段，发挥市场在资源要素配置中的决定性作用，倒逼企业节能减排、转型升级，提高能源利用效率，促进社会绿色高质量发展。

从 2015 年开始，用能权交易逐渐进入大众视野。2015 年 9 月的《生态文明体制改革总体方案》（以下简称《方案》）第四十二条首次提出用能权交易："推行用能权和碳排放权交易制度。结合重点用能单位节能行动和新建项目能评审查，开展项目节能量交易，并逐步改为基于能源消费总量管理下的用能权交易。建立用能权交易系统、测量与核准体系。推广合同能源管理。"同时《方案》明确提出了节能量交易被用能权交易所代替的未来建设方向。同年 10

月的《中共中央关于制定国民经济和社会发展第十三个五年规划的建议》里也提到了用能权交易市场建设在“十三五”时期的短期目标，即“建立健全用能权、用水权、排污权、碳排放权初始分配制度，创新有偿使用、预算管理、投融资机制，培育和发展交易市场”。之后，用能权交易从试点地区的建设开始，迈入了新的发展阶段。2016 年 7 月，国家发改委印发《用能权有偿使用和交易制度试点方案》，确定了浙江、福建、河南和四川为试点地区，进一步推动了用能权交易机制的健全、完善。2017 年 12 月，国家发展和改革委员会办公厅下发了《关于浙江省、河南省、福建省、四川省用能权有偿使用和交易试点实施方案的复函》，正式批复四省推行用能权有偿使用和交易试点的工作方案，鼓励各试点地方探索用能权交易的特色路径。“十四五”时期是推动国家“双碳”目标实现的关键期、窗口期，2021 年 3 月，《中华人民共和国国民经济和社会发展第十四个五年规划和 2035 年远景目标纲要》又进一步强调了用能权交易的重要性，要求充分发挥市场配置资源的决定性作用，提出“推进排污权、用能权、用水权、碳排放权市场化交易”，引导能源向优势产业、企业等流动、集聚，奠定了用能权交易在“十四五”期间的总体发展基调。我国用能权交易试点的实践已有数年时间，在这期间，各试点省份不断摸索交易相关的机制政策，持续制定、更新并完善用能权的交易规则，详见表 6-7。

表 6-7　中国四个试点省份用能权交易市场对比

省份	交易主体	交易标的	价格形成机制	政策文件
浙江	市、县级人民政府和有关企业	用能权指标，以吨标准煤（等价值）为单位	包括增量交易、存量交易和租赁交易，初始阶段以增量交易为主。 交易价格通过竞价、招拍挂等方式确定。初始阶段，采取定额出让、差别化定价方式，基准价为 400 元 / 吨标准煤。用能单位申购用能权指标的价格通过公式确定	《浙江省用能权有偿使用和交易试点工作实施方案》《浙江省用能权有偿使用和交易管理暂行办法》

续表

省份	交易主体	交易标的	价格形成机制	政策文件
福建	应当纳入用能权交易的单位和自愿参与用能权交易的单位，符合交易规则要求的其他法人单位	用能权指标以及其他按照规定开展用能权交易活动的相关产品	采用挂牌点选、单向竞价、协议转让或者国家和本省规定的其他方式，在省人民政府确定的交易机构内进行。交易价格由交易参与方根据市场供求关系确定	《福建省用能权有偿使用和交易试点实施方案》《福建省用能权交易管理暂行办法》
河南	重点用能单位、自愿参与履约单位	用能权指标	通过用能权交易系统，按照有关规定，采用定价转让、协议转让或竞拍转让方式进行交易	《河南省用能权有偿使用和交易管理暂行办法》
四川	重点用能单位以及符合用能权交易规则相关规定的其他用能单位、社会机构、组织	核心交易产品是用能权指标。另有补充交易产品，如非重点用能单位的节能量。逐步探索可再生能源绿色电力证书等作为补充交易产品	场内交易，交易主体购买或出售用能权指标的行为通过四川联合环境交易所交易平台进行；用能权指标价格采用政府指导与市场调节相结合的方式确定	《四川省用能权有偿使用和交易管理暂行办法》

二、能源价格机制

2021 年 5 月 18 日，国家发展改革委印发《关于“十四五”时期深化价格机制改革行动方案的通知》，指出要强化目标导向，坚持市场化改革方向不动摇，深入推进电力、石油、天然气等能源价格改革，完善价格形成机制，加强网络型自然垄断环节价格成本监管，逐步理顺能源价格，助力“碳达峰、碳中和”目标实现。能源价格机制是推动加快构建新型电力系统和建设新型能源体系的重要助力，持续深入推进能源价格机制改革，是促进能源绿色转型发展、保障能源安全供应和优化资源配置的重要抓手。

（一）两部制电价机制

为了破除电力垄断，缓解电力企业长期以来形成的高成本、低质量的局面，引入市场竞争，提高电力市场效率，我国开始探索采用两部制电价机制，并于 2004 年开始试点。2015 年，国家能源局发布了《关于印发电力市场化改革实施方案的通知》，提出到 2020 年基本建立以市场为导向的电力体制。两部制电价是推动电力市场化的一个重要手段，是一种政府和市场机制混合作用的电价制度。

2023 年 11 月 10 日，国家发展改革委、国家能源局联合印发《关于建立煤电容量电价机制的通知》，决定将现行煤电单一制电价调整为两部制电价。根据该通知，电量电价通过市场化方式形成，灵敏反映电力市场供需、燃料成本变化等情况；容量电价水平根据转型进度等实际情况合理确定并逐步调整，充分体现煤电对电力系统的支撑调节价值，更好保障电力系统安全运行，为承载更大规模的新能源发展奠定坚实基础。建立煤电容量电价机制、对煤电实行两部制电价政策，既是近年来我国新能源快速发展的现实需要，也是进一步推动新能源加快发展和能源绿色低碳转型的必然要求。

对煤电企业而言，建立煤电容量电价机制有助于破解单一制电价体系下煤电只有发电才能回收成本并获得回报的行业难题，打破煤电机组越来越多时间“备而不用”的困境，帮助煤电行业稳定预期。具体来看，煤电容量电价机制明确了容量电价水平，价格按照回收煤电机组一定比例固定成本方式确定。其中，用于计算容量电价的煤电机组固定成本实行全国统一标准，为每年每千瓦 330 元。综合考虑各地电力系统需要、煤电功能转型情况等因素，2024 年至 2025 年，多数地方通过容量电价回收固定成本比例为 30% 左右，部分煤电功能转型较快的地方适当高一些；从 2026 年起，各地通过容量电价回收固定成本比例提升至不低于 50%。此外，各地煤电容量电费纳入系统运行费用，每月由工商业用户按当月用电量比例分摊。

无论是从短期还是从长期看，建立煤电容量电价机制对于终端用户用电成本的影响都是积极正面的。短期看，对终端用户用电成本的影响总体较小。由于建立煤电容量电价机制主要目的是调整电价结构，煤电总体价格水平基本稳定，特别是电量电价小幅下降，将带动水电、核电、新能源等其他电源参与市场交易部分电量电价随之下行，工商业用户终端用电成本总体有望稳中略降。长期看，建立煤电容量电价机制，首次实现对煤电这一主力电源品种电能量价值和容量价值的区分，可有力推动构建多层次电力市场体系，引导煤电、新能源等市场参与者各展所长、各尽所能、充分竞争，全面优化电力资源配置，提升电力系统的经济性，从而降低终端用户用电成本。

（二）新能源参与市场交易电价机制

目前，我国新能源以“保量保价”的保障性收购为主，保障小时数以内电量执行标杆上网电价，保障小时数以外电量进入市场，价格由市场形成。新能源参与市场交易的主要方式包括：在省间，新能源主要参与中长期市场交易，通过与火电“打捆”等方式外送；在省内，与电力用户直接交易；此外，新能源还可以通过绿电交易获得环境溢价。下面以贵州、云南和河南为例，介绍我国各省新能源参与电力市场交易的机制。

2023 年 7 月 10 日，贵州省能源局发布《贵州新能源参与电力市场交易管理办法（征求意见稿）》，明确新能源发电企业参与市场化交易品种分为绿色电力交易（直接交易和认购交易）、新能源电能量交易。该意见稿还指出，绿色电力交易电能量价格原则上不低于燃煤发电企业电力中长期电能量交易平均价格的 90%。双边协商交易价格由发电企业、电力用户自主协商确定。集中竞价交易、挂牌交易价格分别以统一出清价格和挂牌价格为准。该意见稿还设置了新能源发电企业参与市场化交易申报电量上限，其中，风力发电企业申报电量上限为该企业机组容量乘以 1800 小时的 120%，光伏发电企业申报电量上限为该企业机组容量乘以 1100 小时的 120%。

2023 年 12 月 14 日，云南省发改委、云南省能源局联合下发《关于进一步完善新能源上网电价政策有关事项的通知》（云发改价格〔2023〕1264 号），明确 2024 年云南省风电、光伏项目的电价将减少以“煤电基准价”结算的比例。新增合规新能源项目（2021 年 1 月 1 日到 2024 年 12 月 31 日全容量并网的项目）全电量参与清洁能源市场交易，并按照清洁能源市场规则进行交易和结算，上网电价超过清洁能源市场均价的部分由全体工商业用户按用电量等比例分摊。

2024 年 1 月 11 日，河南省发展和改革委员会、国家能源局河南监管办公室发布的《关于河南省 2024 年电力交易有关事项的通知》指出，省内风电、光伏电量优先满足居民、农业用电需求，剩余新能源电量按照政府授权中长期合约纳入电力中长期交易管理，上网电价执行河南省基准价，与市场化用户形成授权合约，优先于其他交易电量进行结算。

（三）天然气价格联动机制

天然气的终端销售价是由上游气源价，加上中游长输管输费形成省级门站价，再加上部分省内短途管输费和下游的配气费形成，即“门站价 + 省内短途管输费 + 配气费 = 终端用户价”。其中，上游气源的进口和开采以中国石油、中国石化和中国海油三家国企为主，液化天然气（LNG）接收站和 LNG 液化厂出厂价基本实现了市场化定价，而管道天然气出厂价实施政府指导定价。国家发展改革委管理的门站销售价格在我国的天然气产运储销价格体系中处于核心地位，国家发展改革委对门站销售价格采取“基准价 + 浮动幅度”的价格管理方式，这是一种政府管控与市场调节相结合的价格管理方式。中游管输费、下游配气费以及终端用户价均实行政府定价。

近年来，我国天然气对外依存度越来越高，国际市场价格整体处于上涨趋势，而且波动比较大。一方面，为促进终端销售价格能及时反映市场供需和成本变化，国家层面出台多项价格机制改革政策，推动建立上下游价格联动机制，理顺天然气价格，详见表 6-8。

表 6-8　我国天然气价格联动政策

时间	发文机关	政策名称	主要内容
2017 年 11 月	国家发展改革委	《关于全面深化价格机制改革的意见》	建立健全价格动态调整机制，逐步建立健全城市供电、供水、供气、供热等领域上下游价格联动机制

续表

时间	发文机关	政策名称	主要内容
2018 年 9 月	国务院	《关于促进天然气协调稳定发展的若干意见》	理顺天然气价格机制，加快建立上下游天然气价格联动机制。强调了天然气产业链上中下游的协调与联动，解决天然气发展不平衡不充分的问题，有助于进一步理顺天然气价格机制
2021 年 5 月	国家发展改革委	《关于“十四五”时期深化价格机制改革行动方案的通知》	稳步推进石油、天然气价格改革，按照“管住中间、放开两头”的改革原则，根据天然气管网等基础设施独立运营及勘探开发、供气和销售主体多元化进程，稳步推进天然气门站价格市场化改革，改革完善终端销售价格与采购成本联动机制。明确深入推进石油、天然气等能源价格改革，为各省市陆续出台天然气价格联动机制政策提供有效指导和方向指引
2023 年 6 月	国家发展改革委	《关于建立健全天然气上下游价格联动机制的指导意见》	就联动机制主要内容、信息公开制度和激励约束机制提出要求，指导各地加快建立上下游价格联动机制。进一步完善天然气价格形成机制，促使终端价格及时反映市场与成本变化

另一方面，在国家层面政策的指导要求下，各省（市、区）依据地方天然气产业发展和经济状况不断出台完善地区天然气上下游价格联动机制的政策。

从联动范围来看，在已发布的 24 个省级的政策文件中，河北、河南、浙江等 6 个省份仅建立了居民用户天然气价格联动机制，海南、重庆、云南等 3 个省份仅建立了非居民用户天然气价格联动机制，内蒙古、山东、湖南等 15 个省份则建立了适用于居民用户和非居民用户的天然气价格联动机制。可以看到，还有部分省份的天然气价格联动机制没有覆盖到所有的居民、非居民用户，机制的联动范围有待进一步拓展。

从启动条件看，为使天然气销售价格能及时反映上游气源的成本变化，同时防止价格频繁波动，绝大部分省（区、市）对天然气价格联动机制的启动条件进行了具体说明，一般是对成本变动金额或幅度进行规定，此外，部分政策还对调整次数、调整时间等提出具体要求。首先是成本变动，不同省（区、市）对成本变动的约束条件主要有成本变动金额、变化幅度两类，当未达到或超过要求的变动金额或幅度时，销售价格不作调整，纳入下一个调整周期累加计算，成本变动金额一般在 0.05~0.15 元 / 立方米，成本变动幅度一般在 4%~15%。其次是调整次数，不同省（区、市）对调整次数的约束条件主要是限制居民或非居民用户天然气销售价格每年调整的次数，防止价格频繁波动，而居民用户每年调价次数普遍少于非居民用户。最后是调整时间，不同省（区、市）对调整时间的约束主要采用两种方式：对价格调整周期（月度、2 个月、季度、半年度、年度）进行规定，或限制本次价格调整距离上次调整的时间。总体来看，居民用户的调整周期一般长于非居民用户。居民用户销售价格联动调整周期一般是 6 个月或一年，非居民用户销售价格联动调整周期一般是 2 个月、3 个月或 6 个月。

从调价幅度来看，为避免天然气销售价格调整后过高或过低、保证价格调整过程保持相对平稳，部分省（区、市）还对单次价格调整的上 / 下限进行了具体要求，并提出超出限值部分纳入下一调整周期统筹考虑。调价幅度上限一般在 10%~20%，少数省份设置了具体上限金额，如湖北省要求“居民用气设定调价金额或幅度上限，原则上单次上调不超过每立方米 0.5 元”。

从调价程序来看，各地方对天然气价格进行联动调整时，主要由地方价格主管部门按照联动公式审核、测算相应的天然气销售价格调整额，制定调整方案，报同级人民政府批准后公布实施。另外，广西等地还明确提出，在满足价格联动机制启动条件后，由燃气经营企业向地方价格主管部门提出申请，说明气源综合采购成本情况、调价理由、调价幅度、调价时间、调价金额及计算依据等内容，提供相关测算数据和资料。整体来看，非居民用户销售价格联动调整程序相对居民用户稍显灵活与宽松。

（四）输配电价机制

我国输配电价改革不断深化。2015 年，在《中共中央　国务院关于进一步深化电力体制改革的若干意见》《中共中央　国务院关于推进价格机制改革的若干意见》相关要求下，输配电价改革在分批试点中稳步、全面推进。2015 年《输配电定价成本监审办法（试行）》明确了成本监审基本原则、定价成本构成与归集、成本核定方法等方面的内容。2016 年《省级电网输配电价定价办法（试行）》明确了省级电网准许收入、输配电价计算方法及价格调整机制等方面的内容。2017 年《关于制定地方电网和增量配电网配电价格的指导意见》提出了配电价格的确定方法。2019 年《输配电定价成本监审办法》提出了输配电定价成本构成、成本核定等方面的内容。2020 年《区域电网输电价格定价办法》《省级电网输配电价定价办法》发布，进一步明确和完善了输电价格定价机制。总体来看，自新一轮电力体制改革以来，输配电价改革在成本监审基础上，明确了输配电价核定机制并核定了价格，建立了跨省跨区、区域电网、省级电网三个层次的价格体系，同时也对地方电网和增量配网价格核定出台了指导意见，从而形成了较为系统全面的输配电价体系。

2017 年我国完成第一监管周期输配电价核定。2020 年我国完成第二监管周期输配电价核定。2023 年，国家发展改革委印发《关于第三监管周期省级电网输配电价及有关事项的通知》，在严格成本监审的基础上核定第三监管周期各省级电网输配电价，输配电价结构更加合理，输配电价功能定位更加清晰，激励约束机制更加健全，进一步深化了输配电价改革。

三、能源市场及价格机制相关思考

当前，新型能源体系和新型电力系统建设正在稳步推进。一方面，要贯彻落实能源体制改革的总体要求，贯彻落实国家出台的能源价格政策和绿色价格政策。另一方面，要加强改革的衔接协同，重点考虑各能源市场与价格机制等市场要素的衔接。

一是从完善绿证、绿电以及碳市场着手，完善体现新能源绿色价值的政策体系。一方面，建立“强制配额制 + 绿证交易”制度。建议由政府确定用户用电量中新能源配额比例，建立相应考核机制，用户通过购买新能源绿证完成配额责任；明确绿证是我国绿色电力消费的唯一凭证，统一以绿证数量为绿电消费量的衡量标准，理顺绿证价格形成机制，统筹绿证和绿电交易体系，建立统筹绿证与消纳量的监测核算体系。另一方面，探索“电—证—碳”衔接机制。理顺“电—证—碳”的市场关系，电力市场负责电力商品交易，绿证市场负责可再生能源的绿色电力属性，碳市场负责约束化石能源的温室气体排放。确保绿色环境权益的唯一性，建立全国统一的绿证、碳减排量数据平台，打通绿色电力证书与碳市场之间的流通环节。

二是建立适应新能源特性的市场机制。首先，优化新能源市场交易和合约调整机制。增加新能源调整曲线的机会，缩短交易周期，提高交易频率；在中长期交易合同中设立调整条款，约定调整方式、调整范围和价格机制；允许不同电源品种之间自由转让市场合同，增加市场合同的流通性。其次，建立政府授权的中长期差价合约机制。新能源与政府授权电网企业或保底购电企业场外签订差价合约，产生的损益由全体工商业用户分摊或分享，制定合理的新能源保障利用小时数，实现与市场交易规则的有效衔接，并合理确定政府授权合约费用。最后，完善新能源参与跨省跨区交易机制。加快全国统一电力市场建设，研究建立统一规范的规则体系和技术标准，提高新能源外送占比，不断优化跨省区交易组织方式，统筹做好省间交易组织，强化省间市场与省内市场、中长期与现货市场协同。

三是推动多市场协同发力，建立完善的耦合机制。首先，鼓励经验成熟的试点开展多市场协同示范，不断验证协同效应对于市场效率、企业成本等方面的影响，在此基础上进一步提炼经验、优化完善继而在全国加以推广。其次，在最初确认市场、价格控量目标时，应确保剔除各市场目标中的重叠部分，充分考虑重叠因素对现行各市场机制的影响。最后，可以考虑多市场指标之间的互认制度，建立各市场间的转化比率，使各市场互为补充、形成合力，同时对比率加以限制，以避免供需失衡、市场失灵，从而统筹兼顾，减轻企业的节能减排负担。

第三节　能源服务与惠民利民

能源是推动经济发展和社会进步的关键因素。然而，出于地理、经济和技术等方面的原因，有的地区和领域还无法获得可靠、充足、经济和可持续的能源服务。能源普遍服务旨在确保每个人都能获得基本能源服务，不受所在地区及经济条件约束。我国坚持民生优先、共享发展，着力提升能源普遍服务水平，推动能源发展成果更多更好惠及广大人民群众。经过几十年的努力，我国能源普遍服务水平稳步提升，人民的获得感、幸福感、安全感不断增强。

一、能源普遍服务概念与沿革

（一）能源普遍服务的概念内涵

普遍服务的概念最早起源于通信行业，后逐渐在铁路、邮政、能源等行业拓展。对于多数公共事业而言，普遍服务一般有三层含义：一是为所有消费者提供服务，即在一定区域内将服务延伸至每一个有消费意愿的用户。二是持续、稳定地提供服务，确保普遍服务的质量。三是价格处于消费者可支付的水平，不得因价格歧视妨碍用户获得普遍服务，普遍服务也因此具有可及性、公平性、可负担性三个特性。

具体到能源领域，能源普遍服务的范围比较广，“可负担”和“可获得”是基本要求。能源普遍服务与能源贫困、能源可及性等概念密切相关。能源贫困是全世界普遍存在的难题，其中，发达国家的能源贫困主要表现为“可负担”困难，即不可支付性。而发展中国家的能源贫困不仅表现为不可支付性，也常表现为不可获得性。我国幅员辽阔、人口众多，区域发展不平衡问题明显，在一些经济发展水平还较低的地区，能源贫困问题比较突出，不仅表现为能源特别是清洁安全能源无法获得，也表现在用能成本的难以负担上。例如，早期在一些农村地区，受能源发展水平限制，天然气、电力等现代能源尚未完全普及，部分居民仍然依靠薪柴等传统能源来维持生活，存在能源的不可获得性。所以，消除能源贫困，提高能源可及性，不仅是全球可持续发展的重要目标，也是我国在推进中国式现代化，实现共同富裕的进程中需要关注的重点问题。

保障和改善民生是我国能源发展的根本出发点和落脚点，所以能源普遍服务一直以来都是我国能源政策的重要组成。基于能源要素禀赋结构、能源技术水平、能源基础设施建设水平，以及经济社会和能源事业的发展阶段，我国能源普遍服务的内涵动态变化，不断丰富。

（二）能源普遍服务政策回顾

改革开放初期，我国能源工业发展缓慢，能源基础设施水平薄弱，能源电力供应严重短缺。为了改善这一状况，我国出台了一系列推进能源电力建设的政策措施。在电力领域，从“六五”时期至“九五”时期，电力工业经历了四个五年计划，为应对当时电力短缺的形势，着力加快电力行业投资建设，使电力工业发展与国民经济发展相适应，满足经济社会发展和人民生活的需求。到“九五”后期，电力工业发展较快，长期的严重缺电局面得到了基本缓解。随着电网的扩建，绝大多数地区的用电问题得到初步解决。1995 年，电力工业部印发《全国农村电网技术改造与技术进步“九五”计划》，提出实现电力扶贫共富工程，建设农村电气化县，全面推进农村电网建设。从 1997 年开始，国家开始实施“中国光明工程”，通过开发利用风能、太阳能等新能源，以新的发电方式为那些远离电网的边远无电地区提供电力。同年，“乘风计划”以风力发电机组的国产化带动风电场建设，提升无煤、缺水、风电资源丰富的偏远地区的电力可及性。

随着改革开放以来能源事业的快速发展，我国能源建设取得显著成就，能源基础设施建设保持较快增长，能源“瓶颈”对社会生产和生活的制约大大缓解。2001 年，国家计委发布《国民经济和社会发展第十个五年计划能源发展重点专项规划》，虽没有明确提及能源普遍服务，但是已涉及以下相关内容：一是电网建设，在继续加强农网城网建设的同时，抓紧建设北、中、南三个输电通道；重点发展跨省、跨地区输电线路，积极推进区域电网互联和全国联网进程；加强区域内主干电网建设。二是天然气输气管道建设，加快输气管道和下游利用项目建设及市场开拓工作。三是加快西部开发，积极推进“西气东输”“西电东送”和“光明工程”等的实施。四是继续加快农村能源商品化进程，在具备资源条件的地区，特别是偏远地区，大力推广太阳能光伏发电、风柴蓄独立供电系统和生物质能转化、地热、小水电、薪炭林等。这些措施都有利于提升电力和天然气的可及性。同时，“十五”期间，国家还推出了“送电到乡”工程，2002 年国家计委发布了《“送电到乡”工程建设管理办法》，对“送电到乡”工程的光伏发电站及风光互补电站建设进行了规定。

2007 年，国家发展改革委发布《能源发展“十一五”规划》，提出“新农村能源工程”，按照“因地制宜，多元发展”的原则，在继续加快小型水电和农网建设的同时，大力发展适宜村镇、农户使用的风电、生物质能、太阳能等可再生能源，对村镇小型风机、户用沼气、规模化养殖场沼气工程、农村太阳能热水器、太阳灶等方面提出了具体的发展目标。2008 年，国家发展改革委印发《可再生能源发展“十一五”规划》，提出“农村可再生能源建设”，规划布局和建设重点中涉及以下能源普遍服务内容：一是无电地区电力建设，二是农村户用沼气池建设，三是农村小型能源设施建设，四是推广生物质固体成型技术。

2012 年 10 月，《中国的能源政策（2012）》白皮书发布，将“提高能源普遍服务水平”作为专门章节。白皮书从四个方面提出着力提高能源普遍服务水平：一是 2015 年前基本解决无电人口的用电问题；二是大力推进农村能源建设；三是加强边疆地区能源建设；四是改善城镇居民生活用能条件。

2013 年，《能源发展“十二五”规划》提出，要实施能源民生工程，具体内容包括：一是加快农村电网建设；二是大力发展农村可再生能源；三是完善农村能源基础服务体系；四是加强边疆偏远地区能源建设；五是着力提高民用天然气供给普及率。

2016 年，《能源发展“十三五”规划》发布，提出“以人为本，共享发展”的理念，要求“全面推进能源惠民工程建设，着力完善用能基础设施，精准实施能源扶贫工程，切实提高能源普遍服务水平”。该规划提出了完善居民用能基础设施、精准实施能源扶贫工程、提高能源普遍服务水平、大力发展农村清洁能源等工作方向，并且列出了民生工程建设重点，包括配电网、农村电网、光伏扶贫、离网式微电网工程等。同年，《能源生产和消费革命战略（2016—2030）》发布，提出要“切实提升农村电力普遍服务水平，完善配电网建设及电力接入设施、农业生产配套供电设施，缩小城乡生活用电差距。加快转变农业发展方式，推进农业生产电气化。实施光伏（热）扶贫工程，探索能源资源开发中的资产收益扶贫模式，助推脱贫致富。结合农村资源条件和用能习惯，大力发展太阳能、浅层地热能、生物质能等，推进用能形态转型”。

2022 年，《“十四五”现代能源体系规划》提出了能源普遍服务水平持续提升的具体任务和目标，即“十四五”时期，在能源利用方面，人民生产生活用能便利度和保障能力进一步增强，电、气、冷、热等多样化清洁能源可获得率显著提升，并提出了人均年生活用电量达到 1000 千瓦时左右的量化指标；在能源基础设施方面，天然气管网覆盖范围进一步扩大，城乡供能基础设施均衡发展；在能源供应方面，乡村清洁能源供应能力不断增强，城乡供电质量差距明显缩小。

二、能源惠民利民省级实践

随着能源普遍服务相关政策的落实和工作的推进，我国能源普遍服务水平不断提升，能源惠民利民成果丰硕。《“十四五”现代能源体系规划》总结指出，“十三五”时期，我国全面完成新一轮农网改造升级，大电网覆盖范围内贫困村通动力电比例达到 100%，农网供电可靠率总体达到 99.8%，光伏扶贫电站装机约 2600 万千瓦，“获得电力”服务水平大幅提升，“人人享有电力”得到有力保障；用能成本持续降低，营商环境不断优化；北方地区清洁取暖率达到 65% 以上。近年来，各省坚持把实现好、维护好、发展好最广大人民根本利益作为根本目的，尽力而为、量力而行办好民生实事，加强普惠性、基础性、兜底性民生建设，积极推进能源惠民利民工程，不断提升能源普遍服务水平，并在能源惠民利民建设方面做出了多项创新构想与实践。

（一）能源基础设施建设

能源基础设施建设对提升能源普遍服务具有重要的意义，不仅是地区经济发展的命脉，也是满足人民对美好生活需要的重要物理基础。

西藏是我国海拔最高的省级行政区，高原地貌及气候对能源基础设施建设提出了严峻的挑战。2020 年 7 月 26 日，随着国家重点工程——西藏阿里电力联网工程全线贯通，结束了西藏阿里电网孤网运行的历史，满足了阿里地区长期用电需求。这项工程是迄今为止全世界海拔最高、运距最远的超高压输变电工程，是继青藏电力联网、川藏电力联网、藏中电力联网工程之后的第 4 条“电力天路”，助力西藏仲巴、萨嘎、吉隆、聂拉木、普兰、改则和措勤等 7 个县用上了大网电，改善了工程沿线 16 个县 38 万农牧民的民生用电状况，成为又一条造福西藏各族人民的光明线、保障线、团结线、幸福线，对于推动西藏发展和长治久安、维护民族团结具有十分重要的意义，真正实现电路通、民心通、致富通。随着阿里电力联网工程的建成，西藏也将形成覆盖全区 74 个县、300 多万人口的统一电网，有效解决西藏长期以来的缺电问题，供电水平实现质的飞跃，为新时代西藏长足发展和长治久安提供了稳定可靠的电力保障。

河南省自 2015 年起将农村电网改造升级纳入省政府重点民生实事，不断加大农村地区电网投资力度，改善了河南省农网供电能力紧张、发展长期滞后局面。河南省农网实现“六个全覆盖”，即 110 千伏变电站覆盖所有产业集聚区、35 千伏变电站基本覆盖所有乡镇、动力电覆盖所有自然村、光纤通信覆盖所有站所、智能电表覆盖所有电力客户、平原地区机井通电全覆盖，圆满完成了电网脱贫攻坚、重点民生实事、农网改造“两年攻坚战”、北方地区冬季清洁取暖、高标准农田、黄河滩区迁建等配套电网建设任务，促进河南农村电网供电能力、设备状况及运行水平等主要指标从 2015 年全国倒数跃升至平均水平，户均配变容量实现倍增，长期困扰用户的“低电压”问题得到基本解决，城乡电网发展不平衡不充分的问题得到明显改善。

海南省是我国最大的经济特区，也是我国最大的自由贸易试验区。长期以来，南方电网公司大力服务海南自贸试验区建设，推进海南主网架结构建设。2009 年，海南联网一回工程投运，结束了海南“电力孤岛”的历史。在此基础上，2019 年海南联网二回工程投运，将海南与南方电网主网之间的电力输送能力由 60 万千瓦提升至 120 万千瓦，极大降低台风多发的海南岛大面积停电风险，提升客户的电力获得感，保障客户安全可靠用电。海南联网工程被誉为海南电力供应的“生命线”“定海神针”，为海南经济社会发展提供强大的电力支持，对保证海南电网安全、提升电网等级、保证海南核电项目的建设意义重大。

（二）民生用能条件改善

从用上能源到用好能源，是能源普遍服务内涵的拓展。为改善民生用能条件，我国各省持续优化能源服务营商环境，多元化完善服务举措。

北京市持续优化电力营商环境，统筹推进世界银行营商环境评价和国家创新试点城市建设，促成全国首个 35 千伏及以下“非禁免批”政策落地实施。国网北京电力创新推进水电气网“五联”服务，打造首都“三零 + 五联”品牌，累计节约客户投资约 40 亿元。同时，国网北京电力在“网上国网”APP 客户端设立购电服务专区，为客户提供线上签约和在线客服，成功实现居民“刷脸办电”。持续提升为民服务水平，按期投运 2.3 万户山区“煤改清洁能源”工程，完成 31 个老旧小区供电设施改造，实现个人充电桩“联网通办”243 家 4S 门店全覆盖，完成 2430 户商业餐饮企业液化气改电。

福建省多措并举，深入实施电力双满意工程，提升电力用户满意度。在服务客户用电方面，国网福建电力通过提供 24 小时电力服务，实现办电“一趟不用跑、最多跑一趟”；先后推行电力工程占、掘路“一窗式”联审，审批总时长从 30 个工作日压降至 5 个工作日以内；首创全国用电项目整体租赁服务，大幅节省办电时间和费用；全省高、低压办电环节分别压减至 4 个、2 个，高、低压办电平均时长分别压降为 31.34 个工作日、3.1 个工作日，例如，在“网上国网”APP 平台上延伸开发了低压用电报装“一键通”，实现“一键下单、现场办结”服务功能。长期以来，国网福建电力是国家电网经营区客户投诉率最低的省份之一。

山西省在提升天然气用能服务方面出台了“三强制”标准。2022 年 11 月，山西太原天然气公司历时 150 天完成了全市六城区的三项强制措施改造工程，覆盖 57 余万户居民。该工程涉及 7800 余个居民小区、60 余个城边村的 40 余万户居民用户灶前自闭阀更新改造、17 万余户居民用户灶前自闭阀及灶具连接不锈钢波纹软管升级改造工程。山西太原天然气公司免费将用户灶具连接用橡胶软管更换为不锈钢波纹软管、将单气嘴（灶前阀）更换为灶前自闭阀，并告知用户自行购买更换带有熄火保护装置的燃气灶具，是一项民心工程、惠民工程，提升了居民安全用气系数。

（三）能源扶贫工程开展

消除贫困、改善民生、逐步实现共同富裕，是社会主义的本质要求。2020 年 11 月 23 日，随着贵州省宣布所有贫困县摘帽出列，也标志着我国 832 个国家级贫困县全部脱贫摘帽。回顾过往，能源扶贫在我国脱贫攻坚战中发挥了重要作用，是推进乡村振兴的重要途径。

福建省在开展电力扶贫工作过程中，注重“输血”与“造血”并举。通过帮助贫困户发展光伏产业、畜禽养殖、油茶种植等产业扶贫项目，既帮助贫困户获得稳定的收入来源，也改善了村容村貌。光伏产业是变“输血”式扶贫为“造血”式扶贫的关键路径。例如，福建省上杭县蛟洋镇坪上村有“九山半水半分田”之称，是县级贫困村。2019 年，国网福建电力投资在坪上村建设国网阳光扶贫光伏电站，总面积为 1080 平方米，装机容量 178 千瓦，年发电量约 22.28 万千瓦时，解决该村村集体收入基本为零的问题。电站的发电收益又用于改善村里的基础设施，例如修缮通往周边毛竹加工厂的道路，有效盘活村里的毛竹产业，帮助村子精准脱贫、长效脱贫。

浙江省是我国率先完成脱贫攻坚任务的省份。浙能滩坑水电站是浙江省委省政府提出的“五大百亿”工程中“百亿帮扶致富”的一项重要工程，是一项重大的扶贫工程、民心工程、德政工程。该水电站位于浙江省青田县境内瓯江支流小溪中游河段，装机容量 60.4 万千瓦，三台 20 万千瓦机组是浙江省内迄今单机容量最大的常规水电机组。水电站于 2008 年 8 月 16 日实现了首台机组投产发电，至 2011 年 7 月 10 日完成最后一台机组投产。该工程是浙江省最大的精准扶贫工程，总投资近百亿元，带动了周边的青田和景宁两个县 11 个乡镇 80 个行政村的百姓成功脱贫。

甘肃省地处青藏高原、黄土高原和内蒙古高原三大高原交会地带，曾是全国脱贫攻坚任务最重的省份之一。“十三五”以来，国网甘肃电力充分发挥行业优势，全面完成脱贫攻坚电网改造提升工程，实现了脱贫村动力电全覆盖，“两率一户”指标达到国家脱贫标准。依托充足的太阳能资源，国网甘肃电力大力实施光伏扶贫工程，服务光伏扶贫电站早发电、早收益，完成光伏扶贫电站并网容量 127.6 万千瓦，涉及 12 个市州 42 个县（区），每年可产生稳定收益 7.6 亿元，全额消纳光伏扶贫电站发电量，惠及 18.92 万户脱贫户。

三、能源惠民利民相关思考

党的二十大报告提出：坚持以人民为中心的发展思想。维护人民根本利益，增进民生福祉，不断实现发展为了人民、发展依靠人民、发展成果由人民共享，让现代化建设成果更多更公平惠及全体人民。能源是社会生产和人民生活重要的物质基础，能源发展也要坚持以人民为中心的发展思想，树立能源发展为了人民、依靠人民、服务人民的理念。

（一）加强能源民生基础设施建设

继续加强能源民生基础设施建设，加强相关领域投资，创新投融资方式。促进城乡供能基础设施均衡发展，大力提升乡村清洁能源供应能力和基础设施建设水平，缩小城乡供电质量差距。加快完善农村和边远地区能源基础设施，推进农网改造升级，提高农网供电可靠率，确保农村能源和电力基础设施为乡村产业发展提供保障。支持革命老区重大能源基础设施项目具备条件后按程序尽快启动建设。推进城市能源基础设施补短板，加大城市燃气管道、配电网、供电设施等更新改造，有计划地推进更新改造工程，加快城市智能配电网建设，满足商业、居民“用好电”的需求。大力加强充电基础设施建设，构建方便快捷的多层次充电网络。

（二）提升民生用能质量

积极推进农业生产和农村生活电能替代，提升农村电力化水平。加快构建农村清洁能源利用体系，因地制宜推动农村地区光伏、风电发展和农村生物质能源多元化利用。强化清洁供暖、降温、烹饪等设施建设，加大生物质锅炉（炉具）、太阳能集热器等的推广应用力度。继续提升民生用能服务水平和服务质量，推进电网公司、城燃公司、综合能源服务公司等创新业务模式，提升业务办理便捷度。鼓励电网公司统筹供电安全性、供电能力、供电可靠性和景观优美程度的综合提升，为和谐幸福、可持续发展的人居环境赋能。

（三）培育壮大农村绿色能源产业

产业振兴是乡村振兴的重中之重，通过产业驱动，培育壮大农村绿色能源产业，是提升能源普遍服务水平的重要途径。建议将新能源产业发展作为乡村振兴工作的重点，进一步完善农村新能源开发管理，支持具备资源条件的地区因地制宜采取适用的模式，利用农户闲置土地、农房屋顶、公共建筑屋顶等建设分布式风电、光伏发电等，增加农户、村集体等的收入。结合乡村产业的基础和特点，加强新能源与乡村产业的有机衔接，以电力带动基础设施建设和农业多种功能拓展，鼓励发展光伏 + 现代农业、林业等模式。通过新能源产业的发展，助力茶叶、蔬菜、水果、林竹、花卉苗木、畜禽、水产、食用菌等乡村特色产业做强做优做大。在农业产业园区、县域工业园区、大型公共建筑等区域探索建设综合能源系统，为乡村产业和农村用户提供电热冷气等综合能源服务。

第七章

能源高质量发展之思

第一节 加快推动绿色低碳转型

党的二十大报告指出，“推动经济社会发展绿色化、低碳化是实现高质量发展的关键环节”。绿色低碳发展既是我国积极应对气候变化、推动构建人类命运共同体的责任担当，也是我国贯彻新发展理念、推动高质量发展的必然要求。

一、能源绿色低碳转型的意义

气候变暖已经成为人类所面临的严峻形势之一，强化气候治理已经成为全球的共识，需要全球加速能源系统转型，快速实现温室气体的深度减排。习近平总书记在第七十五届联合国大会一般性辩论上庄严承诺，“中国将提高国家自主贡献力度，采取更加有力的政策和措施，二氧化碳排放力争于 2030 年前达到峰值，努力争取 2060 年前实现碳中和”，为新时代我国全面绿色低碳转型开启新篇章。此后，中共中央、国务院相继发布一系列政策文件，将碳达峰、碳中和纳入经济社会发展全局，社会各界积极落实“双碳”目标，加快能源转型升级。党的二十大报告中再次强调了要牢固树立和践行“绿水青山就是金山银山”的理念，站在人与自然和谐共生的高度谋划发展，加快发展方式绿色转型，积极稳妥推进碳达峰碳中和。在我国，能源领域碳排放在全社会碳排放中占据绝对比重。作为支撑经济社会发展的重要物质基础，推动能源绿色低碳转型是推动经济绿色低碳发展、实现全社会碳达峰碳中和目标、减缓气候变暖的关键。

二、推动能源绿色低碳转型面临的挑战

从能源发展的“不可能三角”来看，能源的绿色低碳转型与能源安全稳定

供应、用能成本经济之间是存在矛盾冲突的，三者无法同时达到理想中的最优解。因此，推动能源绿色低碳转型，关键在于如何处理好其与安全供应和用能成本之间的关系。

（一）能源安全供应保障

近年来，在新冠肺炎疫情、地缘政治冲突、极端天气等因素影响下，国内外能源和电力供应短缺现象频发。欧洲过去十几年间都在大力推动能源系统去煤化和去核化，能源供应主要依赖来自俄罗斯的天然气，以及风电和太阳能，2022 年欧洲天然气供应出现短缺，德国、意大利、保加利亚、西班牙等国家被迫重启煤电。作为美国能源第一大州，得克萨斯州在 2021 年初受到百年一遇的寒潮影响，出现电价飙升、能源电力供应中断、供电商申请破产保护等事件。2021 年 5 月，巴西遭遇近二十年最严重的旱情，长期无雨的极端天气导致水电站无法正常运行，电力供应持续吃紧。我国 2021 年在经济强劲复苏、海外订单回流的情况下出现了电力供应紧张，多数省份采取有序用电措施以保障居民用电；而 2022 年夏季的持续极端高温天气，导致四川水电出力不足，出现全天电力电量“双缺”的严峻局面。

当前我国能源结构以煤炭为主，煤炭是能源供给领域绿色低碳转型的主要替代对象，虽然其占能源消费总量比例不断下降，但消费量仍在持续攀升。原因之一是由于快速发展的新能源未能摆脱“靠天吃饭”的属性，在午间高峰时，容易出现“极热无风”情况，风电出力极低，无法提供电力支撑，在晚间高峰时光伏则无法提供电力电量。同时，随着新能源的规模化发展，电力系统呈现高比例可再生能源、高比例电力电子设备的“双高”特征，系统转动惯量持续下降，调频、调压能力不足，运行风险增大，仍然需要煤电等电源提供支撑。

因此，在推动能源绿色低碳转型的进程中，不能为了尽早实现“达峰”“减排”“降耗”等目标，而采取“冲锋”式的运动，要正确认识到减排降碳是一个先慢后快的过程，全面考虑能源供给与消费格局改变的惯性、新能源发展对能源网架安全稳定运行带来的挑战等系统问题，有序实现化石能源与新能源之间的过渡衔接，在保障能源安全供给的前提下推动绿色低碳转型。

（二）终端用能成本降低

不同于欧美发达国家以高端制造业、金融业、服务业为主要产业，我国经济发展的支柱仍然是工业，对于能源和原料成本、产品价格的变动更加敏感。能源成本的上升将挤压国内制造业企业的利润空间，可能导致出厂价格的上涨，进而传递到下游行业及终端消费。2022 年在俄乌冲突的推动下，全球能源价格一直处于高位，导致全球经济进入滞胀状态，我国也受到一定的影响，经济运行下行压力加大。

虽然风、光等可再生资源不像煤炭、石油、天然气那样有着很强的地缘政治属性，在供给和价格上可以不受他国约束，但是其发电、传输、转换、存储和使用所涉及的设备制造需要大量的金属矿石，而当前这些矿产资源对外依存度偏高，存在由油气对外依存度过高转变为关键矿产对外依存度高的潜在风险。从电力角度来看，为适应“双高”“双峰”形势下新能源并网消纳，电力系统源网荷储各环节建设和运营成本都将增加。国内外研究表明，随着风光等新能源电量占比的快速提高，为消纳新能源付出的系统成本将明显上升，新能源发电成本下降无法完全与之对冲；加之我国新能源资源与需求逆向分布，西部北部地区集中开发、远距离大规模输送，将进一步抬高系统成本。与此同时，未来煤电在灵活性改造、利用小时数下降、CCUS 技术应用等因素的影响下，度电成本有可能持续上涨。因此从趋势上看，未来我国很有可能面临终端用能成本攀升的局面，且一旦因异常气候造成能源供应出现缺口，将给传统化石能源供应企业、电网企业带来较大的经营压力，抬高终端制造业企业和居民的用能成本。

因此，在推动能源绿色低碳转型的进程中，要着力疏导能源供给侧成本上升与需求侧用能经济性的矛盾，通过政策、机制及市场体系的设计，对能源各环节成本进行有效疏导，兼顾能源供给企业收益和终端用能成本。

三、加快推进能源绿色低碳转型的思考

（一）因地制宜优化区域能源供给结构

由于各省之间在经济发展水平和能源资源分布上存在较大差异，因此对能源供给结构的调整不能简单、粗暴地“一刀切”，无视实际情况设定未来能源电源发展目标，盲目开发清洁能源、停用化石能源，在相关技术尚未完全成熟的情况下，最终很可能导致欧洲“重返煤电”的现象再次上演。

因此，结合前文对我国各省能源资源禀赋的分析，按照化石能源和清洁能源规模的大小，划分出四类地区：第一类地区的化石能源和清洁能源规模均在前列；第二类地区的清洁能源规模较大，但缺乏煤炭、石油、天然气等化石能源；第三类地区与第二类地区相反；第四类地区能源资源禀赋则较为欠缺。针对不同类型的地区，要因地制宜地选择未来能源供给发展路径，而非盲目追求清洁能源占比的提高。

针对第一类地区（如新疆），可考虑“加快能源大型基地开发，加强能源送出通道建设”的发展路径。一是大力开发当地丰富的清洁能源资源（风电、太阳能等），持续提高其在能源供应中的占比。二是夯实化石能源供应保障，以满足极端情况下地区最低限度的能源需求。三是注重清洁能源开发利用新技术在当地的试点应用，形成示范效应，为其他地区能源供给清洁转型提供可操作的方案。四是依托输电、输油、输气网络，与第四类地区之间建立起能源供应合作关系，既促进当地经济发展，又满足对方能源需求。

针对第二类地区（如福建、四川），可考虑“加快清洁能源开发，建设灵活调节资源”的发展路径。一是及时将清洁能源项目的空间信息按规定纳入国土空间规划“一张图”，严格落实生态环境分区管控要求，进一步强化清洁能源发展用地用海保障，保障合理空间需求。二是针对现有煤电资源开展“三改联动”，提高煤电调节深度，实现“降得下、顶得上”，为清洁能源在当地大规模利用提供辅助保障；根据清洁能源在当地的分布情况以及电网网架结构，布局抽水蓄能、电化学储能等，应对清洁能源在不同时间尺度上的出力波动。三

是从市场机制上推动，例如虚拟电厂的建立，实现省内各地区电力电量的互补调节，提高区域电网运行稳定性。

针对第三类地区（如山西），可考虑“化石能源持续减碳，清洁能源适量开发”的发展路径。一是以当地化石能源资源为供应主体，从政策、制度、市场等维度推动 CCUS 等减碳技术的开发应用，支持化石能源供应企业开展降碳改造，挖掘二氧化碳下游使用场景、扩大市场需求，最终形成对化石能源供应企业友好的良性循环。二是对有条件开发清洁能源的市、县，有序开发分布式光伏，逐步退役或改造参数低、容量小的煤电机组，推进能源供应的清洁替代，同时加强省内电网网架建设，优化电力流，以满足无大型煤电机组市、县的能源需求。

针对第四类地区（如江西），可考虑“建设能源送入通道，挖掘多能互补潜力”的发展路径。一是根据周边省份能源供需形势，与能源富裕省份建立能源供应合作关系，加大能源送入通道，特别是省间输电通道的建设投入，在保障地区能源供应的同时，提高供应省份的清洁能源消纳。二是充分挖掘“水风光氢天然气”等多能互补发展的潜力，强化区域能源互联网建设，提高各类能源的综合利用效率，减少对单一能源供应的依赖。

（二）大力引导社会能源消费清洁化

为了实现全方位的绿色低碳发展，终端能源消费的绿色低碳转型必不可少，从消费侧降低对化石能源的依赖、提高清洁电力需求，进而传导至上游供应侧，才能可持续地推进能源绿色低碳转型。

一是要促进重点终端领域用能向低碳零碳能源转变。挖掘存量高耗能行业（黑色金属、非金属、有色金属、化学原料等）减排降碳潜力，推动行业用能脱煤向气、向清洁电转型。鼓励大型工业企业利用生产厂房、停车场等空间资源条件，大面积建设屋顶分布式光伏和停车场充电桩。有序推进充电桩、配套电网、加注（气）站、加氢站、换电站、港口、机场岸电等基础设施建设，加速推广电动汽车和氢燃料电池汽车，适时制定燃油汽车退出时间表，淘汰老旧落后交通设备。发展绿色低碳货运，提高铁路、水路在综合运输中的承运比重，培育建设一批布局集中、用地集约、功能集成的省级物流园区。大力发展绿色公共交通体系，引导公众低碳生活。持续推进乡村再电气化工程，提升农村地区供电能力和服务水平，支持乡村振兴与节能减排齐头并进。

二是要促进产业结构优化，壮大低碳产业。发挥各省自身资源禀赋及省间互补能力，加快产业转型升级，建设特色产业和绿色生态产业，重点发展高新技术工业、智能制造业与服务业，提高产业集中度，推动产业高级化，解决传统工业带来的能耗和污染问题，降低能源成本敏感性。加快绿色低碳循环发展，调整优化产业结构、能源结构、运输结构，坚决遏制“两高”项目盲目发展。打造更多生态产品区域公用品牌，不断培育绿色、有机、地理标志产品，培育和推广生态品牌，着力打造生态产业链，形成绿色经济新的增长源。

三是要促进绿色低碳能源消费理念的建立。通过全方位、多频次宣传，引导全社会积极加入绿色低碳发展的社会治理进程，形成全民参与的绿色低碳转型氛围，培育简约适度的生产生活风气。摆脱以往的政府补贴式发展方式，转而通过制度和市场的设计，让社会各方主动成为消费侧绿色低碳转型的主体，推动企业和消费者意识到绿色低碳对其生产效益和生活质量所带来的提升，促进企业提供更加绿色低碳的产品和服务（绿色社区、绿色商场、绿色出行等），引导消费者转向更加经济、清洁、高效、低强度的能源消费方式（以电代气、以电代油、以电代柴等），从而形成良性循环的绿色低碳能源消费生态，在终端上摆脱对化石能源的依赖，提高对清洁电力的需求。

（三）强化绿色低碳科技创新与人才培养

党的二十大报告指出，必须坚持科技是第一生产力、人才是第一资源、创新是第一动力。科学技术的进步创新能够为产业发展带来颠覆性的变革，人才的培养与集聚能够更好地促进科学技术进步。寻求能源“不可能三角”的最优解，重点在于通过科技创新降低技术推广应用成本，拓展目标权衡取舍空间，从而持续提高最优解水平，实现高质量的能源绿色低碳转型。因此，强化绿色低碳科技创新与人才培养，是从技术上推进能源绿色低碳转型。

一是着力推进绿色低碳领域科技研究。综合考量我国现有技术储备、基本国情、发展目标以及国际形势等多重因素，制定符合我国未来需求的能源低碳技术升级路线。围绕“卡脖子”难题，聚焦化石燃料低碳利用、零碳替代、碳捕集封存与利用、深远海大型风机、高效太阳能电池、新型储能等领域，补齐关键核心技术的“短板”，加快形成一批原创性、引领性、颠覆性技术，提高原始创新能力和创新策源能力。

二是打通产学研用，鼓励跨领域协同创新。整合行业龙头企业、技术领先企业和国家及省级重点实验室、高校、科研院所，组建创新联合体和技术应用转化平台。促进技术集成创新，强化跨领域技术交叉融合和综合运用，推动数字技术、材料科学与新能源及行业生产技术工艺交叉融合、协同创新，推动形成一批绿色低碳技术群，在重点行业领域打造一批绿色低碳技术示范标杆。优化创新投入、研发、转化和激励机制，促进适用技术研发和推广应用，畅通科技成果向生产力转化的渠道。

三是强化绿色低碳领域人才培养集聚。瞄准科技前沿、关键领域和产业需求，加快培育一批新能源、碳中和等领域的科研技术人才。优化能源领域职业能力证书制度，提高技术技能人才和产业工人的经济社会待遇，吸引更多国内外相关专业人员投身领域研究建设。强化教育的系统性变革和人才的专业化培养，将绿色低碳理念深度植入各学科、各层级教育培养体系。在具有较好基础的高等院校探索建立经济、金融、管理与能源、碳排放的交叉学科，培养多元化的综合人才。

（四）完善能源碳排放统计基础与考核激励机制

中央深改委在 2023 年 7 月审议通过《关于推动能耗双控逐步转向碳排放双控的意见》，再次强调要坚持先立后破，完善能源消耗总量和强度调控制度，逐步转向碳排放总量和强度双控制度。该意见对绿色低碳转型发展具有重要的里程碑意义，意味着从能源消费总量控制上解除了对新能源消费量的约束，以碳排放约束激励企业在生产活动中加大清洁能源的使用。因此，完善数据统计基础与考核激励机制，是从执行层面推动能源绿色低碳转型的重要方式。

一是完善碳排放数据计算及统计基础。建立统一规范的碳排放计量与核算体系，明确不同行业、不同能源消费的碳排放计算标准，夯实考核与激励机制的基础。利用边缘计算、5G、智能传感器、云存储等技术及设备，建立可量测的碳排放监测系统，实现社会经济生产活动全过程的碳排放实时监测、采集和存储，为从能耗双控向碳排放双控转变提供支撑。

二是针对不同地区领域制定相应的考核激励机制。充分考虑我国各地区、各行业的发展水平、发展优劣、发展分工、生产流程，科学合理设定能耗与碳排放考核目标。以增加用能补贴、降低配额购置费用、优先交易级别等激励手段，支持高耗能、高排放行业及地区在总控目标约束的前提下，开展减排降耗试点示范，探索规律、积累经验、凝聚共识。在“西气东输”“西电东送”“东数西算”的基础上，鼓励各地区开展能源产业分工和碳排放配额交易，促进西部地区能源产业快速发展，推动中东部地区碳排放有效转移；更进一步，可建立产业—能源—碳排放协同转移机制，在实现产业迁移与升级的同时，解决可再生能源生产与消纳的时空错配问题。

第二节　推动构建区域能源枢纽

促进区域协调发展是新时代国家重大战略之一，是贯彻新发展理念、建设现代化经济体系的重要组成部分。我国能源生产和消费逆向分布特征明显，优化能源发展布局和流向意义重大。进入新发展阶段，能源行业应深入实施区域协调发展战略，统筹生态保护和高质量发展，加强区域能源供需衔接，优化能源开发利用布局，提高资源配置效率。从区域分布来看，东部地区是我国能源消费的重要地区，而我国东南沿海地区具有丰富的海上风能、核电站址等清洁能源关键要素，进一步发展东南沿海清洁能源、构建东南清洁能源大枢纽，对满足东部能源需求、优化全国能源布局有着重要的战略意义。下面重点阐述构建东南清洁能源枢纽的背景和意义、总体构想和路径思考。

一、构建区域能源枢纽的背景和意义

以“胡焕庸线”（即黑龙江黑河市—云南腾冲市一线）为近似分界线，我国中东部是主要能源消费地区，而重要能源生产基地主要分布在西部地区。长期以来，我国能源供应和能源需求呈逆向分布，形成了“西电东送、北煤南运、西气东输”的能源流向格局。国家能源局党组书记、局长章建华在2022年发表《全面构建现代能源体系　推动新时代能源高质量发展》，提到推动区域能源协调发展的四个重要方向，包括“加快西部清洁能源基地建设”“提升中东部地区能源清洁低碳发展水平”“强化区域间资源优化配置”“提升城乡能源普遍服务水平”等。其中，在“提升中东部地区能源清洁低碳发展水平”中提到，要以京津冀及周边地区、长三角、粤港澳大湾区等为重点，加快发展分布式新能源、沿海核电、海上风电等，推动能源“从身边来”与“从远方来”并重，提升本地能源自给能力。综观我国能源消费需求较为集中的东部地区，东南沿海区域海上风能、核电站址资源丰富，若能够得到进一步的开发利用，将有利于提升我国东部能源自给水平，优化全国能源供需分布。

从近年来国家层面出台的相关政策来看，构建东南清洁能源大枢纽符合国家能源高质量发展总体战略。2021年3月，《中华人民共和国国民经济和社会发展第十四个五年规划和2035年远景目标纲要》明确指出，“十四五”期间要重点发展九大清洁能源基地与四大海上风电基地，其中四大海上风电基地包括福建、浙江、江苏、山东海上风电基地。2022年5月，国家发改委、国家能源局发布《关于促进新时代新能源高质量发展的实施方案》，提出2030年风电、太阳能发电总装机容量达到12亿千瓦以上的目标，加快推进建设大型风电光伏基地。2022年6月，国家发改委等九部门印发《“十四五”可再生能源发展规划》，提出有序推进海上风电基地建设，积极推动近海海上风电规模化发展，推动深远海海上风电技术创新和示范应用，加快推动海上风电集群化开发，重点建设山东半岛、长三角、闽南、粤东和北部湾五大海上风电基地。

从地区发展的角度来看，构建东南清洁能源大枢纽对沿海省份能源、经济高质量发展意义重大。一方面，东南清洁能源枢纽建设是应对沿海地区能源保供和新能源消纳“双难”挑战的有效手段。未来以大规模海上风电为特征之一的沿海省份（如福建省）电力系统或将呈现季节性电力短缺与富裕交织、夏季紧平衡和秋冬季消纳难同时存在的供需挑战，因此需要在满足省内电力需求的基础上，适当加大清洁能源开发规模，留足电力保供安全裕度，同时通过建设清洁能源枢纽实现跨区域互联互通，提升电力互济能力并促进新能源高水平消纳。另一方面，能源结构的巨大变革将带动沿海地区海量投资，可培育规模化海上风电产业集群、核电产业集群、抽水蓄能产业集群，有助于培育海洋高端装备制造、海上风电运维、核电建设运维、抽水蓄能建设运维、储能制造运维等产业，成为推进绿色经济高质量发展的新动能。同时，清洁能源产业就近在闽南、闽东北落地，可创造大量就业机会，辐射带动闽西南、闽东北以及相邻的粤东、浙南等沿海次发达地区及革命老区实现经济增长和乡村振兴，开辟清洁能源带动经济发展新路径。

二、东南清洁能源枢纽总体构想

构建东南清洁能源枢纽，需要重点发展台湾海峡优越的风能资源和沿海地区丰富的核电站址资源。从地理区位来看，福建地处海峡两岸融合发展最前沿，是多个区域协同发展的交汇点，也是打造东南清洁能源大枢纽的最佳阵地。2023 年，国网福建电力有限公司立足福建电源品种结构优、绿色转型基础好等独特优势，提出“三大三先”省级高质量发展示范电网目标，其中“三大”之一就是要打造东南清洁能源大枢纽，并进一步构想建立北连长三角、南接粤港澳、西通华中腹地、东牵宝岛台湾的“四方互联”的电力枢纽，加强周边负荷中心区域电力支撑，服务更大范围能源清洁转型。

进一步聚焦福建省，基于对福建资源禀赋、经济产业、人口、电能替代等因素的综合考量，并统筹安全保供、清洁低碳、经济高效三方面目标，预计远景福建省电力结构将呈现三大特征：一是电源装机结构，常规电源和新能源占比各半，核电、火电筑牢电力保供基石；二是清洁电源规模占比近九成，风电、核电为两大电量主体，煤电利用小时数大幅下行，实现低碳排放；三是调节电源装机比重接近三成，调节能力可满足最大负荷峰谷差叠加风电逆调峰的调节需求。

依托福建省风电、核电、抽蓄的资源优势建立的东南清洁能源枢纽，将具备能源生产、能源调节、能源配置三个枢纽功能，形成“6 个基地 +6 个通道”发展格局，以大规模海上风电为主力、新一代核电为支撑、高性能抽蓄为调节，实现相对稳定的电力外送。具体来看，一是形成多能互补的能源生产枢纽，包括沿台湾海峡西北侧分布的亿千瓦级海上风电基地，以及宁德、福州、漳州三个千万千瓦级核电基地；二是形成灵活高效的能源调节枢纽，包括两个千万千瓦级抽水蓄能电站基地；三是形成多方互联的能源配置枢纽，包括连接福建电网与闽南清洁能源基地、闽东北清洁能源基地两个清洁能源汇集送出通道，以及分别连接华东、华中、华南、台湾四个方向的区域级联网散通道。

在东南清洁能源枢纽的运作模式方面，东南清洁能源大枢纽可与我国主要能源基地相互配合，在中东部能源消费中心形成“远近结合、季节互补”的清洁能源供应保障体系。从与全国其余清洁电力供应基地的互补特征来看，东南清洁能源枢纽可弥补秋冬季清洁电力供应短板。根据清洁能源资源分布特点，我国主要的清洁电力供应基地为西北新能源基地、西南水电基地和新能源基地、华北新能源基地及东南清洁能源基地。春季为西北新能源基地的盛风期，夏季为西南水电基地的丰水期和新能源基地光伏发电旺季，秋冬季可依靠东南清洁能源基地与华北新能源基地共同支撑。

三、构建东南清洁能源枢纽的思考

构建区域能源枢纽，需统筹考虑区域发展、地域差异、资源开发等多方面因素，可从规划发展、技术创新、机制优化三个方面重点发力。

一是要统筹发展规划。科学谋划跨大区、跨海域电力优化配置的东南清洁能源大枢纽的顶层设计，统筹考虑东南清洁能源大枢纽的开发和消纳布局，为东南清洁能源大枢纽的建设提供宏观指导，推动东南清洁能源大枢纽被纳入国家及各地方政府能源电力规划。一方面，要统筹优化新能源开发方案，统筹区域风、核、储、煤规模建设，解决大规模风电随机性波动和稳定外送问题，开展核风煤储配置优化协同研究，提出大规模海上风电与抽水蓄能、新型储能等调节电源最优协同配置方案；综合考虑新能源资源、建设难度、技术水平，按照由近到远、先易后难的原则，优化新能源基地电源的开发时序和开发方案，避免无序发展。另一方面，要统筹优化输电通道方案，进一步开展对华东、华中、华南等负荷中心区域的电力供需平衡分析，深入研究和优化东南清洁能源大枢纽的电力消纳方向，深化主要输电通道规划方案研究。

二是要创新科学技术。依托东南清洁能源大枢纽特色工程，抢占深远海风电输电、高比例新能源下电力系统稳定分析与控制等领域的技术高地，攻克工程领域技术难题。一方面，要攻克深远海海上风电输电技术。离岸大于 100 公里、水深超过 50 米的深远海域具有更广阔的海域资源与更庞大的风能储量，是未来海上风电发展的新方向。与近海风电场相比，深远海风电场的送出通道与并网方式面临更严苛的要求，因此需要开展大规模深远海海上风电柔性直流输电、分频输电等新型输电技术研究和示范应用，攻克深远海海上风电送出技术和实践经验欠缺、成本高昂等问题，支撑海上风电行业发展。另一方面，要攻克东南能源电力枢纽安全稳定防控技术。东南清洁能源大枢纽的大规模新能源通过电力电子设备并网，存在宽频振荡风险增加、暂态稳定底层模型机理变化等新问题，系统稳定特性与传统电网相比变化巨大，其影响涉及频率稳定、电压稳定、动态稳定等多个方面，因此需要重点解决风电机组虚拟惯量控制与新型储能虚拟惯量控制、新能源电源动态无功补偿配置等重大问题，保障东南沿海能源枢纽的安全稳定。

三是要深化机制改革。为促成东南清洁能源大枢纽中的大规模清洁能源接入电网，需要进一步研究和完善相关新能源交易市场与辅助服务市场机制，合理疏导电网建设成本和调节成本。一方面，要建立适应新能源基地成本疏导的电碳协同机制，分析评估东南沿海清洁能源基地外送所需的电源建设成本、系统配套成本、走廊土地成本等综合成本，分析评估清洁能源受端区域的减碳效益，通过全国统一电力市场和碳交易市场合理疏导新能源基地建设所需成本。

另一方面，要建设适应绿色低碳转型的新能源交易体系，基于全国统一的电力市场，完善适应高比例新能源电力系统的跨省区能源现货交易等体制机制，完善新能源基地配套新型储能、抽水蓄能等调节资源参与跨省调峰、调频辅助服务市场的交易与价格机制。同时，要完善新能源并网关键标准制度，包括大规模海上风电并网及输电系统技术标准、风电光伏配置储能技术标准、新型储能并网检测及调控技术标准等，为新能源电源和新型储能的大规模并网提供标准化、规范化指导。

作为东南清洁能源大枢纽的思想提出省，国网福建电力也需加快推动主干网架升级，满足清洁能源大规模优化配置需求。一要加快建强送端电网，形成分层分区、适应性强的主干网架，推动清洁能源更大范围的资源配置。加快建成“四纵三横”的目标网架，以南北特高压通道为基石，以 500 千伏沿海双廊串联沿海大型电源集群和主要负荷中心，适配电力需求发展及新增大型电源并网，优化局部电网结构与输电断面建设。二要加快建强受端主干电网，优化网架结构及分层分区方案，受端主干网架形成双（多）电源供电的环网、桥式结构等高可靠性形态，进一步提升供电安全保障能力。三要加快优化新增大型电源输电方案，深化海上风电、核电基地、大型抽水蓄能电站输电规划，推动重要输电通道及站址资源的保护和高效利用。四要加快巩固抵御极端灾害能力，研究极端气象等场景下的电网安全保障能力提升措施，提升主干网架结构适应极端天气电力流变化的能力，打造电力安全保供的坚强堡垒。

第三节　创新发展能源装备产业

能源产业规模大、链条长、覆盖面广、创新活跃、带动效应强，既是国民经济的基础产业，也是战略性产业，打造新能源、高端装备等新的增长引擎，是推动产业转型升级、建设现代化产业体系的重要支撑，也是能源高质量发展的重要内容。

一、发展能源装备产业的背景和意义

能源装备行业包括煤炭开采装备、石油化工装备、电力和热力生产装备、电气装备、燃气生产装备等。能源装备是能源技术的载体，是为能源工业提供技术装备的战略性、基础性产业，先进的能源装备是实现能源工业健康、快速、科学发展的根本保障。大力培育和发展能源装备产业，是提升我国能源产业核心竞争力的必然要求，是抢占未来经济和科技发展制高点的战略选择，对于加快转变经济发展方式、实现由制造业大国向制造业强国转变具有重要战略意义。提升能源装备产业自主可控程度既是中国能源产业发展的大势所趋，更是构建中国能源产业全球竞争力的势在必行之举。

从保障国家安全的角度来看，能源是工业的粮食、国民经济的命脉，新中国成立以来，特别是改革开放以来，我国能够创造经济快速发展和社会长期稳定两大奇迹，离不开能源事业不断发展提供的重要支撑。世界正经历百年未有之大变局，国际环境错综复杂，世界经济陷入低迷期，全球产业链供应链面临重塑，不稳定性不确定性明显增加。作为世界最大的能源消费国，如何有效保障国家能源安全、有力保障国家经济社会发展，始终是我国能源发展的首要问题。只有把能源的饭碗端在自己手里，充分保障国家能源安全，才能把握未来发展的主动权，牢牢守住新发展格局的安全底线。

从国家竞争力角度来看，在前两次工业革命中，欧美国家抢占了先机，创造了新的生产力，进而获得了经济上的发展优势。而在当前的新能源领域，欧美国家在技术上并没有获得先手，甚至在光伏等众多产业链上，我国的部分技术是世界领先的，如果我国能在新能源装备赛道上持续深耕，继续保持领先地位，就有可能获得新的经济竞争力。一个拥有强大高端能源装备产业的国家，可以通过在国际市场上出售高端产品获得更多收益，增强自身的实力和竞争优势。

从社会效益角度来看，能源装备产业的发展需要大量的科技创新，包括新材料、新工艺、新技术等，有助于促进国家科技进步。同时，高端能源装备产业的发展需要高素质人才的支撑，可以促进国家的人才培养和教育水平的提高，并能够提供更多的高薪就业机会，吸引人才回流。此外，高端的能源装备应用可以促进生产效率的提高，降低能耗，减少污染和废弃物的产生，服务节能低碳发展。

二、能源装备产业发展面临的形势与挑战

当前，能源装备产业已成为各地争相发展的战略性新兴产业，多个省市正结合自身能源禀赋与区位优势，加快部署“十四五”能源装备产业发展相关工作，抢抓重大发展机遇。例如，广东省能源局在《广东省推进能源高质量发展实施方案》中提出打造万亿新能源产业集群，做大做强海上风电装备制造业，不断壮大太阳能产业，推进先进核能产业布局等；甘肃省政府在《兰白国家自主创新示范区和科技创新改革试验区发展规划纲要（2023—2027年）》中提出重点开展新能源开发利用、储能、智能电网、新能源汽车、动力电池、氢能多元化示范应用、回收再利用等领域的技术研发和产业化；福建省政府在《福建省“十四五”战略性新兴产业发展专项规划》中重点关注高端装备制造产业、新材料产业、新能源产业、海洋高新产业等七大领域。

虽然我国在新能源装备技术方面已经取得了巨大成就，但仍面临着一些挑战。

海上风电装备产业领域：一是取消补贴后，市场需求短暂收紧带来装备企业订单缩水。从2022年开始，海上风电国补退出，部分省份在无补贴情况下，海上风电市场需求短期内大幅缩水，影响相关装备制造企业的发展。同时，部分省份竞配策略价格权重过高，过度竞价导致的低价中标最终将传导至产业链的各个环节，在缺乏合理回报情况下，不利于产业壮大发展与项目顺利推进，无法形成规模效应。二是基础建设存在短板，缺乏专业重大件码头，从而推高项目成本。海上风电装备体积大、重量重，运输、安装、运维等均需要专业配套。以某省海上风电产业园为例，虽然园区位于万吨级港口附近，运输条件便利，但受制于港口没有专业的重大件码头，企业须额外租用浮吊船进行装卸作业，综合费用远高于专业码头的作业成本。三是国内保险服务发展滞

后，无法充分覆盖海上风电开发面临的诸多风险，增加项目隐性开发成本。海上风电的开发面临包括风资源、海底地质、工程建设、环保政策等多方面的风险。海上风电项目一旦发生事故，损失金额通常比较大。2020 年 7 月，某海上风电平台在拔桩作业过程中，平台液压升降系统插销卡阻，无法正常起降，导致平台浸水，事故产生了巨额拖航、打捞救助、修理等费用，涉及保险赔偿金高达 2.4 亿元。四是受地缘政治影响，海外市场开拓有限，暂未形成国内国际双循环格局。我国海上风电产业在全球竞争中存在较为明显的价格优势，但欧美等发达国家受地缘政治影响，对中国海上风机有所限制，越南、印度等新兴发展中国家则受限于体量与经济承受能力，对大型海上风机的需求暂未释放。

光伏装备产业领域：一是阶段性产能过剩导致竞争加剧。综合国内外各机构预估数据，2023 年底，全球硅料、硅片、电池片、组件四个环节的产能将超过 800 吉瓦，远超全球光伏组件需求，产能过剩必然引发激烈的价格战，进一步导致生产成本与销售价格倒挂，给光伏制造企业生存带来巨大挑战。二是技术迭代下，市场主体中的小企业面临经营压力。2023 年下半年开始，光伏市场上 N 型电池占比快速提升，且成本持续下降，倒逼 P 型产品的报价走低。面对技术的革新，一线企业往往能凭借垂直一体化布局，将整体成本做到更低，具有竞争优势；而缺乏知名度的小企业，采购辅材成本较高，即便压价也未必能拿到订单。三是部分地区产业链关键环节缺失，制约地方光伏产业链发展。光伏产业是一个充分市场竞争的行业，部分省份的光伏制造行业集中于组装制造环节，但光伏组件辅材如硅片、焊带、胶膜、接线盒等，均需从外省采购，产业链不全推高了制造成本，进而制约本地企业的市场竞争力。

氢能装备产业领域：一是氢能基础设施建设滞后。在建设及运营环节，加氢站（含制氢加氢一体站）的建设审批需考虑危化品属性与应急管理，同时结合其能源属性参照燃气进行管理，导致项目审批环节落地难度较大。二是政策体系尚不完善。现阶段部分省份在顶层设计上虽已发布氢能产业发展行动计划，但在氢能产业相关环节的规划、安全、标准等方面没有明确主管单位和推动机制，非化工园区制氢或站内制氢项目落地存在政策顾虑；抑或是虽已出台针对示范城市的专项氢能政策，但未明确主管牵头部门，对氢能产业的培育和发展的支撑有待进一步提升。三是示范场景未发挥引领作用。一些较为创新的示范场景如氢能港口、氢能公交、氢能环卫及工业现场制氢用氢（如半导体、钨镍冶金）等，存在经济性和安全管理政策约束。省市氢能研发单位的产业化、引进落地的产业链企业在缺乏应用示范带动的情况下，很难形成良好的示范促技术、技术促产业的生态。

三、创新能源装备产业的思考

面对新形势与新挑战，为进一步创新能源装备产业发展，服务能源与经济高质量发展，从能源开发、产学研贯通、政策基础配套、新领域筹划四个方面提出以下思考：

一是积极推进新能源开发，拓市场促成长。新能源市场的发展壮大是激活能源装备产业跨越式发展的第一动力。对于海上风电装备而言，海外市场远水难解近渴，国内海上风力资源的加速释放是最为直接有效的支撑，是让企业“活下去”并“长起来”的源头活水。对于光伏装备而言，省域内部太阳能资源的开发，尤其是集中式光伏的加速开发，对培育地区光伏装备产业具有重大推动作用，且相较于快速发展的分布式光伏，集中式光伏的示范效应更加强大，能够成为中标企业的强力背书，对本土光伏企业做大做强意义重大。对于跨省投资设厂企业，参与建设省域集中式光伏项目，也能够增强企业扩产增链的动力，促进企业更好地生根发芽。此外，风光资源的加速开发，必然推动新能源配储与新能源电解制氢的发展，对电化学储能产业的巩固升级与氢能产业的培育发展均大有裨益。新能源开发的稳步推进，将盘活整个能源装备产业。

二是高效推动产学研贯通，搭平台助创新。在新技术快速迭代的趋势下，高端能源装备产业不进则退，必须以创新作为企业的价值内核，占领创新的高地，就占据了发展的主动性。产学研联动是创新能力的放大器，各省应该加强对战略型领军人才的自主培养与引进力度，围绕本土资源禀赋和产业特色，依托省内高校、省创新实验室等科研机构，发挥企业创新主体作用，产学研贯通形成新型能源体系技术创新联盟，加强能源装备技术攻关和科技成果转化，孵化高端能源装备重大示范项目，提高能源装备产业核心竞争力。

三是务实提高软硬件保障，筑基础护远航。完善的政策支持、金融保险服务、基础设施配套等软硬件保障能够为企业发展创造良好的外部环境，免除企业后顾之忧，凝心聚力促发展。政策支持方面，海上风电“国补”退潮后，部分省份如广东、浙江、山东等配套“省补”政策，为海上风电平价上网的平稳过渡提供良性土壤，可以为鉴；氢能产业应重点理顺项目建设的政策症结，以包容试错的原则推动产业先行先试，鼓励有条件区域灵活创新政策奖励模式。金融保险服务方面，保险是金融体系的重要组成部分，赋能绿色产业发展大有可为，可考虑多方主体共同参与，分别成立海上风电、光伏、氢能共保体，优化运行机制，提高承保能力，加强风险管理，探索巨灾风险分散机制，并参与相关行业的国际风险管理和保险条款的标准设计，提升国际话语权。基础设施配套方面，可根据各省风电产业集群分布，规划建设专用码头、泊位或母港，提高大型异形件装卸速度，降低企业运转成本，为开发深远海风能夯实基础。

四是超前筹划战略性领域，填空白创未来。新型能源体系的构建涉及一系列战略领域，超前布局相关方向的能源装备研究，将使我国未来的能源转型与产业发展占据主动权。例如，随着海上风机的大型化发展，相应的运维安装平台也面临大型化的挑战，适应大功率风电机组的海上运维平台将成为未来海上装备制造产业的重点发展方向之一；在未来海上风电与光伏大规模开发场景下，具备主动支撑能力的柔性交直流输电技术将发挥重大作用，而该技术的重要载体正是以构网型变流器、高压直流换流阀为代表的新型电力电子装备，各省可鼓励本土科研机构参与研发以碳化硅为代表的宽禁带电力电子器件、以金刚石为代表的超宽禁带电力电子器件、基于新型电力电子器件的换流设备以及相应控制保护技术等，并加强产学研贯通。

第四节　健全完善能源体制机制

习近平总书记在党的二十大报告中指出，“高质量发展是全面建设社会主义现代化国家的首要任务”。作为国民经济和社会发展重要的物质基础，能源的高质量发展对我国高质量发展意义重大。推进能源高质量发展，需要有与之相适应的能源体制机制，不仅要从资源勘探开发、产供储销体系建设、能源科技创新研发、能源绿色低碳转型等方面重点发力，同时需要通过不断优化和完善能源体制机制，激发能源高质量发展的动力活力。

一、能源体制机制改革取得的成效

回顾过去，我国能源体制机制改革取得明显进展和成效，支撑能源事业的发展和进步。《新时代的中国能源发展》白皮书总结道：我国坚定不移推进能源革命，能源发展取得历史性成就，能源治理机制持续完善。具体而言，一是能源领域的市场化水平全面提升，营商环境不断优化，市场活力明显增强。二是能源领域的市场准入持续优化，民间投资持续壮大，投资主体更加多元。三是能源价格市场化稳步推进，竞争性环节价格进一步放开，电力、油气等具有自然垄断属性的网络环节科学定价制度初步建立。四是能源市场建设取得积极进展，电力市场建设持续推进，发用电计划有序放开，交易机构独立规范运行；油气勘查开采市场放开与矿业权流转加快推进，管网运营机制改革、原油进口动态管理改革等不断深化，油气交易中心建设积极推进；煤炭交易市场体系建设持续推进，全国煤炭交易中心投入运营。五是能源治理机制不断完善，能源改革和法治建设协同推进，覆盖战略、规划、政策、标准、监管、服务的能源治理机制基本形成。

立足当下，能源体制机制改革仍需进一步深入。一是市场竞争还不充分，市场壁垒仍然存在。例如，在资源勘探开发等上游环节，市场集中度仍然较高；在一些地区、一些领域，行政性垄断、地区垄断与市场分割仍不同程度地存在并相互交织。二是能源价格形成机制改革仍有待进一步优化和深化，自然垄断环节价格核定的科学化、精细化程度仍需加强。例如，输电价格形成机制亟待进一步优化；有的竞争性环节市场化仍不充分，或者尚不能很好地适应和匹配能源系统变革的新特点新趋势。三是重点市场建设有待进一步深入，全国统一电力市场体系建设的任务仍然艰巨，X+1+X 油气市场体系仍有待进一步完善，煤炭市场交易和运输流通的效率和畅通度有待进一步提升。四是能源法治体系、监管体系等仍待完善，能源领域法律法规的制修订仍滞后于能源发展改革进程，能源管理实践中一些行之有效的成熟政策没能及时上升为法律和行政法规；能源监管缺乏系统性的法律依据，且由于涉及多环节、多领域，组织管理、专业技术、人才队伍、执行协调等仍偏弱，存在多头执法、相互分割、标准不一等问题。所以，需要进一步健全能源体制机制，为能源发展疏通痛点堵点难点，打通能源发展快车道。

二、能源体制机制面临的新形势

完善能源体制机制，既是构建高水平社会主义市场经济体制的重要内容，也是推进能源高质量发展、构建新型能源体系的必然要求。

构建高水平社会主义市场经济体制是加快构建新发展格局、着力推动高质量发展的重要举措，也是健全能源体制机制的方向和指引。其中，构建全国统一大市场、深化要素市场化改革、建设高标准市场体系等内容，对深入推进能源市场化改革、进一步健全能源市场建设提出了新的要求。2022 年 4 月，《关于加快建设全国统一大市场的意见》发布，在强化市场基础制度规则统一、推进市场设施高标准联通、推进商品和服务市场高水平统一、推进市场监管公平统一、进一步规范不当市场竞争和市场干预行为等方面提出了共性举措，也针对能源领域提出了建设全国统一能源市场的具体部署。对于能源体制机制中的细分领域来说，也有相应的遵循。如对于能源价格改革而言，《中共中央、国务院关于推进价格机制改革的若干意见》提出深化重点领域价格改革，充分发挥市场决定价格作用，并提出了加快推进能源价格市场化、完善环境服务价格政策等具体要求。《国家发展改革委关于全面深化价格机制改革的意见》在进一步深化垄断行业价格改革、加快完善公共事业和公共服务价格机制、创新和完善生态环保价格机制等方面，都提出了与能源价格改革相关的内容。《国家发展改革委关于创新和完善促进绿色发展价格机制的意见》则重点提出要健全促进节能环保的电价机制，如完善差别化电价政策、峰谷电价形成机制、部分环保行业用电支持政策等，并鼓励各地积极探索生态产品价格形成机制、碳排放权交易、可再生能源强制配额和绿证交易制度等绿色价格政策，对影响面大、制约因素复杂的政策措施可先行试点，摸索经验，逐步推广。

能源体制革命也是“四个革命、一个合作”能源安全新战略的组成之一。《能源生产和消费革命战略（2016—2030）》提出推动能源体制革命，促进治理体系现代化，并重点提出了构建有效竞争的能源市场体系、建立主要由市场决定价格的机制、创新能源科学管理模式、建立健全能源法治体系等四方面的重点内容。《“十四五”现代能源体系规划》从激发市场活力、建设能源市场、加强制度建设等三个方面提出增强能源治理效能。《中共中央　国务院关于完整准确全面贯彻新发展理念做好碳达峰碳中和工作的意见》在“加快构建清洁低碳安全高效能源体系”中提出深化能源体制机制改革，并重点提出了全面深化电力市场化改革的要求，同时提出要推进煤炭、油气等市场化改革，加快完善能源统一市场。从以上文件可以看出，在“双碳”政策体系和能源战略规划中，都对健全能源体制机制提出了要求。

2023 年以来，国家发展改革委、国家能源局等多部门印发了一系列支持、规范能源行业发展的政策措施，重点涉及构建新型电力系统、推进能源绿色低碳发展、保障能源安全稳定供应、推进节能减污降碳、深入推进电力体制改革、加强新能源要素保障和标准规范制定等多方面内容，更好地适应能源发展的新形势新趋势和能源高质量发展的新要求。例如，为适应新型电力系统建设背景下煤电向基础保障性和系统调节性电源并重转型的新形势，充分体现煤电对电力系统的支撑调节价值，《关于建立煤电容量电价机制的通知》提出将现行煤电单一制电价调整为两部制电价，其中电量电价通过市场化方式形成，容量电价水平根据转型进度等实际情况合理确定并逐步调整，这折射出适应新型电力系统、体现电力多元价值的电价体系正在逐渐建立健全。又如，《关于抽水蓄能电站容量电价及有关事项的通知》核定了在运及 2025 年底前拟投运的 48 座抽水蓄能电站容量电价，反映了抽水蓄能作为电力系统中的重要调节电源，具有调峰、调频、调压、系统备用和黑启动等多种功能价值。在市场建设方面，《电力现货市场基本规则（试行）》印发，该规则是规范电力现货市场建设与运营的重要文件。《国家发展改革委关于第三监管周期省级电网输配电价及有关事项的通知》核定了第三监管周期各省级电网输配电价，是自然垄断环节价格监管的重要文件。对于能源领域中的新技术、新业态、新模式、新产业，相关的政策措施和体制机制也及时跟进，如《新型储能标准体系建设指南》《氢能产业标准体系建设指南（2023 年版）》《关于推动现代煤化工产业健康发展的通知》等。

三、健全能源体制机制的思考

围绕能源高质量发展要求，从加快建设全国统一的能源市场、深化重点领域和关键环节的能源体制机制改革、持续提升能源监管能力、进一步优化营商环境方面提出对健全能源体制机制的思考。

（一）加快建设全国统一的能源市场

加快建设全国统一大市场是畅通国内大循环、推动构建新发展格局的必然要求，也是释放内需潜力、巩固经济回升向好基础的重要抓手。在能源领域，根据《中共中央　国务院关于加快建设全国统一大市场的意见》的要求，加快建设全国统一的能源市场，包括多个方面的重要工作。例如，在电力领域，健全多层次统一电力市场体系，研究推动适时组建全国电力交易中心；在油气领域，健全油气期货产品体系，规范油气交易中心建设，优化重点基础设施布局，推动油气管网设施互联互通并向各类市场主体公平开放，稳妥推进天然气市场化改革，加快建立统一的天然气能量计量计价体系；在煤炭领域，进一步发挥全国煤炭交易中心作用，推动完善全国统一的煤炭交易市场。从省级能源工作实践来看，支撑全国统一能源市场建设，可以多品种市场建设协同发力，特别是结合能源绿色低碳转型的进程，在重点市场建设方面积累本省经验。例如，在电力市场方面，进一步优化细化市场规则设计和市场制度建设，提高省域内电力资源优化配置水平，同时进一步推动省级电力市场融入全国统一电力市场体系，有序实现省级电力市场与区域、国家电力市场的衔接协同。又如，在与电力市场密切相关的碳市场建设方面，依托省级碳交易中心，在产品交易、碳汇开发、碳金融衍生品等方面先试先行、持续创新，通过绿色金融产品创新，引导服务经济绿色转型。

（二）深化重点领域和关键环节的能源体制机制改革

针对能源高质量发展的目标路径和重点要求，推出切实有效的体制机制改革举措和相关的政策措施。对于能源发展和改革而言，不同区域、不同省份由于能源资源禀赋、产业结构特色、基础设施条件、市场发育程度等不同，面临着不同的目标任务和问题挑战。从省级能源发展的角度出发，可以围绕以下几个重点领域和关键环节进一步完善相关的能源体制机制：一是围绕能源安全保供，考虑完善能源安全保供的综合方案和工作机制，特别是跨品种、跨部门、跨地区的协调机制，提高能源资源安全保障的“软实力”。二是围绕能源绿色低碳转型，在贯彻落实国家碳达峰碳中和“1+N”政策体系的基础上，结合本省省情，进一步丰富和完善本地的政策工具箱，如在绿色价格机制方面做一些地方探索。三是围绕能源科技创新，聚焦能源领域的先进、前沿技术和重要装备、基础设施等，从制度建设着手，完善对技术创新决策、科研投入、科研组织、成果转化、推广应用等全链条的整体部署，持续推进科研管理制度改革，促进技术这一新型要素市场化配置，高标准建设多层次科技创新体系化平台，加强政策、资金、项目、平台、人才等的综合保障。

（三）持续提升能源监管能力

国家能源局 2024 年监管工作会议提出“奋力谱写中国式现代化能源监管新篇章”，具体而言，要深入贯彻能源安全新战略，围绕推动能源高质量发展一条主线，锚定保障能源安全和推动绿色低碳转型两个目标，创新开展“四个监管”，着力在“八个强化”上下功夫。其中，“四个监管”包括过程监管、数字化监管、穿透式监管、跨部门协同监管；“八个强化”包括着力强化能源安全保供监管、着力强化清洁能源发展监管、着力强化自然垄断环节监管、着力强化全国统一电力市场体系建设、着力强化能源安全生产工作、着力强化资质管理和信用监管、着力强化监管执法权威、着力强化民生领域用能监管。从省级能源监管工作的角度出发，要全面贯彻落实国家能源监管工作的要求，紧密结合各省能源高质量发展的目标路径，重点突出、创新开展能源监管，加大监管工作力度，优化监管方式，持续提升能源监管能力和水平。

（四）进一步优化营商环境

优化营商环境是激发市场活力，增强发展内生动力的重要措施，也是促进地区经济发展的关键之举。在能源领域，进一步优化营商环境，要深入学习贯彻习近平总书记关于优化营商环境的重要论述和重要指示精神，从以下方面重点着力：一是更好维护能源市场的公平竞争，清理废除妨碍统一市场和公平竞争的规定做法，切实保障各类所有制企业公平参与能源市场竞争。二是健全能源法律法规体系，严格规范行政执法，营造稳定、透明、规范、可预期的法治环境。三是持续提升政务服务标准化、规范化、便利化水平，进一步完善能源普遍服务和公共服务，为群众和企业提供更好的服务。从省级优化营商环境工作的角度出发，建议全面深入调研群众和企业需求，坚持问题导向和需求导向，切实推出改善营商环境的若干措施，充分发挥地区比较优势，因地制宜为各类经营主体投资兴业营造良好生态。

省域索引

一、宏观经济形势典型省域

1. 北京 007
2. 广东 009
3. 山东 010
4. 福建 012

二、能源供需形势典型省域

1. 青海 027
2. 浙江 028
3. 福建 030

三、能源消费典型省域

1. 山东 046
2. 河南 047
3. 福建 048

四、一次能源供给典型省域

1. 山西 092
2. 新疆 094
3. 陕西 095
4. 四川 096
5. 福建 097

五、太阳能发电发展典型省域

1. 山东 113
2. 浙江 114
3. 青海 116

六、风电发展典型省域

1. 河北 117
2. 新疆 119
3. 福建 120

七、生物质发电发展典型省域

1. 黑龙江 121
2. 江苏 122

八、风电装备制造典型省域

1. 江苏 184

2. 广东 184
3. 山东 185
4. 福建 185

九、光伏设备制造典型省域

1. 江苏 188
2. 内蒙古 188
3. 云南 189

十、锂电池制造典型省域

1. 福建 191
2. 广东 192
3. 江西 192

十一、电能替代典型省域

1. 福建 206
2. 江苏 207
3. 河南 207

十二、能源规划和产业政策典型省域

1. 福建 214
2. 广西 215

十三、碳达峰碳中和政策典型省域

1. 山东 217
2. 河南 218

十四、节能减排及生态环保政策典型省域

1. 浙江 219
2. 青海 220
3. 安徽 220

十五、能源基础建设典型省域

1. 西藏 240
2. 河南 240
3. 海南 241

十六、民生用能条件改善典型省域

1. 北京 241
2. 福建 241
3. 山西 242

十七、能源扶贫工程典型省域

1. 福建 242
2. 浙江 243
3. 甘肃 243

术语索引

RCEP 011
超级电容器 148
承德百万千瓦风电基地 118
乘风计划 237
传统产业 050
电力辅助服务市场 020
电力现货市场 019
电力现货市场建设试点 019
电力中长期市场 019
电量比较法 069
电网智能操作云平台 200
东南能源大数据中心 200
东南清洁能源大枢纽 255
二氧化碳捕集、利用与封存 155
风光倍增计划 115
福建三峡海上风电国际产业园 186
福山郊野公园绿色低碳实践基地 201
高炉煤气余压回收透平发电 165
固态氧化物燃料电池 178
国家级服务型制造示范企业 013
国内生产总值 002
海南联网工程 241
华龙一号 098
基准负荷比较法 069
降温采暖负荷 068
金太阳示范工程 116
快速充电技术 173
锂离子电池 011
两部制电价 023
煤电容量电价机制 023
闽江流域水光蓄储多能协同 202
闽粤联网 031
能耗双控 049
欧洲绿色协议 103
千河之省 096
铅酸电池 145
钱纳里经典工业化理论 040
轻水堆核反应堆 137
曲线剥离法 069
全国碳排放权交易市场 016
全国统一电力市场 019
三基地一通道 120

三驾马车 002
三山夹两盆 119
生物柴油 175
生物甲烷 175
生物氢 175
生物燃料技术 175
生物乙醇 175
世界绿色硅都 189
数字闽电 199
数字闽江 202
水电与新能源时空互补运营平台 202
水泥粉磨技术 167
送电到乡 116
碳边境调节机制 056
碳达峰碳中和 014
碳达峰碳中和政策体系 015
碳排放权交易试点 015
碳排放双控 049
碳市场 015
调温设备容量推算法 071
我国产业结构 003
西藏阿里电力联网工程 240
象屿零碳综合保税区 201
“小巨人”企业 013
新疆达坂城风电场 119
新型储能 020
新型电力系统 018
新型干法水泥生产技术 167
新型能源体系 020
压缩空气储能 144
液流电池 145
再生制动技术 174
张北柔性直流电网 119
张家口百万千瓦风电基地 118
浙能滩坑水电站 243
质子交换膜燃料电池 178
中国光明工程 237
最大负荷比较法 069
最大温差法 069

参考文献

[1] 国家统计局．中国统计年鉴（2023）[M]．北京：中国统计出版社，2023.

[2] 北京统计局，国家统计局北京调查总队．北京统计年鉴（2023）[M]．北京：中国统计出版社，2023.

[3] 广东省统计局，国家统计局广东调查总队．广东统计年鉴（2023）[M]．北京：中国统计出版社，2023.

[4] 山东省统计局，国家统计局山东调查总队．山东统计年鉴（2023）[M]．北京：中国统计出版社，2023.

[5] 福建省统计局，国家统计局福建调查总队．福建统计年鉴（2023）[M]．北京：中国统计出版社，2023.

[6] 辛保安．新型电力系统与新型能源体系[M]．北京：中国电力出版社，2023.

[7] 国家统计局能源统计司．中国能源统计年鉴（2022）[M]．北京：中国统计出版社，2022.

[8] 青海省统计局，国家统计局青海调查总队．青海统计年鉴（2023）[M]．北京：中国统计出版社，2023.

[9] 浙江省统计局，国家统计局浙江调查总队．浙江统计年鉴（2023）[M]．北京：中国统计出版社，2023.

[10] 河南省统计局，国家统计局河南调查总队．河南统计年鉴（2023）[M]．北京：中国统计出版社，2023.

[11] 福建省人民政府．福建省人民政府关于印发福建省“十四五”制造业高质量发展专项规划的通知[EB/OL]．(2021-07-06)．http://www.fujian.gov.

cn/zwgk/zxwj/szfwj/202107/t20210706_5641624.htm.
[12] 中华人民共和国自然资源部 . 2022 年全国矿产资源储量统计表 [EB/OL] .（2023-06-16）. https://www.mnr.gov.cn/sj/sjfw/kc_19263/kczycltjb/202306/t20230616_2791726.html.
[13] 张如菡，宋固，罗京，等 . 我国海上风电建设船舶发展形势及建议 [J] . 风能，2023（5）：66-70.
[14] 王太锋 . 浅析海上大容量风电机组安装工程技术 [J] . 水电与新能源，2023，37（3）：49-52.
[15] 赵靓 .2022 年中国下线海上风电机型统计分析 [J] . 风能，2023（1）：34-37.
[16] 胡丹梅，曾理，纪胜强 . 我国海上风电机组的现状与发展趋势 [J] . 上海电力大学学报，2022，38（5）：471-477.
[17] 姚钢，杨浩猛，周荔丹，等 . 大容量海上风电机组发展现状及关键技术 [J] . 电力系统自动化，2021，45（21）：33-47.
[18] 崔东岭，摆念宗 . 海上风电与陆上风电差异性分析（下）[J] . 风能，2019（6）：60-62.
[19] 崔东岭，摆念宗 . 海上风电与陆上风电差异性分析（上）[J] . 风能，2019（5）：74-76.
[20] 吕文春，马剑龙，陈金霞，等 . 风电产业发展现状及制约瓶颈 [J] . 可再生能源，2018，36（8）：1214-1218.
[21] 刘林，葛旭波，张义斌，等 . 我国海上风电发展现状及分析 [J] . 能源技术经济，2012，24（3）：66-72.
[22] 林鹤云，郭玉敬，孙蓓蓓，等 . 海上风电的若干关键技术综述 [J] . 东南大学学报（自然科学版），2011，41（4）：882-888.
[23] 王建峰，蔡安民，刘晶 . 我国海上风机基础形式分析 [C] // 中国科学技术协会，福建省人民政府 . 经济发展方式转变与自主创新——第十二届中国科学技术协会年会（第二卷），2010：791-797.
[24] DOE/EPRI. Electricity Storage Handbook in Collaboration with NRECA

[J]. Sandia Report SAND, 2013 (7): 5131.

[25] IRENA. Electricity Storage and Renewables-Costs and Markets to 2030 [J]. International Renewable Energy Agency IRENA, 2017 (10).

[26] Lazard. Lazard's Levelized Cost of Storage Analysis, [2.0. version] [EB/OL].2016. https://www.lazard.com/media/438042/lazard-levelizedcost-of-storage-v20.pdf.

[27] M.A. Hannan, M.M. Hoque, A. Mohamed, A. Ayob. Review of Energy Storage Systems for Electric Vehicle Applications: Issues and Challenges [J]. Renewable and Sustainable Energy Reviews, 2017 (69): 771-789, ISSN 1364-0321.

[28] NREL. Cost Projections for Utility-Scale Battery Storage [EB/OL]. National Renewable Energy Laboratory NREL, 2019 (6). https://www.nrel.gov/docs/fy19osti/73222.pdf (Download 31 July 2020).

[29] O. Schmidt, S. Melchior, A. Hawkes，I.Staffell. Projecting the Future Levelized Cost of Electricity Storage Technologies: Dataset [Z]. Figshare Online Repository, 2018.

[30] 戴少涛，王邦柱，马韬．超导磁储能系统发展现状与展望[J]．电力建设，2016，37(8)：18-23.

[31] 丁玉龙，来小康，陈海生．储能技术及应用[M]．北京：化学工业出版社，2018.

[32] 郭文勇，张京业，张志丰，邱清泉，张国民，林良真，肖立业．超导储能系统的研究现状及应用前景[J]．科技导报，2016，34(23)：68-80.

[33] 李建林，田立亭，来小康．能源互联网背景下的电力储能技术展望[J]．电力系统自动化，2015，39(23)：15-25.

[34] 李建林，袁晓冬，郁正纲，等．利用储能系统提升电网电能质量研究综述[J]．电力系统自动化，2019，43(8)：15-25.

[35] 李媛媛．模块化超导磁储能系统在电力系统的应用研究[D]．华中科技大学，

2019.
[36] 李先锋，张洪章，郑琼，阎景旺，郭玉国，胡勇胜. 能源革命中的电化学储能技术 [J]. 中国科学院院刊，2019，34 (4)：443-449
[37] 刘金朋，侯焘. 氢储能技术及其电力行业应用研究综述及展望 [J]. 电力与能源，2020，41 (2)：230-233+247.
[38] 刘培涛. 过渡金属基材料在锌—空气电池中的应用 [D]. 兰州大学，2020.
[39] 刘运华. 超导磁混合储能在风力发电系统中的研究 [D]. 兰州交通大学，2018.
[40] 毛阳俊. 基于 M_nO_2 催化正极、氟化碳 / 锂（钠）复合负极的锂（钠）—空气电池的设计 [D]. 浙江大学，2020.
[41] 夏莉，张鹏. 一种有效的潜热储能球床放热性能的数值分析方法 [J]. 化工学报，2008，59 (S2)：82-86.
[42] 夏亚君，宋萌，张立晖，李嫒嫒. 含超导磁储能装置的电力系统关键技术研究 [J]. 低温与超导，2017，45 (11)：47-51.
[43] 许崇伟，贾明潇，耿传玉，孙浩，刘双喜. 超导磁储能研究 [J]. 集成电路应用，2018，35 (8)：25-29.
[44] 杨帆，罗振军，牛文铁，王晓亮. 新型重力储能的技术瓶颈和解决方案探讨 [C] // 英国伯明翰大学储能中心，中国储能网 .2014 年第四届北京国际储能大会论文集，2014：53-57.
[45] 中国能源研究会储能专委会，中关村储能产业技术联盟. 储能产业研究白皮书 2020 [R]. 北京，2020.
[46] 中国化学与物理电源行业协会储能应用分会（PowerBattery Application Branch of China Industrial Associationof Power Sources）. 中国储能应用产业研究报告（2019 年）(China Energy Storage Application Industry Research Report) [R]. 2019.
[47] 邢继，高力，霍小东，等. "碳达峰、碳中和" 背景下核能利用浅析 [J]. 核科学与工程，2022，42 (1)：10-17.
[48] 张蕴. 双碳目标下我国核电发展趋势分析 [J]. 核科学与工程，2021，41

（6）：1347-1351.
[49] 赵海，李春，游松波．阳江核电厂 5、6 号机组 ACPR1000 技术方案的设计特点［J］．核科学与工程，2020，40（3）：431-436.
[50] 刘展，戚展飞，王国栋，等．国内外小堆专设配置和 CAP200 专设论证［J］．核科学与工程，2020，40（3）：468-474.
[51] 赵成昆．中国核电发展现状与展望［J］．核动力工程，2018，39（5）：1-3.
[52] 郑明光．从 AP1000 到 CAP1400，我国先进三代非能动核电技术自主化历程［J］．中国核电，2018，11（1）：41-45.
[53] 荆春宁，赵科，张力友，等．“华龙一号”的设计理念与总体技术特征［J］．中国核电，2017，10（4）：463-467.
[54] 毛喜道，魏峰，李广慧，等．“华龙一号”设计管理及创新［J］．中国核电，2017，10（4）：537-544+567.
[55] 郑明光，严锦泉，申屠军，等．CAP1400 的总体设计和技术创新［J］．Engineering，2016，2（1）：206-217.
[56] 张作义，董玉杰，李富，等．山东石岛湾 200 MW_e 球床模块式高温气冷堆（HTR-PM）核电站示范工程的工程和技术创新［J］．Engineering，2016，2（1）：236-250.
[57] 刘巍．完善和实现我国核电中长期规划［J］．中国核工业，2015（3）：18.
[58] 濮继龙．中国改进型压水堆核电技术——CPR1000 的形成［J］．中国工程科学，2008（3）：54-57.
[59] 欧阳予．世界核电技术发展趋势及第 3 代核电技术的定位［J］．发电设备，2007（5）：325-331.
[60] 臧明昌．第三代核电和西屋公司 AP1000 评述［J］．核科学与工程，2005（2）：106-115.
[61] 杨中雅，孙启宏，沈鹏，等．钢铁行业节能技术潜力与成本分析——以长三角地区为例［J］．环境工程技术学报，2023，13（3）：1249-1258.
[62] 吴桂林．水泥生产工艺技术发展及节能降碳技术［J］．石材，2023（3）：92-94.

[63] 中央纪委国家监委网站．走近大国工程｜充电几分钟 供电上千户 探访全国容量最大“智慧超级充电宝”[EB/OL].（2023-06-26）. https://www.ccdi.gov.cn/yaowenn/202306/t20230626_271707_m.html.

[64] 灵武市人民政府．国能灵武电厂磁悬浮飞轮储能项目核心技术达到国际领先水平[EB/OL].（2023-06-12）. http://www.nxlw.gov.cn/jrlw/jrdt/202306/t20230612_4141769.html.

[65] 中央纪委国家监委网站．踔厉奋发新征程｜新型储能“蓄”势而发[EB/OL].（2024-04-01）. https://www.ccdi.gov.cn/yaowenn/202404/t20240401_338200_m.html.

[66] 徐生双，杨桥材，赵海军，等．浅谈水泥生产工艺中节能技术的应用[J]．中国水泥，2023（3）：86-87.

[67] 张廷，徐树杰，李建新，等．工业领域碳减排措施及碳达峰实施路径研究[J]．中国管理信息化，2022，25（24）：22-27.

[68] 郭士伊，王颖．工业实现“碳达峰、碳中和”的五大关键领域[J]．中国工业和信息化，2021（5）：34-38.

[69] 刘均立．新型干法水泥生产技术的优化与节能技术的应用[J]．四川水泥，2020（3）：1.

[70] 张琦，张薇，王玉洁，等．中国钢铁工业节能减排潜力及能效提升途径[J]．钢铁，2019，54（2）：7-14.

[71] 王海风，郦秀萍，周继程，等．钢铁工业节能技术发展现状及趋势[J]．冶金能源，2018，37（4）：3-8.

[72] 杨青武．浅析水泥生产工艺的节能技术[J]．建材与装饰，2018（19）：189.

[73] 柴委．化工工艺中所涉及的常见节能降耗技术的相关对策研究[J]．智库时代，2017（15）：261-262.

[74] 马文华，莫伟健，朱树海．新型干法水泥熟料生产环节节能减排技术研究[J]．河南科技，2017（21）：114-115.

[75] 王亚飞．中国钢铁工业碳减排面临的问题、原因及对策——基于与国际先进

钢铁企业的比较视角［J］. 对外经贸实务，2017（9）：24-27.
［76］ 郜学，尚海霞 . 中国钢铁工业“十二五”节能成就和“十三五”展望［J］. 钢铁，2017，52（7）：9-13.
［77］ 彭岩，曹先常，张玉柱 . 钢铁典型工序流程节能技术新进展［J］. 中国冶金，2017，27（5）：8-12+32.
［78］ 李淑梅，温双强 . 煤化工企业中电气节能降耗技术应用分析［J］. 科技创新与应用，2016（34）：136.
［79］ 任海伦，安登超，朱桃月，等 . 精馏技术研究进展与工业应用［J］. 化工进展，2016，35（6）：1606-1626.
［80］ 芮国芬 . 化工工艺中所涉及的常见节能降耗技术的相关对策研究分析［J］. 化工管理，2015（6）：207-208.
［81］ 邹伟斌 . 我国水泥粉磨技术现状调查分析（一）［J］. 新世纪水泥导报，2014，20（4）：2-12.
［82］ 邹伟斌 . 我国水泥粉磨技术现状调查分析（二）［J］. 新世纪水泥导报，2014，20（5）：13-22.
［83］ 邹伟斌 . 我国水泥粉磨技术现状调查分析（三）［J］. 新世纪水泥导报，2014，20（6）：4-16.
［84］ 曹坤茂，高娜，王理金，马春国，冯林杨 . 基于风险分析的电力企业新业务新业态安全管理模式研究［J］. 中国安全生产科学技术，2022，18（1）：201-206.
［85］ 曾鸣，许彦斌，潘婷 . 智慧能源与能源革命［J］. 中国电力企业管理，2020（28）：49-51.
［86］ 陈挺，陈恺，叶恒志，文本颖 . 不同类型综合能源服务商业模式研究［J］. 能源与环境，2023（1）：29-31.
［87］ 代琼丹，邓昕，吴雪妍，高强，张锦爱，王海伟 . 能源互联网下综合能源服务商业模式综述［J］. 高压电器，2021，57（2）：135-144.
［88］ 封红丽 . 国内外综合能源服务发展现状及商业模式研究［J］. 电器工业，2017（6）：34-42.

[89] 封红丽 . 国内综合能源服务发展现状调研及发展建议 [J] . 电器工业，2019 (2)：18-28.

[90] 封红丽 . 综合能源服务市场竞争主体最新进展及发展趋势与挑战 [J] . 电器工业，2019 (12)：51-61.

[91] 冯升波，周伏秋，王娟 . 打造大数据引擎 推进能源经济高质量发展 [J] . 宏观经济管理，2018 (9)：21-27.

[92] 郭光华，杜颖，范云鹏，卞峰，王瑞琪 . 以电为核心的综合能源系统研究综述 [J] . 山东电力技术，2021，48 (8)：1-7+24.

[93] 何靖治 . 互联网 + 智慧用能构建综合能源服务平台 [J] . 中国电力企业管理，2017 (16)：68-69.

[94] 何永胜，李琼慧，李娜娜 . 新形势下电力系统新业态发展趋势展望 [J] . 中国电力企业管理，2019 (7)：56-58.

[95] 冀慧强 . 能源变革下电网企业低碳化、数字化转型商业模式研究 [J] . 企业管理，2022 (S1)：30-31.

[96] 李慧洋 . “双碳”目标下促进能源行业数字化转型的财税政策研究 [D] . 山东财经大学，2023.

[97] 李建标，胡永锋，徐静静，康慧，王晓海 . 综合能源服务促进“双碳”目标的实现 [J] . 中国能源，2022，44 (5)：63-69.

[98] 刘国栋 . 数字化对能源企业绿色化发展的影响研究 [D] . 中国社会科学院大学，2023.

[99] 刘林海 . 能源数字化融合发展的经济性分析 [J] . 商讯，2022 (12)：151-154.

[100] 鲁刚 . 中国能源互联网发展基本特征 [J] . 中国电力，2018，51 (8)：17-23.

[101] 潘挺 . 数字化技术在以新能源为主体的新型电力系统中的运用 [J] . 电子元器件与信息技术，2022，6 (11)：10-13+21.

[102] 苏淑华，吕迎晨 . 综合能源服务发展现状与路径研究 [J] . 能源科技，2021，19 (6)：8-11+15.

[103] 唐跃中，夏清，张鹏飞，谭振飞，刘宇尘，孙冰莹，汪洋 . 能源互联网价值创造、业态创新与发展战略 [J] . 全球能源互联网，2022，5 (2)：105-115.

[104] 王迪忻，张一泓，杨轩，周涉宇，李婷婷 . 电网企业新业态商业模式与评价体系初探 [J] . 中国市场，2021 (23)：164-165.

[105] 王冬容 . 能源服务和能源互联网催生电力企业新业态 [J] . 中国电力企业管理，2016 (34)：54-58.

[106] 王永真，潘崇超，韩恺，杨旭升，李娜，戴璟，李嘉宇，朱晨光 . "双碳" 目标下中国综合能源服务的态势辨析与理论架构 [J] . 全球能源互联网，2023，6 (4)：379-389.

[107] 王于鹤，王娟，邓良辰 . "双碳" 目标下，能源行业数字化转型的思考与建议 [J] . 中国能源，2021，43 (10)：47-52.

[108] 王于鹤，王娟 . 能源企业数字化转型的经验、挑战和建议 [J] . 中国能源，2022，44 (11)：28-35.

[109] 王泽兴，黄思德，黄荣军，吕冯婧，韩博洋 . 新能源汽车全生命周期数字化技术应用及发展趋势 [J] . 新型工业化，2023，13 (7)：78-86+94.

[110] 徐婧 . 数字化如何助力电力行业转型 [J] . 能源，2022 (5)：48-51.

[111] 徐怡，郭一，刘晓彤 . 电力行业新业态投资机会及风险研究 [J] . 电力勘测设计，2022 (4)：30-34.

[112] 王大才，曾杰 . 新型储能发展分析及其经济性评估研究 [J] . 水利水电快报，2023，44 (7)：96-99.

[113] 闫庆友，米乐乐 . 综合能源服务商业模式分析——基于商业模式画布 [J] . 技术经济，2019，38 (5)：126-132.

[114] 于冠一，朱丽 . 综合能源服务助力绿色高质量发展对策研究 [J] . 中国行政管理，2022 (5)：158-160.

[115] 张传远，赵久勇，王光磊，王丹丹，陈亚天 . 新型电力系统的新能源挑战和数字化技术研究 [J] . 科技与创新，2023 (10)：7-10+16.

[116] 张运洲，代红才，吴潇雨，陈睿，张宁 . 中国综合能源服务发展趋势与关键

问题［J］. 中国电力，2021，54（2）：1-10.

［117］赵爱玲 . 能源产业数字化转型升级驶入快车道［J］. 中国对外贸易，2023（6）：52-53.

［118］赵竟，邢政，黄保乐，李鹏，张盼，张庭玉 . 发电企业综合能源服务创新商业模式及发展策略研究［J］. 综合智慧能源，2022，44（3）：17-22.

［119］周伏秋，邓良辰，冯升波，王娟，费吟昕 . 综合能源服务发展前景与趋势［J］. 中国能源，2019，41（1）：4-7+14.

［120］周新军 . 综合能源服务研究与应用述评［J］. 中外能源，2023，28（7）：1-7.

［121］本书编写组编著 . 党的二十大报告辅导读本［M］. 北京：人民出版社，2022.

［122］蔡文静，雷兵，焦一多 . 推进能源行业依法治理体系和治理能力现代化研究［J］. 中国能源，2020，42（9）：38-42.

［123］陈大宇 . 体制机制改革是建设新型能源体系的首要任务［J］. 中国电力企业管理，2022，688（31）：36-40.

［124］陈腾瀚 . 当前全球能源治理的内涵、结构与走向［J］. 国际石油经济，2019，27（9）：7-16+24.

［125］冯升波，王娟，杨再敏，等 . 完善创新体制机制 促进多能源品种协同互济发展［J］. 中国能源，2020，42（11）：4-8.

［126］冯升波 ."十四五"时期如何深化能源体制改革［J］. 中国经济报告，2021，126（4）：28-29.

［127］冯升波 . 中国能源体制改革：回顾与展望［J］. 中国经济报告，2021（3）：22-26.

［128］郭海涛，胡明禹，徐静 . 2021 年中国能源政策回顾与 2022 年调整方向研判［J］. 国际石油经济，2022，30（2）：11-18.

［129］林卫斌，方敏 . 能源体制革命：概念与框架［J］. 学习与探索，2016，248（3）：71-78.

［130］林卫斌，苏剑 . 如何理解监管——基于比较制度分析的新视角［J］. 经济学

家，2012，167（11）：37-45.

[131] 林卫斌，吴嘉仪 . 能源治理、能源管理与能源监管 [J]. 学习与探索，2023（3）：113-121.

[132] 吕江 . 能源治理现代化："新"法律形式主义视角 [J]. 中国地质大学学报（社会科学版），2020，20（4）：48-59.

[133] 秦海岩 . 以更大担当和作为保障能源高质量发展——2023 年能源监管工作要点解读 [J]. 风能，2023，155（1）：1.

[134] 史丹，冯永晟，李雪慧 . 深化中国能源管理体制改革——问题、目标、思路与改革重点 [J]. 中国能源，2013，35（1）：6-11.

[135] 史丹，冯永晟 . 深化能源领域关键环节与市场化改革研究 [J]. 中国能源，2021，43（4）：38-45.

[136] 史丹主编 . 中国能源发展前沿报告（2021）——"十三五"回顾与"十四五"展望 [M]. 北京：社会科学文献出版社，2022.

[137] 碳达峰碳中和工作领导小组办公室编 . 碳达峰碳中和政策汇编 [M]. 北京：中国计划出版社，2023.

[138] 万可，陈志恒 . 国外全球能源治理研究综述：进展、局限与展望 [J]. 国外社会科学，2019（6）：118-125.

[139] 王娟 . 中国能源市场体系建设相关问题研究 [M]. 北京：中国经济出版社，2021.

[140] 王俊豪，金暄暄 . 中国能源监管体制深化改革研究 [J]. 经济学家，2020，261（9）：95-103.

[141] 王敏，徐晋涛，黄卓 . 能源体制改革：有效的市场，有为的政府 [J]. 国际经济评论，2014，112（4）：37-53+5.

[142] 王仲颖，白泉，等 . 进一步推进能源领域关键环节市场化改革 [M]. 北京：中国经济出版社，2022.

[143] 熊华文，苏铭 . 推动能源治理体系和方式现代化 [J]. 宏观经济管理，2018（8）：34-39.

[144] 徐骏 . 转变政府能源监管 推进能源体制革命 [J]. 财经论丛，2021，273

（6）：113.

［145］高山．全国统一碳市场背景下福建碳市场的机遇与挑战［J］．质量与市场，2021（19）：160-162+166.

［146］陈旻，王永珍．碳市场建设的“福建经验”［N］．福建日报，2021-07-19（004）.

［147］陈志斌，孙峥．中国碳排放权交易市场发展历程——从试点到全国［J］．环境与可持续发展，2021，46（2）：28-36.

［148］杜灵．我国碳排放权交易试点经验及工作启示［J］．再生资源与循环经济，2019，12（10）：20-24.

［149］高歌．我国试点碳市场与新能源市场相依性研究［D］．中央财经大学，2022.

［150］郭红娟．中国试点碳市场的绿色技术创新效应研究［D］．山西大学，2021.

［151］郭建峰，傅一玮．构建全国统一碳市场定价机制的理论探索——基于区域碳交易试点市场数据的分析［J］．价格理论与实践，2019（3）：60-64.

［152］贺倩．中国 7 大碳交易试点的市场发育度评价研究［D］．陕西师范大学，2019.

［153］李峰，王文举，闫甜．中国试点碳市场抵消机制［J］．经济与管理研究，2018，39（12）：94-103.

［154］李淑楠．碳排放权交易市场的理论及中国实践研究［D］．山东财经大学，2023.

［155］李兴，刘自敏，杨丹，王道平．电力市场效率评估与碳市场价格设计——基于电碳市场关联视角下的传导率估计［J］．中国工业经济，2022（1）：132-150.

［156］李彦．福建碳排放交易试点的现状、问题与建议［J］．宏观经济管理，2018（2）：66-71.

［157］李园园．能源价格对我国碳排放权交易试点市场碳价的影响［D］．暨南大学，2018.

［158］刘敦开．江西省碳排放权交易市场监管机制研究［D］．江西财经大学，

2022.
[159] 刘汉武，黄锦鹏，张杲，赵希 . 中国试点碳市场与国家碳市场衔接的挑战与对策［ J ］. 环境经济研究，2019，4（ 1 ）：123-130.
[160] 鲁政委，汤维祺 . 国内试点碳市场运行经验与全国市场构建［ J ］. 财政科学，2016（ 7 ）：81-94.
[161] 马艳 . 全国各试点碳市场发电行业配额分配方案比较研究［ J ］. 上海节能，2020（ 5 ）：386-393.
[162] 孙文娟，张胜军，孙海萍 . 试点碳市场发展现状及对全国碳市场的启示［ J ］. 国际石油经济，2021，29（ 7 ）：1-8.
[163] 孙祥 . 中国试点碳市场 MRV 体系建设实践及启示［ J ］. 中国市场，2017（ 24 ）：230-231.
[164] 汪惠青 . 碳市场建设的国际经验、中国发展及前景展望［ J ］. 国际金融，2021（ 12 ）：23-33.
[165] 翁智雄，马中，刘婷婷 . 碳中和目标下中国碳市场的现状、挑战与对策［ J ］. 环境保护，2021，49（ 16 ）：18-22.
[166] 吴伟光，祝雅璐，顾光同 . 中国试点碳市场有效性的决定因素［ J ］. 资源科学，2021，43（ 10 ）：2119-2129.
[167] 杨鑫 . 我国试点碳市场风险识别与管理［ D ］. 天津工业大学，2020.
[168] 叶志芳 . 我国试点碳市场与能源市场动态关系研究［ D ］. 浙江财经大学，2019.
[169] 易兰，李朝鹏，杨历，刘杰 . 中国 7 大碳交易试点发育度对比研究［ J ］. 中国人口 · 资源与环境，2018，28（ 2 ）：134-140.
[170] 易兰，鲁瑶，李朝鹏 . 中国试点碳市场监管机制研究与国际经验借鉴［ J ］. 中国人口 · 资源与环境，2016，26（ 12 ）：77-86.
[171] 于美莹 . 我国碳排放权交易价格影响因素分析［ D ］. 东华大学，2023.
[172] 周铭禹 . 中国试点碳市场交易价格的耦合关系研究［ D ］. 辽宁大学，2023.
[173] 陈雅 . 国有能源企业社会责任法律问题研究［ D ］. 西南石油大学，2019.
[174] 高靖 . 建立电力普遍服务长效机制——访华北电力大学能源与电力经济研究

咨询中心主任曾鸣［J］. 国家电网，2007（12）：89.

［175］郭森. 电力普遍服务的社会福利测度及其供给机制研究［D］. 华北电力大学，2016.

［176］黄楠. 能源普遍服务义务研究［D］. 西南政法大学，2021.

［177］李慷，王科，王亚璇. 中国区域能源贫困综合评价［J］. 北京理工大学学报（社会科学版），2014，16（2）：1-12.

［178］梁玉文. 基于可再生能源的电力普遍服务中供电方式的研究［D］. 华北电力大学，2009.

［179］廖华，唐鑫，魏一鸣. 能源贫困研究现状与展望［J］. 中国软科学，2015（8）：58-71.

［180］刘自敏，熊瑶，邓明艳. 能源普遍服务与居民主观幸福感：基于能源贫困的视角［J］. 产业组织评论，2022，16（1）：67-94.

［181］罗国亮，王永华. 中国农村电力社会普遍服务的现状、难点及对策分析［J］. 华北电力大学学报（社会科学版），2007（3）：1-5.

［182］罗国亮. 我国电力普遍服务的监管目标、任务及政府职责［J］. 管理现代化，2008（1）：43-45.

［183］罗国亮. 中国农村电力普遍服务的理论基础分析［J］. 中国农学通报，2008（1）：527-530.

［184］阙光辉. 构建电力普遍服务新机制［J］. 国家电网，2006（12）：46-47.

［185］阙光辉. 我国电力普遍服务问题研究［J］. 电力技术经济，2006（5）：7-10+17.

［186］苏苗罕. 消除能源贫困的行政法机制研究——以能源普遍服务政策为例［C］// 中国法学会行政法学研究会. 中国法学会行政法学研究会 2010 年会论文集，2010：184-195.

［187］苏苗罕. 能源普遍服务的法理与制度研究［J］. 法治研究，2007（10）：13-18.

［188］孙文涛. 我国电力普遍服务法律制度研究［D］. 辽宁大学，2016.

［189］田宜水. 中国农村能源政策、现状评估和发展方向研究［J］. 中国能源，

2020，42（5）：25-30.

［190］王永华，罗国亮．电力普遍服务与新农村建设［J］．现代农业科学，2008（1）：77-78+82.

［191］夏青．能源普遍服务及其在中国的制度设计［D］．华东政法大学，2015.

［192］叶泽，吴永飞，李成仁，等．我国电力普遍服务电价制度设计与实施建议——兼析国外普遍服务电价政策的做法［J］．价格理论与实践，2017（9）：20-25.

［193］展海艳．能源基本公共服务均等化视角下的电力普遍服务实施标准研究［D］．华北电力大学，2015.

［194］张琪．能源正义视域下能源普遍服务制度的规范构造［D］．中南财经政法大学，2021.

［195］张志乾．电力普遍服务社会福利及电力公共服务均等化研究［D］．华北电力大学，2014.

［196］中国电力社会普遍服务调研报告综述（节选）［J］．农电管理，2007（8）：26-29.

［197］吴荣福，黄文英，邓勇，杨耿杰，姚宇臻．福建电网夏季降温负荷研究分析［J］．电气技术，2015（5）：49-53+73.

［198］马洪宇．基于支持向量回归和K均值聚类的降温负荷测算模型［D］．华北电力大学，2019.

［199］别芳玫，陈梦，童雅芳，丁珩，李斯吾．冬季气温对负荷及用电量的影响分析研究［J］．湖北电力，2019，43（2）：42-49.

［200］刘继东．电力需求侧响应的效益评估与特性分析［D］．山东大学，2013.

［201］刘继东，韩学山，楚成博，张利．考虑非气象因素的电网夏季降温负荷研究［J］．电力自动化设备，2013，33（2）：40-46.